Bernhard C. Witt

Datenschutz kompakt und verständlich

Edition <kes>

herausgegeben von Peter Hohl

Mit der allgegenwärtigen Computertechnik ist auch die Bedeutung der Sicherheit von Informationen und IT-Systemen immens gestiegen. Angesichts der komplexen Materie und des schnellen Fortschritts der Informationstechnik benötigen IT-Profis dazu fundiertes und gut aufbereitetes Wissen.

Die Buchreihe Edition <kes> liefert das notwendige Know-how, fördert das Risikobewusstsein und hilft bei der Entwicklung und Umsetzung von Lösungen zur Sicherheit von IT-Systemen und ihrer Umgebung.

Herausgeber der Reihe ist Peter Hohl. Er ist darüber hinaus Herausgeber der <kes> – Die Zeitschrift für Informations-Sicherheit (s. a. www.kes.info), die seit 1985 im Secu-Media Verlag erscheint. Die <kes> behandelt alle sicherheitsrelevanten Themen von Audits über Sicherheits-Policies bis hin zu Verschlüsselung und Zugangskontrolle. Außerdem liefert sie Informationen über neue Sicherheits-Hard- und -Software sowie die einschlägige Gesetzgebung zu Multimedia und Datenschutz.

Security Awareness
Von Michael Helisch und Dieter Pokoyski

Mehr IT-Sicherheit durch Pen-Tests
Von Enno Rey, Michael Thumann und Dominick Baier

Der IT Security Manager
Von Heinrich Kersten und Gerhard Klett

ITIL Security Management realisieren
Von Jochen Brunnstein

IT-Sicherheit kompakt und verständlich
Von Bernhard C. Witt

IT-Risiko-Management mit System
Von Hans-Peter Königs

Praxis des IT-Rechts
Von Horst Speichert

IT-Sicherheitsmanagement nach ISO 27001 und Grundschutz
Von Heinrich Kersten, Jürgen Reuter und Klaus-Werner Schröder

Datenschutz kompakt und verständlich
Von Bernhard C. Witt

Profikurs Sicherheit von Web-Servern
Von Volker Hockmann und Heinz-Dieter Knöll

www.viewegteubner.de

Bernhard C. Witt

Datenschutz kompakt und verständlich

Eine praxisorientierte Einführung

2. Auflage

STUDIUM

VIEWEG+
TEUBNER

Bibliografische Information der Deutschen Nationalbibliothek
Die Deutsche Nationalbibliothek verzeichnet diese Publikation in der Deutschen Nationalbibliografie; detaillierte bibliografische Daten sind im Internet über <http://dnb.d-nb.de> abrufbar.

Höchste inhaltliche und technische Qualität unserer Produkte ist unser Ziel. Bei der Produktion und Auslieferung unserer Bücher wollen wir die Umwelt schonen: Dieses Buch ist auf säurefreiem und chlorfrei gebleichtem Papier gedruckt. Die Einschweißfolie besteht aus Polyäthylen und damit aus organischen Grundstoffen, die weder bei der Herstellung noch bei der Verbrennung Schadstoffe freisetzen.

1. Auflage 2007
2., aktualisierte und ergänzte Auflage 2010

Lektorat: Christel Roß | Maren Mithöfer

Vieweg+Teubner Verlag ist eine Marke von Springer Fachmedien.
Springer Fachmedien ist Teil der Fachverlagsgruppe Springer Science+Business Media..
www.viewegteubner.de

Umschlaggestaltung: KünkelLopka Medienentwicklung, Heidelberg
Druck und buchbinderische Verarbeitung: MercedesDruck, Berlin
Gedruckt auf säurefreiem und chlorfrei gebleichtem Papier.

ISBN 978-3-8348-1225-4

Vorwort

Das vorliegende Buch "Datenschutz kompakt und verständlich" basiert wie auch schon das bereits im Dezember 2006 erschiene Lehrbuch "IT-Sicherheit kompakt und verständlich" auf meiner Lehrveranstaltung zu den "Grundlagen des Datenschutzes und der IT-Sicherheit" im Hauptstudium der Informatik-Studiengänge bzw. dem dazugehörigen Masterprogramm an der Universität Ulm.

Meine Lehrveranstaltung wie auch dieses Buch sollen dazu befähigen, tägliche Anforderungen der Berufspraxis im Bereich des Datenschutzes meistern zu können. Dabei fließen vielschichtige Aspekte aus dem technischen, rechtlichen und organisatorischen Bereich in das behandelte Thema ein. Um den aktuellen Herausforderungen begegnen zu können, wird die Fähigkeit benötigt, grundlegende Methoden auf neue Probleme übertragen zu können.

Das Buch gibt den aktuellen Stand wieder, berücksichtigt etliche konkrete Erfahrungen aus der beruflichen Praxis vor allem in den Bereichen der Informationstechnik, Personaldatenverwaltung, Kundendatenverwaltung sowie Sozialdatenverwaltung und gewährt so einen tieferen Einblick in den Alltag eines Beraters für Datenschutz und IT-Sicherheit, der zugleich als externer Datenschutzbeauftragter bei verschiedenen Stellen in den aufgezählten Bereichen tätig ist.

Der Online-Service zum Buch mit ergänzenden Informationen ist unter

www.informatik.uni-ulm.de/datenschutz/lehrbuch/datenschutz

zu finden.

An dieser Stelle möchte ich mich für die Unterstützung bedanken, die ich bei der Erstellung dieses Buches erhalten habe. Mein besonderer Dank geht dabei auch in diesem Lehrbuch an Holger Heimann, dem Geschäftsführer der it.sec GmbH & Co. KG, mit dem ich zahlreiche, anregende Fachgespräche zu Datenschutzthemen geführt habe.

Meinen Fachkundenachweis zum Datenschutzbeauftragten habe ich bei der Ulmer Akademie für Datenschutz und IT-Sicherheit (udis) erworben. Dort habe ich einen tieferen und sehr differenzierten Einblick in datenschutzrechtliche Fragestellungen erhalten, von denen ich im Berufsalltag stets zehren kann. Mein spezieller Dank gilt daher auch dem udis-Geschäftsführer, Prof. Dr. Gerhard Kongehl.

Für die gute Zusammenarbeit beim Anwendungsfach Medienrecht bedanke ich mich bei Rechtsanwalt Prof. Dr. Wolfram Gass.

Dem Vieweg Verlag danke ich für die unkomplizierte und vor allem jederzeit zuvorkommende Zusammenarbeit.

Auch wenn in dieses Buch weniger Zahlenmaterial aus den <kes>-Sicherheitsstudien eingeflossen ist, möchte ich mich für die Bereitstellung bei der <kes>-Redaktion bedanken. Dies gilt auch für die GDD, die die Ergebnisse ihrer Umfrage zur Datenschutzpraxis und zur Stellung des Datenschutzbeauftragten zur Verfügung gestellt hat.

Für die konstruktiven Diskussionen der an meiner Vorlesung teilnehmenden Studierenden danke ich ebenso.

Mein größter Dank gebührt aber meiner Frau, die mir den Rücken frei gehalten hat, die Arbeit mit konstruktiver Kritik begleitet und erneut die Grafiken bearbeitet hat. Ohne sie wäre dieses Buch nicht möglich gewesen.

Möge Ihnen dieses Lehrbuch einen Überblick über die grundlegenden Prinzipien des Datenschutzes bieten und bei der Bewältigung konkreter Alltagsprobleme helfen.

Neu-Ulm, im August 2007 Bernhard C. Witt

Vorwort zur zweiten Auflage

Die zahlreichen Änderungen des Gesetzgebers vor allem am Bundesdatenschutzgesetz mit Wirkung zum 1. September 2009 infolge der publik gewordenen Datenschutzskandale der beiden vergangenen Jahre sind ein guter Grund für eine Aktualisierung des bisherigen Manuskripts, zumal ich dies in der begleitenden Vorlesung sowieso anpassen muss.

Bei dieser Gelegenheit habe ich in mein Lehrbuch das vom Bundesverfassungsgericht erst 2008 bestimmte Grundrecht auf Vertraulichkeit und Integrität informationstechnischer Systeme sowie das für IT-Sicherheitsbeauftragte wegweisende Urteil des Bundesgerichtshofs zur Garantenstellung von Sonderverantwortlichen neu aufgenommen.

Die bewährte Struktur wurde aber beibehalten. Es war mir eine Freude, Anregungen aus dem Kreis der Leser und Kommentatoren sowie meiner Studierenden einzuarbeiten. Vielen Dank dafür! Außerdem schätze ich sehr die ausnehmend gute Kooperation mit dem Lektorat des Vieweg+Teubner Verlages. Insofern bin ich gerne Ihrem Wunsch gefolgt, eine zweite Auflage zu erstellen.

Was unter IT-Sicherheit im Sinne eines Managements von Informationssicherheit bzw. eines IT Governance, Risk & Compliance Managements zu verstehen ist und welchen Prinzipien technische Systeme genügen, beantwortet weiterhin im Detail mein Lehrbuch "IT-Sicherheit kompakt und verständlich". Da die rechtlichen Aspekte im vorliegenden Lehrbuch aktuell sind, ergänzen sich beide Werke und liefern so ein tieferes Verständnis für die komplexe Materie.

Möge Ihnen auch die zweite Auflage ein guter Ratgeber und eine praktische Hilfestellung sein!

Neu-Ulm, im Januar 2010 Bernhard C. Witt

Inhaltsverzeichnis

1 Grundlagen des Datenschutzes

Datenschutz ist ein grundlegendes Recht, das sowohl bei der manuellen als auch bei der maschinellen Datenverarbeitung zu beachten ist. In Zeiten zunehmender automatisierter Verarbeitung personenbezogener Daten mittels allgegenwärtiger Informations- und Kommunikationstechnik gewinnt der Datenschutz an Brisanz. Im Folgenden soll daher ein Überblick über zentrale Begriffe, wichtige Einflussfaktoren, beobachtbare Entwicklungslinien und über verwandte Gebiete gegeben werden.

1.1 Übersicht

Bevor detailliert dargestellt werden kann, welche konkreten Maßnahmen in den zentralen Anwendungsfeldern aus Datenschutzsicht zu ergreifen sind, ist ein Blick auf die wichtigsten Grundlagen geboten. Eine entscheidende Rolle nimmt dabei die Verwendung zentraler Begriffe ein, zumal sich viele Fragen des Datenschutzes nur disziplinenübergreifend beantworten lassen. In diesem Lehrbuch werden daher allgemein gültige Regelungen aus der Praxisperspektive dargestellt.

1.1.1 Herangehensweise

Die **Ausgangslage** für datenschutzrechtlich und sicherheitstechnisch zu beurteilende Situationen findet sich in den Grundlagen des Datenschutzes anhand der maßgeblichen Einflussfaktoren und Entwicklungslinien wieder.

Entscheidend für die heutige Ausprägung des Datenschutzes war allerdings dessen Bestimmung als informationelles Selbstbestimmungsrecht: Der Datenschutz stellt seit dem Volkszählungsurteil von 1983 allgemein anerkannt ein **Grundrecht** dar.

Die sich daraus ergebenden Anforderungen führten zu allgemein gültigen **Prinzipien**, die sich aus den geltenden datenschutzrechtlichen Konzepten ablesen lassen und in allen Anwendungsbereichen in entsprechender Form verankert sind.

Die im Rahmen des Datenschutzes motivierten technischen und organisatorischen Maßnahmen und Konstrukte weisen eine hohe

Übereinstimmung mit entsprechenden Maßnahmen und Konstrukten im Rahmen der IT-Sicherheit auf. Insofern sind diese beiden Bereiche voneinander **abzugrenzen**.

Daraufhin wird in diesem Lehrbuch der Datenschutz in ausgewählten Bereichen näher ausgeführt, wobei aus Gründen der Kompaktheit die Schwerpunkte auf den Mitarbeiterdatenschutz, Kundendatenschutz und Sozialdatenschutz liegen, die als **Anwendungsfelder** untersucht werden.

Schließlich werden in einem **Ausblick** aktuelle Entwicklungen betrachtet, die nicht bereits in anderen Kapiteln dargestellt wurden.

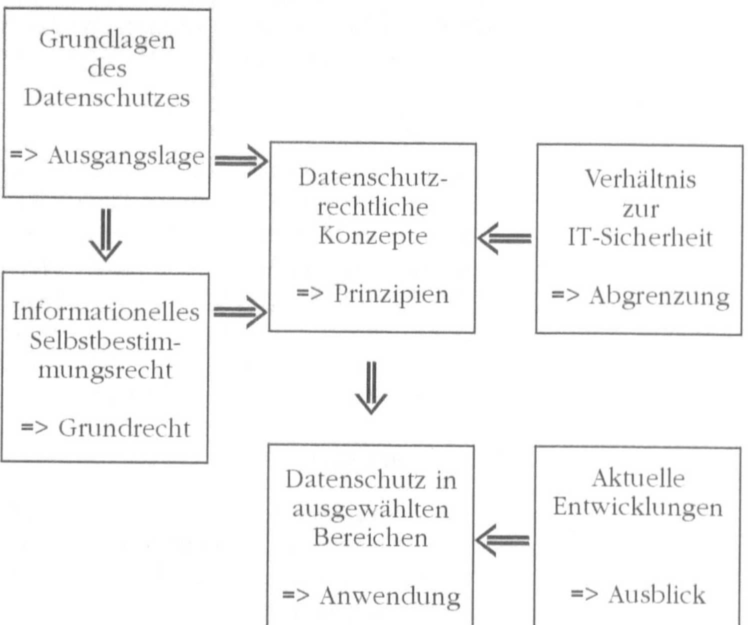

Abbildung 1: Überblick zur Herangehensweise

1.2 Zentrale Begriffe

Im Bereich von Datenschutz, Computer- und Netzwerktechnik sowie IT-Recht finden sich viele leicht unterschiedlich verwendeter Begriffe wieder. In den rechtlichen Vorschriften werden Begriffe oft nicht so definiert oder verwendet, wie dies den entsprechenden **Fachdefinitionen** in der Informations- und Kommunikationstechnik entspräche. Um dennoch zu inhaltlich vergleichbaren Aussagen kommen zu können, wird in diesem Lehrbuch eine einheitliche Begriffswelt verwendet und werden an geeigneter Stelle grundlegende Wortbedeutungen durch die Angabe einer Definition nachvollziehbar gemacht.

Gleichwohl lässt es sich nur schwer vermeiden, dass an einzelnen Stellen Termini verwendet werden, ohne für sie im Einzelnen eine formale Definition anzugeben. Die zentralen Begriffe hingegen werden bereits in diesem Abschnitt definiert.

1.2.1 Schutz der Daten oder Schutz vor Daten?

Der Begriff "Datenschutz" erscheint irreführend zu sein, da er im Wesentlichen zwei Bedeutungen umfassen kann:

- Schutz der (gespeicherten) Daten und ihrer Verarbeitung vor unerwünschtem Zugriff (vor allem im Sinne von zweckwidrigem Missbrauch) oder Verlust – was begrifflich naheliegend zu sein scheint – oder
- Schutz des Bürgers vor unerwünschten Folgen (insbesondere durch zweckwidrigen Missbrauch) aufgrund des Zugriffs auf (gespeicherte) Daten bzw. des ungewollten Datenverlusts.

Dabei stellt die erste Sichtweise die Voraussetzung für die zweite dar. Die erste Variante kann vor allem mit dem Begriff der "Datensicherheit" in Einklang gebracht werden:

Definition: Datensicherheit
Schutz der gespeicherten Daten vor Beeinträchtigung durch höhere Gewalt, menschliche oder technische Fehler und Missbrauch.

Mit dem Einsatz automatisierter Datenverarbeitungsanlagen in Form von Großrechenzentren wuchs zugleich die Sorge vor einer unbefugten Nutzung. Dabei war zunächst die Vorstellung prägend, dass ein **Missbrauch** in erster Linie dann erfolgt, wenn die gespeicherten Daten (im Sinne des klassischen Eigentumsrechts) entwendet werden oder ein bestehender Geheimnisschutz (wie das Amtsgeheimnis, Postgeheimnis, Arztgeheimnis etc.) verletzt wird. Je wichtiger elektronisch gespeicherte Daten seien, desto eher seien diese deshalb vor allem vor unbefugter Kopie oder Zerstörung zu schützen. Eine unbefugte Vervielfältigung von Akten wurde daher nicht betrachtet.

Daher ist es sogar naheliegend, dass in den Vorarbeiten der ersten gesetzlichen Regelung zu grundlegenden Fragen über den Umgang mit automatisierten Datenverarbeitungsanlagen in Hessen, das 1970 weltweit das erste Datenschutzgesetz verabschiedet hat, der Begriff "Datenschutz" Verwendung fand und der Fokus dabei auf der ersten vorgestellten Bedeutungsvariante im Sinne der Datensicherheit lag, zumal die **staatlichen Datensammlungen** als besonders wertvoll (und damit schützenswert) angesehen wurden.

Im Datenschutzgesetz von Hessen findet sich daher als **Inhalt** des Datenschutzes in § 2: "Die vom Datenschutz erfassten Unterlagen, Daten und Ergebnisse sind so zu ermitteln, weiterzuleiten und aufzubewahren, dass sie nicht durch Unbefugte eingesehen, verändert, abgerufen oder vernichtet werden können."

Der Schritt hin zu einem Schutz vor Eingriffen in die "**Privatsphäre**" (und damit der zweiten Bedeutungsvariante) fußt einerseits auf die in den USA geführte Debatte Ende der 60er über "Computer Privacy" bzw. dem "National Data Center" und andererseits der deutschen Diskussion um den etwa zur gleichen Zeit geplanten Mikrozensus, zu dem das Bundesverfassungsgericht 1969 einige grundlegende Bestimmungen erlassen hat. Gleichwohl ist die Beschränkung auf eine wohldefinierte "Privatsphäre" nur schwer konsistent durchzuhalten (siehe auch 2.1.1 Rechtsgeschichtliche Bedeutung des Volkszählungsurteils).

Insbesondere auf der Basis der Rechtsprechung zum allgemeinen **Persönlichkeitsrecht** hat folglich die zweite Variante der eingangs aufgelisteten Bedeutungen die erste zurückgedrängt. Dies führt direkt zur Begriffsbestimmung aus § 1 Abs. 1 des aktuellen Bundesdatenschutzgesetz (BDSG), die seit 1990 bestimmt:

Definition: Datenschutz
Schutz des Einzelnen vor Beeinträchtigung seines Persönlichkeitsrechts beim Umgang mit seinen personenbezogenen Daten.

Allerdings wird der Begriff des Datums (plural: Daten) nicht notwendigerweise übereinstimmend mit seiner informationstechnischen Bedeutung verwendet. Denn im informationstechnischen Sinne werden Daten üblicherweise wie folgt bestimmt:

Definition: Daten
Daten sind kontextfreie Angaben, die aus interpretierten Zeichen bzw. Signalen bestehen.

Daten werden erst zu Informationen, die einen Bezug zum Persönlichkeitsrecht aufweisen, wenn sie aufgrund anzuwendender

Vereinbarungen interpretiert werden. Daher können Informationen abgegrenzt werden als:

Definition: Informationen
Informationen sind Daten, die (i.d.R. durch den Menschen) kontextbezogen interpretiert werden und (insbesondere prozesshaft) zu Erkenntnisgewinn führen.

Aus der oben aufgeführten Legaldefinition zum Datenschutz, d.h. aus einem gesetzlich ausdrücklich bestimmten Begriff heraus, werden Daten im Bereich des in der Bundesrepublik geltenden Datenschutzes also mit einem Personenbezug versehen und erst durch die entsprechende Auswertung zur (vom Persönlichkeitsrecht geschützten) Information. Insofern wird auf dem Weg vom Datum zur Information gegenüber der in der Informatik üblichen Begriffsdefinition ein "Umweg" beschritten:

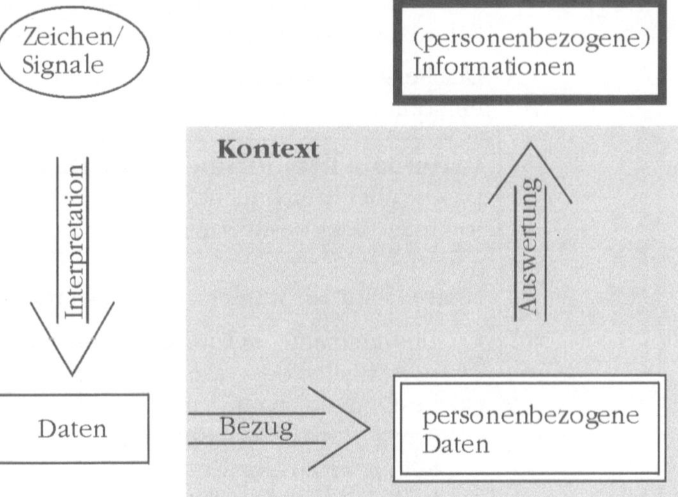

Abbildung 2: Vom Datum zur personenbezogenen Information

Diese Unterscheidung ist aus technischer Sicht bedeutsam, da datenschutzrechtlich zu betrachtende Daten durch das eingesetzte IT-System im informationstechnischen Sinne verarbeitet und erst im Zuge des jeweiligen Verarbeitungsschritts in ein **Bezugsystem** eingebettet werden (z.B. in ein Gehaltsabrechnungsprogramm bei maschineller Auswertung oder z.B. in einer Personalakte bei manueller Auswertung). Erst durch dieses Bezugssystem werden die maschinell oder manuell bearbeiteten Daten datenschutzrelevant.

Die bloße Existenz eines einzelnen Datensatzes erzeugt folglich noch keine Datenschutzrelevanz. Erst die formale Beschreibung des Datensatzes, etwa im Zuge einer Variablenzuweisung oder dem Ablegen in einem bestimmten Datenfeld unter Einbeziehung relationaler Verknüpfungen der zugrunde liegenden Datenbank, erzeugt auch im informationstechnischen Sinn die **Personenbezogenheit**.

Begrifflich wurde deshalb in informatiknahen Kreisen anfangs eher von einem "Informationsschutz" denn von einem "Datenschutz" gesprochen.

1.2.2 Personenbezug beim Datenschutz

Aus der Legaldefinition des Datenschutzes nach § 1 Abs. 1 BDSG ergibt sich ein zwingender Personenbezug bei den Daten, die im Rahmen des Datenschutzrechts betrachtet werden.

Der Personenbezug führt nach § 3 Abs. 1 BDSG zu folgender Definition:

Definition: Personenbezogene Daten
Daten über persönliche oder sachliche Verhältnisse einer bestimmten oder bestimmbaren natürlichen Person (Betroffener).

Hierbei kann also unterschieden werden zwischen:

- unmittelbaren **personenbezogenen Daten**, d.h. Daten über persönliche oder sachliche Verhältnisse, die einer eindeutig bestimmten natürlichen Person direkt zugeordnet werden (etwa durch Verknüpfung des Sozialbezugdatums "Lehrbeauftragter an der Universität Ulm" mit dem Identifikationsdatum "Bernhard C. Witt"), und
- **personenbeziehbaren Daten**, d.h. Daten, die durch Ausnutzung von Zusatzinformationen oder durch zeitlichen, personellen, kostenintensiven bzw. bestrafungsignorierenden Aufwand einer eindeutig bestimmbaren Person zugeordnet werden können (z.B. lässt sich eine IP-Adresse kontextbezogen meist mit vertretbarem Aufwand einem spezifischen Nutzer zuordnen).

Insofern können also auch aus Daten, die keinen unmitelbaren Personenbezug aufweisen, personenbezogene Daten werden:

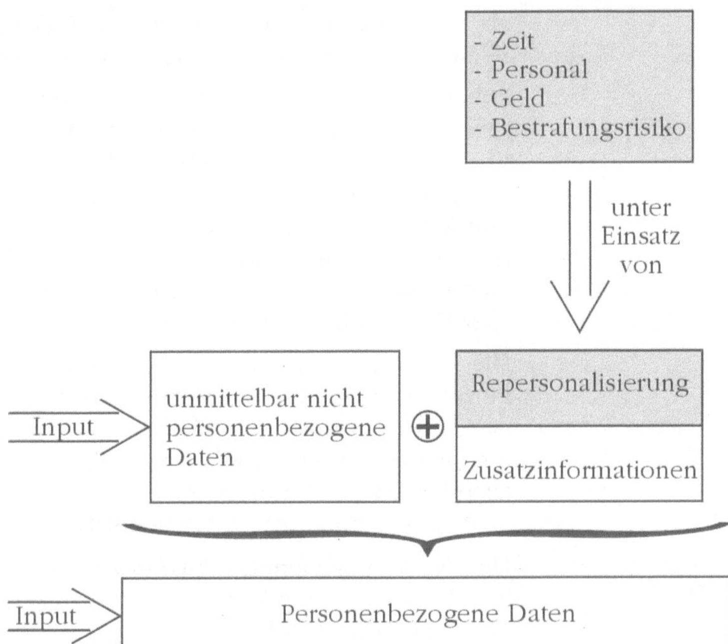

Abbildung 3: Erzeugung mittelbar personenbezogener Daten

Als **persönliche Verhältnisse** sind üblicherweise Identifikationsdaten (z.B. Name, Ausweisnummer, Personalnummer), Gesundheitsdaten (z.B. biometrische Daten, Krankheitsdaten), Sozialbezugsdaten (z.B. Familienstand, Beruf, Vorstrafen) und Zeiterfassungsdaten (z.B. Arbeitszeiten, Lenkzeiten) anzusehen.

Daten über **sachliche Verhältnisse** sind dagegen z.B. Daten über Einkommens- und Vermögensverhältnisse, Versicherungsdaten oder Daten über Kundenprofile.

In der aufgeführten Legaldefinition wird an die Eigenschaft eines Betroffenen angeknüpft. Somit gilt nach deutschem Recht: Lediglich eine **natürliche Person** kann ein Betroffener sein. Hier unterscheidet sich die deutsche Rechtstradition gegenüber anderen Ländern, auch innerhalb der EU.

Zu den **Betroffenen**, deren personenbezogene Daten demnach zu schützen sind, zählen sowohl die in einer Behörde bzw. in einem Unternehmen beschäftigten Personen als auch etwaige bestimmte oder bestimmbare Bürger, Versicherte, Mitglieder, Kunden etc. der betrachteten Einrichtung. Entscheidend ist also, ob eine zuordnenbare Person unmittelbar von der Erhebung, Verarbeitung oder Nutzung seiner Daten betroffen ist.

Folglich sind davon einzelne Individuen und Ein-Personen-Gesellschaften erfasst, nicht aber Mehrpersonengesellschaften (z.B. Vereine, Gesellschaften bürgerlichen Rechts oder offene Handelsgesellschaften) oder Kapitalgesellschaften. Doch fallen Daten über eine größere Personengruppe ebenfalls darunter, wenn entsprechende **Zusatzinformationen** wie die personelle Zusammensetzung einer Personengruppe bereits bekannt ist und dies spezifische Folgerungen zulässt.

Dies gilt erst recht, wenn eine juristische Person faktisch einer Einzelperson zugeordnet werden kann, indem beispielsweise eine GmbH nur einen Gesellschafter aufweist, der zugleich als deren Geschäftsführer fungiert, was sich aus den geltenden Publizitätspflichten ablesen lässt (so ein Urteil des BGH von 1985), also einer sogenannten **Ein-Mann-GmbH**.

Dies führt in der Praxis teilweise zu erschwerten **Abgrenzungen** bei der Beurteilung der Datenschutzrelevanz bestehender Kundendaten, was nicht selten zur generellen Einbeziehung selbst der Kundendaten juristischer Personen in datenschutzrechtliche Vorgänge führt. Einen höheren Schutz kann man schließlich immer gewähren.

Die in Deutschland bestehende Beschränkung auf eine natürliche Person führt zur Bedeutung des Datenschutzes als ein **Individualschutzrecht**. Innerhalb der EU werden in anderen Staaten datenschutzrechtliche Bestimmungen dagegen zugleich auf juristische Personen bezogen. Dies führt teilweise zu Komplikationen bei internationalem Datenaustausch.

1.2.3 Gewährleistung der Compliance

Nachdem im vorangegangenen Abschnitt geklärt wurde, was im Rahmen des Datenschutzes zu schützen ist, bedarf es nunmehr der Bestimmung aus welchen Motiven heraus dies üblicherweise erfolgt (sog. "Treiber"). Hierbei nimmt die sowohl gesetzlich als auch vertraglich eingeforderte Gewährleistung der **Compliance** die ausschlaggebende Rolle ein. Darunter wird verstanden:

Definition: Compliance Die Übereinstimmung mit festgelegten Regeln.

Zu den **festgelegten Regeln** zählen insbesondere gesetzliche Erfordernisse und damit vor allem datenschutzrechtliche Bestimmungen. Aber auch in getroffenen Vereinbarungen zwischen Vertragspartnern oder in geltenden Standards können datenschutzrechtliche Grundlagen verbindlich erklärt sein. Die gespeicherten personenbezogenen Daten stellen in diesem Zusammenhang wertvolle Vermögenswerte (Assets) dar.

Eine Behörde oder ein Unternehmen hat daher stets zu **prüfen**, ob das jeweilige Handeln insbesondere im Einklang mit datenschutzrechtlichen Vorschriften erfolgt. Etwaige Verstöße können mit Bußgeldern, Geld- oder Haftstrafen bzw. Schadensersatzforderungen geahndet werden.

Die Gewährleistung von Compliance wird vor allem beim **grenzüberschreitenden Datenaustausch** gefordert, ist jedoch schon innerhalb der Bundesrepublik maßgeblich.

Als **Einflussfaktoren** auf die Compliance, die teilweise an anderer Stelle näher beschrieben werden (siehe insbesondere 1.3.1 Entwicklung der Informations- und Kommunikationstechnik), können somit angesehen werden:

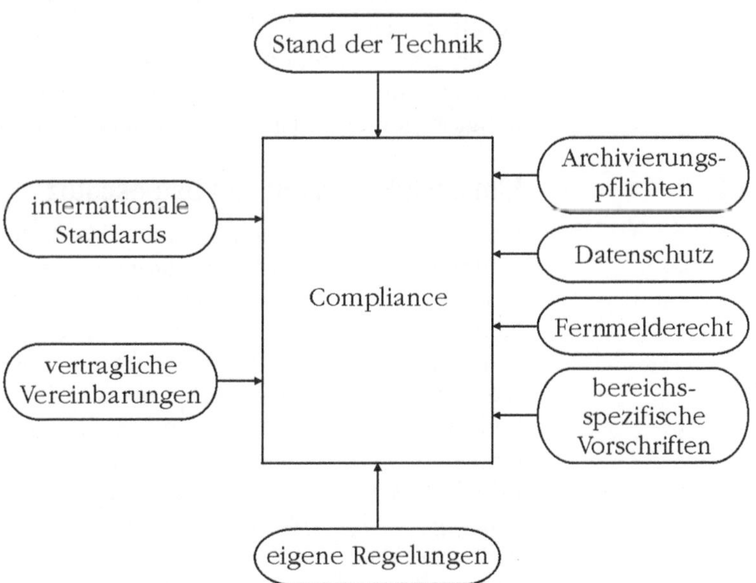

Abbildung 4: Einflüsse zur Gewährleistung von Compliance

Werden **eigene Regelungen** vorgeschrieben, etwa im Zuge von Dienst- bzw. Betriebsvereinbarungen, erteilten Dienstanweisungen, organisatorischen Richtlinien oder technischen Policies ist die Frage der Einhaltung ebenfalls als Thema der Compliance anzusehen.

Verantwortlich für die Gewährleistung von Compliance ist die jeweilige Behördenleitung bzw. Geschäftsleitung. Dabei gilt nach § 3 Abs. 7 BDSG:

> **Definition: Verantwortliche Stelle**
> Person oder Stelle, die personenbezogene Daten für sich selbst erhebt, verarbeitet oder nutzt oder dies durch andere im Auftrag vornehmen lässt.

Die verantwortliche Stelle hat bei der automatisierten Verarbeitung personenbezogener Daten die erforderliche Sorgfalt anzuwenden. Entscheidend für die Eigenschaft als verantwortliche Stelle ist, ob diese Stelle "**Herrin der Daten**" ist und daher (weitgehend) bestimmen kann, welche personenbezogenen Daten auf welche Weise zu erheben, verarbeiten oder nutzen sind. Natürlich sind dabei u.U. besondere gesetzliche Erfordernisse zu beachten, nach denen bestimmte personenbezogene Daten sogar zwingend zu erheben sind (z.B. im Rahmen der Personaldatenverarbeitung die Zugehörigkeit zu einer öffentlich-rechtlichen Religionsgemeinschaft, für die Kirchensteuern zu zahlen ist).

1.3 Einflussfaktoren auf den Datenschutz

Die rechtlichen Bestimmungen zum Datenschutz sollen zwar technikneutral zur Entfaltung kommen, doch führen neue technische Errungenschaften oftmals dazu, dass die rechtlichen Grundlagen früher oder später vom Gesetzgeber anzupassen sind. Insofern ist die Entwicklung der Informationstechnik prägend für die Entwicklung des Datenschutzes. Ethische Vorstellungen haben wiederum maßgeblich zur Ausprägung der Rechtsnormen geführt. Die in den Jahren 2008 und 2009 zu Datenschutzthemen publik gewordenen Skandale beeinflussen ebenfalls in starkem Umfang die Fortentwicklung des Datenschutzrechts. Schließlich wird von datenschutzrechtlichen und –technischen Vorkehrungen verlangt, dass sie effektiv und effizient umgesetzt werden können. Auf europäischer Ebene bestehen hierzu zunehmend mehr Vorgaben, die in weitere rechtlichen Rahmenbedingungen münden.

1.3.1 Entwicklung der Informations- und Kommunikationstechnik

Auf die jeweilige Ausprägung des Datenschutzes hat die Entwicklung der Informationstechnik einen maßgeblichen Einfluss. Dies lässt sich anhand einiger **Kenngrößen** gut nachvollziehen: Nach Rüdiger Dierstein ist im Zeitraum zwischen 1960 und 2000 bei der Rechengeschwindigkeit, Speicherkapazität und Miniaturisierung ein Faktor zwischen 10^6 bis 10^9 feststellbar; gleichzeitig ist ein enormer Preisverfall bei erwerbbarem Datenspeicher in vergleichbarer Größenordnung zu verzeichnen.

Alleine zwischen 1990 und 2000 stellen Alexander Roßnagel, Andreas Pfitzmann und Hansjürgen Garstka in ihrem Gutachten zur Modernisierung des Datenschutzrechts eine Verhundertfachung der Rechenleistung, eine Verhundertfachung der Speicherkapazität bei magnetischen Festplatten und mindestens eine Verzehnfachung der jedem Nutzer zur Verfügung stehenden **Kommunikationskapazität** der Weitverkehrsnetze fest.

Je mehr Daten also in immer kürzerer Zeit und **ohne** räumliche und zeitliche **Restriktionen** erhoben, verarbeitet oder genutzt werden können, desto wichtiger werden datenschutzrechtliche und informationstechnische Schutzmaßnahmen. Gleichzeitig werden die Informationen selbst immer wichtiger, was sich auch am deutlichen Anstieg des informationswirtschaftlichen Sektors (gegenüber den anderen Produktionsfaktoren Landwirtschaft, Industrie und Dienstleistungen) ablesen lässt.

Zudem wird Informationstechnik zunehmend in nahezu jeden Lebensbereich integriert und damit **allgegenwärtig**. Die dabei eingesetzten Prozessoren interagieren mit anderen Datenverarbeitungssystemen. Dies wird als "Ubiquitous Computing" oder "Pervasive Computing" bezeichnet (siehe auch 6.1.1 Allgegenwärtige und durchdringende Informationstechnik). Zugleich lässt sich eine Konvergenz unterschiedlicher Informations- und Kommunikationstechniken (wie etwa bei VoIP) feststellen.

Außerdem können technische Entwicklungen in ihrer **Wirkung** und damit insbesondere in ihrer datenschutzrechtlichen Bedeutung ambivalent sein, da sie bevorzugt multifunktional entwickelt werden, um möglichst zusätzliche Absatzmärkte erschließen zu können. Neue Funktionalitäten führen jedoch zunächst auch zu neuen Angriffsoptionen und damit zu Gefahren für die Gewährleistung des Persönlichkeitsrechts.

In diesem Buch wird in diesem Sinne konsequent von "**Informationstechnik**" und nicht von "Informationstechnologie" gesprochen. Letzter Begriff ist zwar im englischsprachigen Bereich üblich, doch bezeichnet im Deutschen der Begriff "Technologie" die Lehre von der Technik, deren Einsatz und Entwicklung. Dies ist jedoch i.d.R. nicht gemeint, wenn diverse Akteure oder Autoren den Begriff "Technologie" verwenden. Auch in diesem Buch wäre eine zur Technik äquivalente Verwendung des Wortes Technologie missverständlich, obschon im Bereich der Computertechnik Englisch die Lingua Franca darstellt.

Andererseits haben sich einzelne Begriffskonstruktionen aus dem Englischen faktisch durchgesetzt, für die es zwar andere deutsche Begriffe gibt, wie z.B. "Rechnernetze" statt "**Netzwerke**", doch sind die englisch angehauchten Begriffe in Praxis und Literatur unwidersprochen anzutreffen. Insofern wird auch in diesem Buch von "Netzwerken" gesprochen, wenn es um die Vernetzung verschiedener IT-Komponenten geht, zumal einzelne Vernetzungskomponenten nicht notwendigerweise als "Rechner" anzusehen sind. Die sprachlich häufiger anzutreffende Verkürzung auf "Netze" sorgt aber keineswegs für mehr Klarheit.

Behörden und Unternehmen sind verschiedenen **informationstechnischen Gefahren** ausgesetzt. So ist die Sicherheit eines IT-Systems, mit dem personenbezogene Daten automatisiert verarbeitet werden, bedroht durch

- zufällige Ereignisse (z.B. höhere Gewalt),
- unabsichtliche Fehler (z.B. Übertragungs- oder Bedienungsfehler),
- passive Angriffe ohne Änderung am laufenden IT-System bzw. der darin vorliegenden Daten (z.B. Abhören oder Mitlesen) und
- aktive Angriffe mit Änderungen an Daten oder am Zustand des IT-Systems (z.B. Datenverfälschung).

Angriffe sind dabei stets als **vorsätzliche** Handlungen zu werten. Die Vielzahl potentieller Bedrohungen wirkt sich direkt auf die Gestaltung der IT-Systeme aus. Unter einem IT-System ist dabei zu verstehen:

Definition: IT-System
Systematisch verbundene informationstechnische Komponenten.

Sobald also Hardware und Software, ggf. inklusive etwaiger Netzwerkkomponenten, miteinander verbunden werden, um damit (insbesondere auch personenbezogene) Informationen zielgerichtet erheben, verarbeiten oder nutzen zu können, wird folglich von einem IT-System gesprochen. Sofern die Verbindungen selbst ausschlaggebend für die **Betrachtung** sind, wird dagegen von einem Netzwerk gesprochen.

In den Datenschutzgesetzen wird anstelle der Begriffe IT-System oder Netzwerk üblicherweise der Terminus **Datenverarbeitungsanlage** verwendet, ohne diesen näher zu definieren oder von IT-Systemen abzugrenzen. In Anlehnung an die DIN 44300 (die zugunsten der ISO/IEC 2382 aufgegeben wurde) ist unter einer Datenverarbeitungsanlage die Gesamtheit der Baueinheiten zu verstehen, aus denen eine Funktionseinheit zur Verarbeitung von Daten aufgebaut ist. Insofern fallen darunter beispielsweise auch Camcorder, Kopiergeräte mit nicht-flüchtigem Speicher oder Kommunikationsanlagen. Andererseits werden nicht verbundene Datenträger dabei (aufgrund der mangelnden Funktionseinheit) gesondert betrachtet, z.B. im Rahmen der Weitergabekontrolle gemäß der Anlage zu § 9 BDSG.

Da sich die (für die Datenverarbeitungsanlagen dennoch maßgebliche) Informations- und Kommunikationstechnik rasant fortentwickelt, ist es erforderlich, dass sich Maßnahmen zur Gewährleistung des Datenschutzes am **Stand der Technik** orientieren. Auch dieser Begriff ist in diesem Zusammenhang keineswegs im technischen Sinn zu interpretieren, sondern im juristischen Sinn:

Definition: Stand der Technik
Entwicklungsstand technischer Systeme, der zur (vorsorgenden) Abwehr der (im zugrunde liegenden Gesetz beschriebenen) Gefahren geeignet und der verantwortlichen Stelle zumutbar ist.

Beim Datenschutz ist dieser Entwicklungsstand in entscheidender Weise abhängig von dem **Schutzgrad** der erhobenen, verarbeiteten oder genutzten personenbezogenen Daten. In unterschiedlichen Branchen ist daher von unterschiedlichen Anforderungen beim Stand der Technik auszugehen. Auch weisen z.B. Gesundheitsdaten einen höheren Schutzgrad als Angaben über den ausgeübten Beruf einer Person auf.

Da **internationale Standards** weitgehend konvergieren, finden sich in den einschlägigen Normen (etwa ISO/IEC 2700x und ISO/IEC 24762 oder ITIL) gute Referenzen für den zu beachtenden Stand der Technik. Allerdings ist die Wirkung eines Standards auf etwaige Haftungsregeln etc. (im Gegensatz zur Standardisierung an sich) erst im konkreten Einzelfall zu bestimmen.

Für den Datenschutz gibt es bisher wenige **spezifische internationale Standards**. Für Finanzdienste existiert seit 2008 mit der ISO 22307 ein international anerkannter und im Bankenumfeld durchaus bewährter Standard zur Durchführung eines "Privacy Impact Assessments" (PIA) und einer für intelligente Transportsysteme (ITS) seit 2009 mit der ISO/TR 12859 zu "Privacy aspects in ITS standards and systems". In Beratung sind derzeit außerdem mit der ISO/IEC 29100 ein Rahmenwerk zur Gewährleistung von Datenschutz und mit der ISO/IEC 29101 die Beschreibung der zugehörigen Referenzarchitektur sowie mit der ISO/IEC 29176 ein Datenschutz-Protokoll für mobile RFID-Services.

Einen guten Hinweis auf den gelebten Stand der Technik liefern die alle zwei Jahre von der Zeitschrift <kes> durchgeführten **Sicherheitsheitsstudien**.

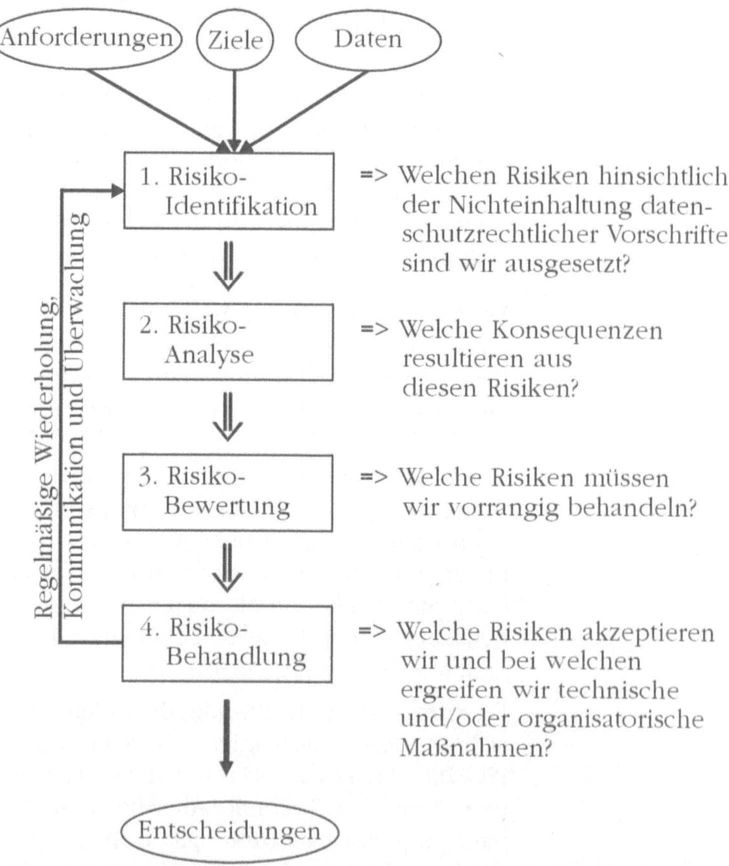

Abbildung 5: Prozess zum Datenschutz-Risikomanagement

Insbesondere lässt sich die Gewährleistung des Datenschutzes z.B. adäquat und damit dem Stand der Technik entsprechend in den Prozess des **Risikomanagements** nach ISO/IEC 27005 integrieren, wie in vorstehender Grafik dargestellt.

Auf der Grundlage bestehender internationaler Standards kann zum Stand der Technik gezählt werden:

- eine verlässliche **Datensicherung**, die die zu speichernden Daten regelmäßig dauerhaft, revisionssicher (d.h. nachweisbar manipulationsfest) und migrationsfest (d.h. auch auf andere Plattformen übertragbar) absichert,
- das Treffen ausreichender **Notfallvorsorgemaßnahmen**, mit denen ein möglichst rasches Wiederanlaufen produktiver IT-Systeme erreicht wird,
- die Gewährleistung eines ausreichenden und tagesaktuellen **Virenschutzes** hinsichtlich ein- und ausgehender Datenströme und
- das Ergreifen angemessener **technischer und organisatorischer Maßnahmen** entsprechend dem Schutzgrad der Daten und branchenspezifischer Regelungen, wozu insbesondere besonders abgesicherte Schutzzonen (vor allem für Rechenzentren und für das Personalwesen) zu definieren sind, ein Sicherheitskonzept unter Beachtung der geforderten und bestehenden Kapazitäten zu entwerfen ist und aufgrund dessen die für den Fortbestand wichtigen Ressourcen i.d.R. redundant auszulegen sind.

1.3.2 Ethische und normenrechtliche Anforderungen

Neben dem technischen Einfluss wirken ebenfalls ethische Faktoren auf den Datenschutz ein, die sich zugleich im Verständnis einer Gesellschaft niederschlagen. Die Entwicklung und Entfaltung einer Gesellschaft und ihrer Mitglieder hängt in grundlegender Weise von der Beachtung datenschutzrechtlicher Bestimmungen ab, da andernfalls ein freiheitliches demokratisches **Gemeinwesen** gefährdet ist (siehe auch 2.1.2 Umfang des informationellen Selbstbestimmungsrechts).

Unter einer **Gesellschaft** ist dabei das jeweils umfassendste System menschlichen Zusammenlebens zu verstehen. Dieses Zusammenleben erfolgt im Rahmen definierter Grenzen und Berechtigungen. Damit dies hinreichend harmonisch und auf der Grundlage eindeutiger Verhaltensregeln erfolgen kann, werden von einer Gesellschaft Normen bestimmt, die wie folgt definiert sind:

Definition: Normen
Verbindlich vereinbarte, auf Werten basierende Regelungen einer Gesellschaft.

Die bestehenden Datenschutzvorschriften stellen solche **Normen** dar, nicht jedoch etwaige best-practice-Standards zur IT-Sicherheit. Deshalb bestehen bei der Definition des Standes der Technik teilweise Unsicherheiten, was als notwendige Anforderung anzusehen ist und was nicht. Normen sind also abhängig von gesellschaftlich vereinbarten Werten, die durch Sitten und gelebte Gewohnheiten beeinflusst werden, welche letztlich von ethischen Vorstellungen geprägt sind. Unter Ethik ist im Allgemeinen das reflexive Nachdenken über gutes Handeln zu verstehen.

Bei ethischen Fragestellungen geht es also um Fragen des **Zusammenlebens** von Menschen in einer Gesellschaft, ausgerichtet auf positiv bewertetes Handeln. Beim Datenschutz werden dabei nicht nur materielle Gegebenheiten betrachtet, sondern auch immaterielle, da sich das Handeln auf (personenbezogene) Informationen bezieht, die sich einer rein materiellen Betrachtung vielfach entziehen.

Der Technikphilosoph Hans Jonas fordert in diesem Zusammenhang einen **neuen kategorischen Imperativ**, d.h. einen Grundsatz, der ohne Vorbedingungen gilt. Dieser lautet: "Handle so, dass die Wirkungen Deiner Handlungen mit der Permanenz menschlichen Lebens verträglich sind".

Beim **Datenschutz** sind die erzielten Wirkungen einer automatisierten Datenverarbeitung mit personenbezogenen Daten auf jedes Individuum einer Gesellschaft ausschlaggebend. Übertragen auf die Erstellung von IT-Systemen, mit denen personenbezogene Daten erhoben, verarbeitet oder genutzt werden, lässt sich der von Hans Jonas formulierte neue kategorische Imperativ so umformulieren: "Konstruiere IT-Systeme so, dass dadurch kein Schaden für die Gesellschaft entsteht (Verfassungs- und Sozialverträglichkeit) und aktuelle Entwicklungen insbesondere beim Umgang mit personenbezogenen Daten zugunsten der Betroffenen berücksichtigt werden können."

IT-Lösungen sollten demnach sowohl nachvollziehbar als auch reversibel sein und auf die Lösung aktueller Probleme abzielen. Folglich sind Ersteller von IT-Systemen auf der Grundlage der für die Gesellschaft maßgeblichen Werte zur Übernahme ihrer **Verantwortung** verpflichtet.

Dieser Grundgedanke findet sich daher konsequenterweise auch im Begriff der "verantwortlichen Stelle" wieder (siehe auch 1.2.3 Gewährleistung der Compliance). Der Technikphilosoph Heiner Hastedt hält eine eingesetzte Technik nur dann für ethisch legitim, wenn sie mit dem umfangreichsten System gleicher **Grundfreiheiten** für alle vereinbar ist (notwendige Bedingung). Diese Grundfreiheiten sind in Deutschland im Grundgesetz näher bestimmt.

Alexander Roßnagel, Peter Wedde, Volker Hammer und Ulrich Pordesch sehen in ihrer Studie zur sozialverträglichen Technikgestaltung durch die hohe Komplexität der Informations- und Kommunikationstechnik eine steigende **Verletzlichkeit** der Gesellschaft. Insofern halten sie Einschränkungen der Freiheit für unvermeidlich und setzen sich für eine Schadensprävention und die Beteiligung der Betroffenen an der Technikgestaltung ein. Ein Grundgedanke, der sich im Bereich der mehrseitigen IT-Sicherheit wiederfindet (siehe auch 4.1.2 Kontrollbereiche versus Schutzziele).

Der Verwaltungsjurist Adalbert Podlech stellt folgende grundsätzliche Anforderungen an eine **rechtsstaatliche Datenverarbeitung**:

- keine Datenverarbeitung ohne gesetzliche Grundlage,
- keine Zweckentfremdung erhobener Daten,
- Gewährleistung der informationellen Gewaltenteilung,
- Fremdkontrolle geheimdienstlicher Übermittlungen,
- die Erhebung personenbezogener Daten direkt beim Betroffenen,
- keine Versachlichung von Personen und
- das Löschungsgebot nicht mehr benötigter Daten.

Diese Grundsätze, die bereits vor der Verabschiedung des ersten BDSG formuliert wurden, sind beim Datenschutzrecht allgemein anerkannt (siehe auch 3.1 Prinzipien des Datenschutzes). Bei der Gewährleistung des Datenschutzes geht es also immer um die Beachtung von Grundrechten des Einzelnen, der von der datenverarbeitenden Informations- und Kommunikationstechnik bzw. einer entsprechenden Aktenverwaltung betroffen ist.

Starken Einfluss auf die jeweilige Ausprägung datenschutzrechtlicher Bestimmungen haben aber immer auch aktuelle Entwicklungen, die anschließend normenrechtlich reguliert werden sollen, um festgestellte Datenschutzverstöße ausdrücklich bestrafen zu können. In diesem Sinne waren die 2008 und 2009 publik gewordenen **Skandale** treibend für eine umfassende Novelle des BDSG. Dabei wurden allerdings noch kurz vor Verabschiedung einige grundlegende und weitreichende Änderungen beschlossen, ohne diese hinreichend (z.B. im Rahmen eines Anhörungsverfahrens) abzusichern. Alleine dieser Umstand zeigt recht plastisch, dass das aktuelle Datenschutzrecht immer als Reflektion auf vergangene Ereignisse anzusehen ist.

1.3.3 Effektivität und Effizienz

Somit haben Maßnahmen zur Gewährleistung des Datenschutzes sowohl die informationstechnische als auch die ethische bzw. normenrechtliche Sichtweise zu berücksichtigen. Sie müssen hierzu zugleich effektiv als auch effizient sein.

Unter Effektivität (umgangssprachlich bezeichnenbar mit "die richtigen Dinge tun") wird dabei (nach ISO 9000) verstanden:

Definition: Effektivität
Ausmaß, in dem geplante Tätigkeiten verwirklicht und geplante Ergebnisse erreicht werden.

Folglich ist es bei der Gewährleistung des Datenschutzes wichtig, dass durch eine ergriffene Maßnahme das eigentliche **Ziel** (hier: Schutz des Persönlichkeitsrechts des Einzelnen beim Umgang mit seinen personenbezogenen Daten) unterstützt wird. Dabei ist unter Berücksichtigung des Schutzgrades der zu schützenden personenbezogenen Daten zu prüfen, ob eine geplante Maßnahme für die Zielerreichung geeignet ist und potentielle Bedrohungen damit (entsprechend dem Stand der Technik) wirksam unterbunden oder zumindest erschwert werden.

Effizienz (umgangssprachlich bezeichenbar mit "die Dinge richtig tun") bedeutet dagegen (nach ISO 9000):

Definition: Effizienz
Verhältnis zwischen erzieltem Ergebnis gegenüber den eingesetzten Mitteln.

Nur wenn dieses Verhältnis rechnerisch größer als 1 ausfällt, d.h., das Ergebnis wiegt schwerer als die eingesetzten Mittel, wird folglich von einer effizienten Maßnahme gesprochen. Bei der Gewährleistung des Datenschutzes ist demzufolge stets zu prüfen, ob eine geplante Maßnahme unter Berücksichtigung des Schutzgrades der zu schützenden personenbezogenen Daten auch erforderlich ist und dadurch das Ziel (also der Schutz des Persönlichkeitsrechts des Einzelnen beim Umgang mit personenbezogenen Daten) mit einem **angemessenen** Aufwand erreicht werden kann, so dass ein entsprechender Angriff nur mit unverhältnismäßigem Aufwand an Zeit, Personal, Geld oder Bestrafungsrisiko getätigt werden kann.

Effektivität und Effizienz bilden daher den Rahmen bei der Prüfung, ob der Aufwand einer Maßnahme in einem angemessenen **Verhältnis** zum angestrebten Schutzzweck steht (im Sinne von § 9 BDSG). Beim Umgang mit Sozialdaten werden dabei strengere Maßstäbe angesetzt als bei "normalen" personenbezogenen Daten (aufgrund der Notwendigkeit in § 78a SGB X, im Zweifel ein unangemessenes Verhältnis nachweisen zu müssen, um eine Maßnahme nicht ergreifen zu müssen). Gleiches gilt für das Erheben, Verarbeiten oder Nutzen besonders sensibler Daten (nach § 3 Abs. 9 BDSG), da hier sogar i.d.R. eine Vorabkontrolle erforderlich ist. Zudem fallen solche Daten (z.B. Gesundheitsdaten) zugleich unter Sozialdaten, wenn sie durch (bzw. via Auftragsdatenverarbeitung für) einen Sozialversicherungsträger oder Leistungserbringer automatisiert verarbeitet werden.

Grundsätzlich besteht beim Datenschutz allerdings das Problem der Messungenauigkeit, um die entsprechenden Definitionen auch monetär (oder im Sinne obiger Definitionen vergleichbar) abbilden zu können, denn meist geht es um immaterielle Werte. Insofern muss bei der Beurteilung der **Wirksamkeit** einer Maßnahme letztlich immer der Einzelfall betrachtet und entsprechend die Effektivität und Effizienz abgewogen werden. Dabei sind neben dem Schutzzweck das eingesetzte IT-System und die bestehende Bedrohungslage bei der Beurteilung maßgeblich.

Daraus ergibt sich die Notwendigkeit, dass jede verantwortliche Stelle ein auf ihre Bedürfnisse angepasstes **Sicherheitskonzept** entwirft und umsetzt. Dieses gibt die gewählte Basis an Effektivität und Effizienz wieder (siehe hierzu auch 4.1.5 Datenschutzkonzept und Sicherheitskonzept).

1.3.4 Europäische Dimension des Datenschutzes

Damit innerhalb der Europäischen Union **einheitliche Regelungen** für den Austausch personenbezogener Daten gelten und somit leichter internationale Compliance erreicht werden kann, wurden EU-weit diverse Richtlinien (insbesondere zu Datenschutz und E-Commerce) erlassen, die in nationales Recht umzusetzen waren bzw. sind.

Für den Datenschutz sind vor allem folgende **EU-Richtlinien** relevant:

- Datenschutz (95/46/EG)
- elektronische Signatur (1999/93/EG)
- E-Commerce (2000/31/EG)
- elektronische Kommunikation (2002/19/EG, 2002/21/EG, 2002/58/EG und 2009/136/EG)
- Vorratsdatenspeicherung (2006/24/EG)

Für die nationale Umsetzung lassen die aufgeführten Richtlinien durchaus Gestaltungsspielraum. Grundlegende Anforderungen sind jedoch inzwischen EU-einheitlich vorbestimmt. Die aufgeführten EU-Richtlinien sind in Deutschland bereits (im Wesentlichen) in **nationales Recht** umgesetzt.

Allerdings weichen die verwendeten Termini in den Richtlinien von deutschen Legaldefinitionen ab, so dass zum Teil auch aufwändigere Vergleiche nötig sind, um feststellen zu können, ob tatsächlich eine europaweite Übereinstimmung gegeben ist. Beispielsweise wird bei der EU-Datenschutz-Richtlinie unter dem Begriff der **Verarbeitung** Folgendes subsummiert: Erheben, Speichern, Organisation, Aufbewahrung, Anpassung, Veränderung, Auslesen, Abfragen, Benutzung, Weitergabe (Übermittlung, Verbreitung, Bereitstellung), Kombination, Verknüpfung, Sperren, Löschen und Vernichten. Demgegenüber stellt der deutsche Gesetzgeber auf eine andere Unterteilung ab (siehe auch 1.3.5 Weitere rechtliche Rahmenbedingungen), die aus Gründen der Nachvollziehbarkeit zur Grundlage dieses Lehrbuches herangezogen wurde.

Im Rahmen der EU-Datenschutz-Richtlinie wurde für Verarbeitungen, die spezifische Risiken für die Rechte und Freiheiten der Personen aufweisen können, eine sog. "**Vorabkontrolle**" eingeführt. Danach ist sicherzustellen, dass datenschutzrechtliche Bestimmungen bereits vor Inbetriebnahme eines IT-Systems beachtet und schon zum Zeitpunkt der Planung die geeigneten technischen und organisatorischen Maßnahmen getroffen werden. Dabei ist der Stand der Technik zu berücksichtigen. Als Maßstab werden die Art und Zweckbestimmung des Verfahrens, die Tragweite für den Betroffenen oder die besondere Verwendung neuer Technik für eine Beurteilung des Risikos herangezogen. Die Vorabkontrolle kann damit als präventive Gewährleistung datenschutzbezogener Compliance angesehen werden.

Für die Übermittlung personenbezogener Daten in das Ausland wurden zudem im Zuge der EU-Datenschutz-Richtlinie detaillierte Regelungen erlassen. Die Übermittlung ist demnach nur zulässig, wenn beim Empfänger (Datenimporteur) ein **angemessenes Datenschutzniveau** gewährleistet ist. Dieses wird von den zuständigen Aufsichtsbehörden insbesondere beurteilt anhand:

- der Art der Daten,
- der Zweckbestimmung,
- der Dauer der geplanten Verarbeitung,
- den geltenden Rechtsnormen für den Empfänger,
- den geltenden Standesregeln beim Empfänger und
- den getroffenen Sicherheitsmaßnahmen.

Innerhalb der EU wird dieses prinzipiell positiv beschieden, außerhalb der EU ist dies für einige Staaten durch die Europäische Kommission ausdrücklich festgestellt worden. Für den **Datenexport** in Länder, die nicht in der entsprechenden Auflistung aufgezählt sind, besteht die Möglichkeit, sog. Standardvertragsklauseln oder von den Aufsichtsbehörden genehmigte, verbindliche Verhaltensregeln (Codes of Conduct im Sinne von Binding Corporate Rules) zu verwenden, womit ausreichende Garantien bestehen. Dabei ist es erforderlich, dass die relevanten Datenschutzregelungen auch durchgesetzt werden (etwa unter Androhung von Vertragsstrafen).

Deutsche Rechtsvorschriften sind grundsätzlich im Licht des EU-Rechts auszulegen, da europäisches Recht vorrangig gilt. Insofern erhalten teilweise deutsche Bestimmungen eine EU-kompatible Bedeutung. Demnach gilt z.B. auch unabhängig von explizit inhaltlich entsprechenden gesetzlichen Regelungen der Grundsatz aus Art. 6 der EU-Datenschutz-Richtlinie, wonach die Verarbeitung personenbezogener Daten gegenüber den Betroffenen nach dem Grundsatz von **Treu und Glauben** zu erfolgen hat, wobei zu den jeweils verwendeten Verfahren ein eindeutiger und rechtmäßiger Zweck anzugeben ist, der auch einzuhalten ist. Der Grundsatz von Treu und Glauben zielt dabei auf den Erwartungshorizont des Betroffenen ab, womit ein durchschnittlicher Betroffene also üblicherweise zu rechnen hat.

Spätestens ab 2011 müssen schließlich Betreiber öffentlich zugänglicher elektronischer Kommunikationsdienste die zuständigen Aufsichtsbehörden darüber informieren, wenn der Schutz personenbezogener Daten verletzt wurde. Sofern dabei Teilnehmer oder andere Personen in ihrer Privatsphäre beeinträchtigt werden, indem z.B. ein Identitätsdiebstahl oder –betrug, eine physische Schädigung, eine erhebliche Demütigung oder ein Rufschaden daraus folgt, sind auch die davon Betroffenen unverzüglich zu benachrichtigen. Diese **Benachrichtigungspflicht** entfällt jedoch, wenn der Betreiber zur Zufriedenheit der zuständigen Aufsichtsbehörde geeignete technische Schutzmaßnahmen (insb. zur Verschlüsselung der Daten) nachgewiesen hat. Üblicherweise erfolgt ein entsprechender Nachweis im Rahmen eines vorgelegten Sicherheitskonzepts.

1.3.5 Weitere rechtliche Rahmenbedingungen

Bei der Bestimmung der verantwortlichen Stelle (siehe auch 1.2.3 Gewährleistung der Compliance) ist entscheidend, wo die Stelle ihren **Sitz** hat und nicht, auf welchem Gebiet sie tätig ist. Sobald eine Niederlassung eigenverantwortlich tätig wird (indem z.B. eine eigene Rechtsform besteht), wird sie unabhängig von ihrem räumlichen Tätigkeitsfeld zur verantwortlichen Stelle:

- Bei **Unternehmen** gilt dabei die Einheitstheorie, d.h. für ein Unternehmen besteht eine verantwortliche Stelle (unabhängig von der Anzahl etwaiger Niederlassungen); zu einem Konzern oder eine Unternehmensgruppe gehören deshalb verschiedene, miteinander verbundene Unternehmen, die jeweils selbst eine eigene verantwortliche Stelle darstellen.
- Bei **Behörden** kommt dagegen die Gliederungstheorie zur Anwendung, d.h. für jede Funktion besteht aufgrund der jeweils unterschiedlichen Rechtsgrundlage für die jeweilige Tätigkeit eine separate verantwortliche Stelle (so ist bei einer Stadtverwaltung beispielsweise zu unterscheiden zwischen Sozialamt, Wohngeldamt, Meldeamt, Bauamt, etc.).

Bei der datenschutzrechtlichen Betrachtung auf der Grundlage des BDSG werden im Gegensatz zur EU-Datenschutz-Richtlinie (siehe auch 1.3.4 Europäische Dimension des Datenschutzes) die üblichen informationstechnischen **Phasen** (Eingabe, Verarbeitung, Ausgabe) wie folgt gruppiert:

- **Erheben** ist nach § 3 Abs. 3 BDSG das Beschaffen von Daten über den Betroffenen,
- **Verarbeiten** ist nach § 3 Abs. 4 BDSG das Speichern, Verändern, Übermitteln, Sperren und Löschen personenbezogener Daten und
- **Nutzen** ist nach § 3 Abs. 5 BDSG jede Verwendung personenbezogener Daten, soweit es sich nicht um Verarbeitung handelt (also z.B. Kenntnisnahme, Auswertung, Verknüpfen, Auskunfterteilung an Betroffene oder Datentransfer zwischen verantwortlicher Stelle und weisungsgebundenem Auftragnehmer sowie die eigentliche Auftragsarbeit dieses Auftragnehmers).

Alle drei Phasen werden im Datenschutzrecht unter dem Begriff **automatisierte Verarbeitung** zusammengefasst. Für Landesbehörden ist in den jeweiligen Landesdatenschutzgesetzen teilweise eine andere Gruppierung bzw. begriffliche Definition vorgenommen worden. Um in diesem Buch keine Verwirrung zu erzeugen, wird die Legaldefinition aus dem BDSG zur Grundlage gelegt und bei anderslautenden Verwendungen ausdrücklich darauf hingewiesen.

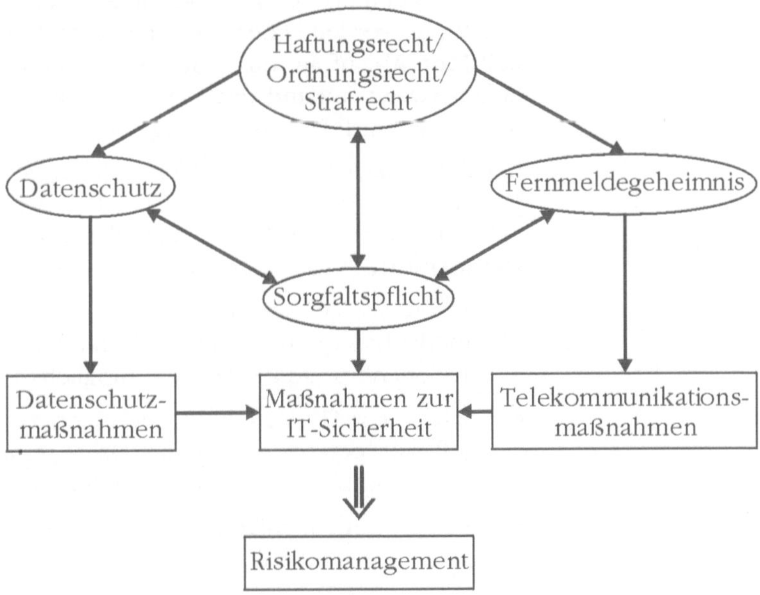

Abbildung 6: Sicherheitsrechtliches Zusammenspiel

Datenschutzrechtliche Bestimmungen werden ergänzt durch geforderte Sorgfaltspflichten und ähnlich gelagerte Rechtsgebiete (siehe auch 1.5 Verwandte Gebiete), wie vor allem das Fernmelderecht. In allen drei Bereichen sind jeweils Maßnahmen zur Einhaltung entsprechender Vorgaben der Compliance zu erfüllen. Hieraus ergibt sich gerade auch im Hinblick der Abwehr eines potentiellen Bestrafungsrisikos für die verantwortliche Stelle ein komplexes **sicherheitsrechtliches** Gefüge, das letztlich ein umfassendes Risikomanagement erfordert.

1.4 Entwicklungslinien des Datenschutzes

Die Entwicklung des Datenschutzes in Deutschland offenbart einige grundlegende Richtungsänderungen, was sich bereits am Bedeutungswandel des Begriffes "Datenschutz" ablesen lässt (siehe auch 1.2.1 Schutz der Daten oder Schutz vor Daten?), und ist keineswegs konstant verlaufen. Dabei lassen sich zwei verschiedene Betrachtungsweisen extrahieren: Einmal die Konstruktion des Datenschutzes als Abwehrrecht vor allem gegenüber staatlichen Stellen und zum anderen die ständig zunehmenden Gestaltungsoptionen im Sinne eines Selbstdatenschutzes.

1.4.1 Überblick zur Entwicklung des Datenschutzes

Die Entwicklung des Datenschutzes lässt sich auf unterschiedliche Weise verdeutlichen: Grundsätzlich bietet sich natürlich der **zeitliche** Ablauf an, um Abfolgen verdeutlichen zu können, was üblicherweise anhand der BDSG-Novellierungen in der Literatur dargestellt wird. Dies ist die allgemein bevorzugte Form.

Ein differenzierter Einblick kann jedoch gerade dadurch gewonnen werden, dass zentrale Entwicklungen besonders plastisch anhand der von Gerhard Kongehl skizzierten **Schutzziele des Datenschutzes** nachgezeichnet werden:

- Schutz vor DV-Verfahren, die einen unbefugten Zugriff, eine unerlaubte Kenntnisnahme, Verarbeitung und Nutzung von personenbezogenen Daten ermöglichen,
- Schutz vor DV-Verfahren, die einen zu weit reichenden Zugriff auf personenbezogene Daten ermöglichen und damit eine informationelle Gewaltenteilung erschweren,
- Schutz vor unzulänglicher Modellierung der Wirklichkeit durch Verwendung von ungeeigneter Software,

- Schutz vor Missachtung des Kontextbezugs von personenbezogenen Daten beim Umgang mit solchen Daten,
- Schutz vor den Folgen verletzlicher DV-Systeme und DV-Verfahren, mit denen personenbezogene Daten verarbeitet und genutzt werden,
- Schutz vor DV-Verfahren, bei denen das Recht auf freien Informationszugang missachtet wird, welches ebenfalls Bestandteil des Persönlichkeitsrechts ist, und
- Schutz vor nicht nachhaltigen (also künftige Generationen vor allem belastende) DV-Verfahren, mit denen personenbezogene Daten verarbeitet und genutzt werden.

Auf diese Darstellungsweise wird aus didaktischen Gründen in diesem Lehrbuch zurückgegriffen. Auf die maßgeblichen Urteile oberster Gerichte für diese Schutzziele wird dabei im 2. Kapitel eingegangen.

1.4.2 Datenschutz als Abwehrrecht

Erste datenschutzrechtliche Bestimmungen resultieren in Europa im Wesentlichen aus der **Abwehr** absolutistischer Vorgehensweisen, die aus Sicht der Betroffenen willkürlich waren. Der (ursprünglich absolutistische) Staat war befugt, zur Erfüllung seiner Aufgaben auch personenbezogene Daten zu erheben, verarbeiten oder nutzen. Spätestens seit der Französischen Revolution von 1789 hatte der inzwischen überwiegend republikanische Staat jedoch dabei die Menschenrechte zu beachten und sich auf seine Aufgaben zu beschränken. Diese Beschränkung wird als klassisches Freiheitsrecht angesehen. So ist die vollziehende Gewalt in Deutschland durch Art. 20 Abs. 3 GG an Recht und Gesetz gebunden und benötigt in Folge dessen für jedes Handeln eine explizite Rechtsgrundlage.

Allerdings hat der Staat durchaus auch legitime **Interessen** an der automatisierten Verarbeitung personenbezogener Daten etwa zugunsten der Gewährleistung des Schutzes von Leib und Leben seiner Bürger, des Schutzes staatlicher Organe und der Gewährleistung zielgenauen staatlichen Handelns. Daher werden bürgerliche Freiheiten insbesondere gegenüber staatlichen Sicherheitsinteressen abgewogen (siehe auch 6.2.2 Terrorismusbekämpfung).

Die erste Entwicklungsstufe beim Datenschutz bildete daher auch der **Schutz vor** (in erster Linie staatlichem) **Missbrauch** (siehe auch 1.2.1 Schutz der Daten oder Schutz vor Daten?). Insofern lautete die Zielsetzung des BDSG im Jahre 1977 nachvollziehbarerweise: "Aufgabe des Datenschutzes ist es, durch den Schutz personenbezogener Daten vor Missbrauch bei ihrer Speicherung, Übermittlung, Veränderung und Löschung (Datenverarbeitung) der Beeinträchtigung schutzwürdiger Belange der Betroffenen entgegenzuwirken."

Jede Einschränkung staatlicher Eingriffsrechte zieht die Einrichtung von **Kontrollinstanzen** nach sich. Neben der allgemeinen Gewaltenteilung in Legislative, Exekutive und Judikative wurde in Deutschland daher die Institution des Datenschutzbeauftragten geschaffen, dessen Aufgabe es ist, dabei zu helfen, Datenschutzrechtsverletzungen zu vermeiden.

Zu diesem Schutzziel ist auch die Prüfung einzuordnen, ob die Erhebung, Verarbeitung oder Nutzung personenbezogener Daten tatsächlich zur Aufgabenerfüllung geeignet und **erforderlich** ist. Daran bemessen sich gesetzte Zugriffsrechte. Sobald personenbezogene Daten nicht mehr zur Aufgabenerfüllung benötigt werden, sind diese zu löschen, bzw., wenn Aufbewahrungsvorschriften einer Löschung entgegen stehen, wenigstens für den regulären Zugriff zu sperren. Besondere Risiken für die Rechte und Freiheiten der Betroffenen sind vorab auszuschließen.

Gerade im Zuge terroristischer Bedrohungen in den 70er Jahren wurde darüberhinaus der **Schutz vor unzulänglichen Wirklichkeitsmodellen** bedeutsam. Die Analyse verfügbarer Informationen über die RAF-Terroristen wurde zu einem Datenmodell zusammengefügt und darauf abgestimmt zu Beginn der 80er Jahre eine Rasterfahndung durchgeführt.

Bei einer **Rasterfahndung** werden personenbezogene Daten aus unterschiedlichen Datenbeständen anhand eines vorgegebenen Rasters (etwa entsprechend dem konkret vorliegenden Täterprofil) miteinander verglichen und zusammengeführt. Sofern der maschinelle Datenabgleich nicht anhand des Namens, sondern etwa bestimmter Eigenschaften (z.B. Barzahler von Stromrechnungen oder Angehöriger einer Glaubensgemeinschaft) erfolgt, steht nicht mehr der konkrete Tatverdacht bezüglich einer Person zu Beginn des Datenabgleichs im Vordergrund: Sicherheitsbehörden hoffen, damit Personen ermitteln zu können, von denen möglicherweise eine konkrete Gefährdung der inneren bzw. äußeren Sicherheit ausgehen könnte (Gefahrenprävention).

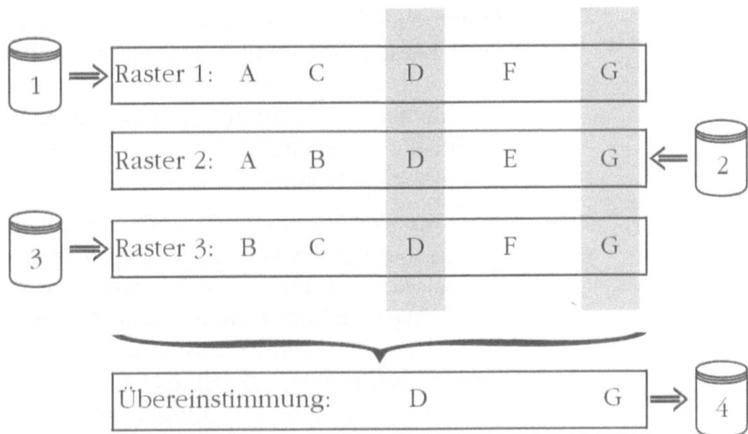

Abbildung 7: Vorgang der Rasterfahndung

Da die Gefahr einer fehlerhaften Abbildung der Wirklichkeit im Rahmen des gewählten **Datenmodells** nicht ausgeschlossen werden kann und Betroffene nicht als Sache zu behandeln sind, resultierte daraus eine verstärkte Besinnung darauf, dass es beim Datenschutz um den Schutz von Persönlichkeitsrechten geht. Die Informationen, die die Abbildung realer Gegenstände beschreiben sollen, sind nach einer automatisierten Datenverarbeitung aufgrund des Abstraktionsprozesses nicht notwendigerweise identisch zur ursprünglichen Bedeutung.

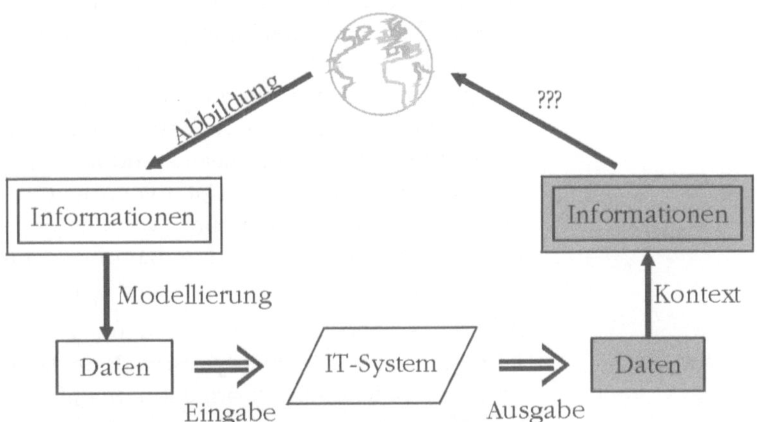

Abbildung 8: Abstraktionsprozess der Datenverarbeitung

Hier zeigen sich **Grenzen** der automatisierten Verarbeitung personenbezogener Daten. Inzwischen findet sich daher die datenschutzrechtliche Antwort auf das Problem der unzulänglichen Wirklichkeitsmodellierung vor allem in der Form des Verbotes einer (voll) automatisierten Einzelentscheidung wieder sowie der betrieblichen Mitbestimmung bzw. datenschutzrechtlichen Vorabkontrolle von Verfahren, die der Bewertung des Verhaltens von Personen dienen.

Zur Frage der Wirklichkeitsmodellierung gehört auch das **Data-Mining**, bei dem gespeicherte Datensätze auf Korrelationen und Regressionen hin untersucht werden, um mittels statistischer Methoden Wechselbeziehungen und Abhängigkeiten festzustellen. Die dabei ermittelten Zusammenhänge müssen nicht zwangsläufig realer Natur sein. Allerdings bedeutet die Durchführung eines Data-Minings keineswegs automatisch, dass bei den analysierten Datensätzen ein Personenbezug vorliegen muss.

Vor allem die Sammelwut des Staates, aber auch umfangreiche Datensammlungen von Adresshändlern, Auskunfteien oder weltweit agierenden Konzernen führten zur Notwendigkeit des **Schutzes der informationellen Gewaltenteilung**. Eine datenspeichernde Stelle darf demnach nicht Datensätze, die für verschiedene Zwecke erhoben wurden, zu umfangreichen Persönlichkeitsprofilen zusammenfügen oder unbefugt an andere Stellen weiterleiten. Der zweckübergreifende Datentransfer zwischen verschiedenen Behörden war einer der wesentlichen Auslöser für das Volkszählungsurteil (siehe auch 2.1 Volkszählungsurteil).

Insofern ist die datenschutzrechtliche Gewährleistung der informationellen Gewaltenteilung insbesondere die **Zweckbindung**. Die Datenvermeidung und Datensparsamkeit zählt gleichfalls zu entsprechenden Anforderungen, da schon die Reduktion des Datenvolumens (z.B. durch Verwendung anonymisierter Daten) Durchbrechungen der Zweckbindung entscheidend erschwert. Bei jeder automatisierten Datenverarbeitung ist folglich deren Zulässigkeit zu überprüfen und vorzugsweise die Datenerhebung direkt beim Betroffenen durchzuführen, um potentielle Zweckänderungen systematisch zu vermeiden.

Allerdings sind auch Sammlungen anonymisierter Datensätze keinesfalls vor einer **Repersonalisierung** gewappnet, da die darin gespeicherten Informationen ggf. durch vorhandene Zusatzinformationen wieder einer bestimmbaren Person zugeordnet werden können, so dass der betreffende Datensatz durch systematische Auslese ermittelt werden kann, sofern der gesamte, scheinbar anonymisierte Datensatz vorliegt (siehe auch 1.2.2 Personenbezug beim Datenschutz). Dies stellt damit einen wichtigen Unterschied gegenüber der Rasterfahndung dar.

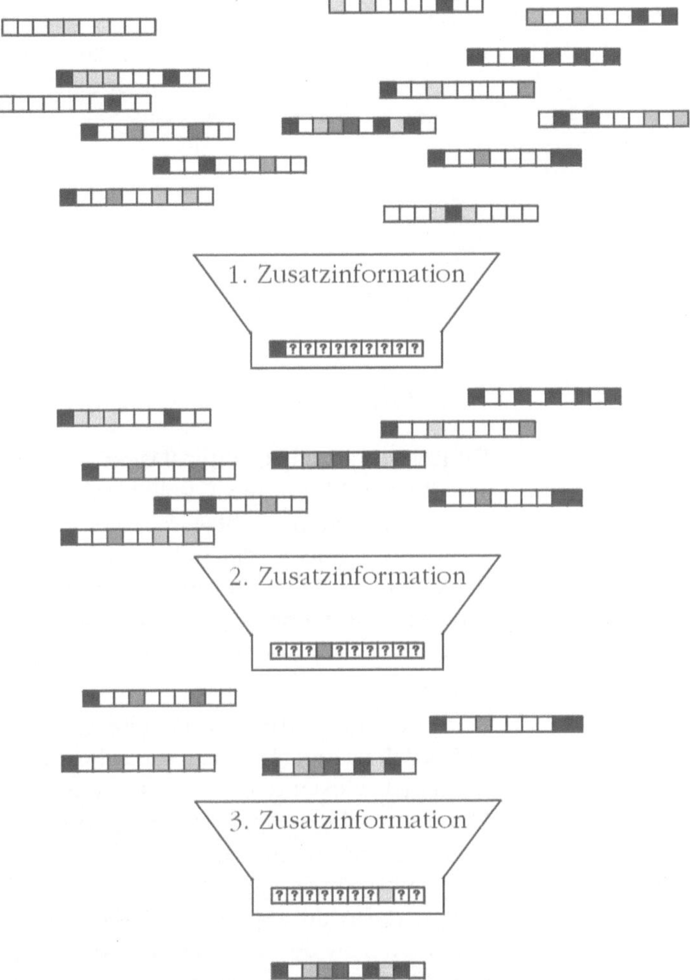

Abbildung 9: Vorgang der Repersonalisierung

Andererseits können gespeicherte Daten einem Bedeutungswandel unterliegen. Insofern sind die gespeicherten Daten stets kontextabhängig zu betrachten: So können sich gespeicherte Daten z.B. bei einem Wechsel eines Firmensitzes durch regionale Besonderheiten in ihrer Bedeutung möglicherweise verändern oder sie unterliegen ggf. einer zeitlichen "Alterung" (wie z.B. bei der Angabe numerischer Werte in Datenbanken zum Zeitpunkt der

Umstellung von DM auf Euro). Daher dient der Datenschutz insbesondere auch dem **Schutz vor dem Kontextproblem**. Erst durch den Kontext werden Daten zu Informationen (siehe auch Abbildung 2: Vom Datum zur personenbezogenen Information). Für identische Daten kann sich daraus eine verschiedene Bedeutung ergeben (in der nachfolgenden Grafik wird z.B. aus einem simplen Kuchenteil eine geometrische Grundform):

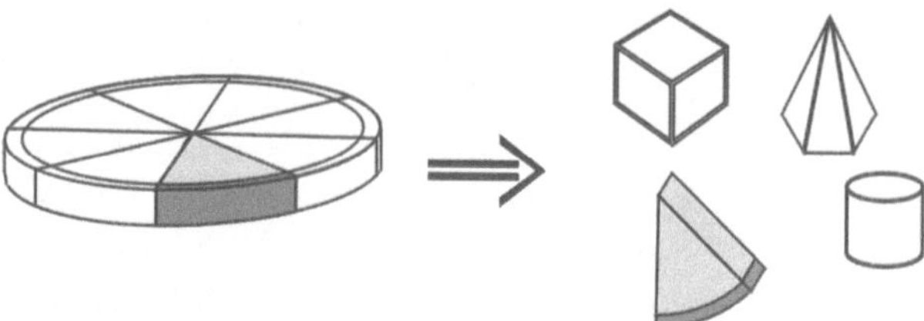

Abbildung 10: Problem des Kontextwechsels

Da bei der automatisierten Datenverarbeitung oft der Kontext gespeicherter Daten nicht vollständig abgebildet wird, dürfen für den Betroffenen rechtswirksame Entscheidungen nicht alleine auf der Grundlage der automatisierten **Bewertung** von Persönlichkeitsmerkmalen beruhen. Deshalb sind die Pflicht zur Löschung nicht mehr benötigter sowie zur Berichtigung fehlerhafter Daten die wichtigsten Instrumente zum Schutz vor dem Kontextproblem.

Der durchaus verbreitete Glaube in eine unfehlbare Software hat sich als Irrglaube herausgestellt. Seit Beginn der 90er Jahre wurde daher verstärkt der **Schutz vor den Folgen verletzlicher Datenverarbeitungssysteme** gefordert (siehe auch 1.3.2 Ethische und normenrechtliche Anforderungen). Je stärker Informations- und Kommunikationstechnik das alltägliche Leben durchdringt, desto ausgeprägter ist die Abhängigkeit der handelnden Personen von den entsprechenden IT-Systemen und der mit deren Hilfe ermittelten Informationen.

Zum Einen erfordert dies, dass eingesetzte IT-Systeme stets korrekte Resultate bringen und zum Anderen die Korrektheit der Ergebnisse (im Zweifel auch gerichtlich) überprüft werden kann. Angesichts der hohen **Komplexität** eingesetzter Informationstechnik verlangt dies ein hohes Maß an Vertrauen in die Arbeit und eingesetzten Tools der Programmierer sowie in die die konkreten Werte eingebenden Personen und Geräte. Von einer Fehlerfreiheit kann jedoch i.d.R. nicht ausgegangen werden.

Insofern ist in diesem Zusammenhang entscheidend, dass keine rechtswirksamen Entscheidungen alleine auf der Grundlage von automatisierten Verfahren getroffen und keine fehlerhafte oder unzulässigen Daten verwendet werden. Wird einem Betroffenen durch die unzulässige oder fehlerhafte automatisierte Verarbeitung seiner personenbezogenen Daten ein **Schaden** zugefügt, so hat die verantwortliche Stelle diesen auszugleichen, weshalb sie nachweisen muss, dass sie ihren Sorgfaltspflichten nachgekommen ist. Eine allgegenwärtige Datenverarbeitung kann hier zu einem besonders hohen Schadenspotenzial führen.

Die geforderte **Sorgfaltspflicht** verlangt in diesem Zusammenhang, dass jederzeit festgestellt werden kann, ob die verwendeten IT-Systeme ausreichend gegen zufällige Zerstörungen oder Verlust geschützt sind, wer welche Daten wann eingegeben hat und ob etwaige Weisungen von einem Auftragnehmer korrekt umgesetzt wurden.

Eine zukunftsweisende Einrichtung stellt daher die Durchführung von **Datenschutzaudits** dar, durch die die vorgesehene Datenschutzkonzeption einer unabhängigen Überprüfung unterzogen wird. Im Rahmen der Eigenkontrolle muss bereits jetzt ein automatisiertes Abrufverfahren besonders untersucht und im Rahmen der Vorabkontrolle das Vorliegen besonderer Risiken für die Rechte und Freiheiten der Betroffenen ausgeschlossen werden.

1.4.3 Datenschutz als Gestaltungsaufgabe

Aufbauend auf den Abwehrrechten, bildet sich zunehmend eine Option zur Gestaltung von Informationssystemen aufgrund datenschutzrechtlicher Anforderungen heraus. Dies ist besonders motiviert durch die Übernahme eines **Identitätsmanagements** durch den Betroffenen im Sinne eines Selbstdatenschutzes (siehe auch 4.2.1 Prinzipien datenschutzfreundlicher Techniken).

Der Schutz gegen Missbrauch im Zentrum der Abwehrrechte führt insbesondere zur Gestaltungsaufgabe eines IT-Systems, mit dessen Hilfe lediglich unbedingt erforderliche personenbezogenen Daten erhoben, verarbeitet oder genutzt werden, wobei möglichst kein Personenbezug erhoben werden soll. Der daraus resultierende Grundsatz der **Datensparsamkeit** stellt insofern neben etwaigen technischen und organisatorischen Anforderungen die erste und zugleich grundlegende Gestaltungsanforderung dar. Dessen Bedeutung für alle datenschutzrechtlichen Phase (siehe 1.3.5 Weitere rechtliche Rahmenbedingungen) wurde im Rahmen der BDSG-Novellen 2009 unterstrichen.

Gleichwohl haben Betroffene zugleich ein Recht auf freien Informationszugang und auf Bereitstellung grundlegender Informationen. Dieses **Recht auf Information** betrifft nicht nur eigene Daten, die die Betroffenen beispielsweise im Zuge ihres Auskunftsrechts einsehen dürfen, sondern auch von Daten, die nur mittelbar für die Betroffenen von Bedeutung sind. Dies kann geschützte personenbezogene Daten anderer Betroffenen einschließen (etwa bei der Einsichtnahme in Bauplanungsdaten). Insofern scheint dies in gewisser Weise einen Gegensatz zum Datenschutz darzustellen.

Im Zuge des Umweltinformationsrechts wurde zum ersten Mal ein umfassenderes **Akteneinsichtsrecht** gewährleistet, das inzwischen auch auf andere Bereiche staatlichen Handelns im Zuge der Verabschiedung des Informationsfreiheitsgesetzes ausgedehnt wurde. Dies ist an die Zuordnung der einzusehenden Unterlagen und Daten zu konkreten Verwaltungsvorgängen gekoppelt. Insoweit dient dieses Schutzziel auch der Kontrolle der informationellen Gewaltenteilung, zumal den Behörden Veröffentlichungspflichten auferlegt wurden, die die Transparenz öffentlichen Handelns erhöhen sollen.

Die Entwicklung der Informations- und Kommunikationstechnik hat den Alltag bereits entscheidend verändert. Eine automatisierte Verarbeitung auch personenbezogener Daten ist praktisch allgegenwärtig. Daher liegt eine immer wichtiger werdende Aufgabe des Datenschutzes darin, die Erfordernisse künftiger Generationen mitzubedenken. So entfaltet sich der Datenschutz auch zum Schutz der **Nachhaltigkeit** informationeller Rechte.

Dies erfordert, dass aus aktuellen Erwägungen getroffene Entscheidungen, die intensiv in informationelle Rechte eingreifen, wie z.B. zur Terrorabwehr, grundsätzlich mit einem Verfallsdatum versehen werden. Auf diese Weise wird gewährleistet, dass in regelmäßigen Abständen überprüft wird, ob die vorgesehenen Maßnahmen noch zeitgemäß sind. Informationsgeprägte **Handlungen** sollten daher möglichst reversibel sein und verantwortungsbewusst getroffen werden (siehe auch 1.3.2 Ethische und normenrechtliche Anforderungen).

Auch für die Nachhaltigkeit informationeller Rechte ist folglich die Datensparsamkeit eine wichtige Voraussetzung. Während sich der Schutz vor dem Kontextproblem auf die einzelnen Daten bezieht, zielt der Nachhaltigkeitsschutz auf eine entsprechende Gestaltung sowohl der verwendeten Verfahren als auch der eingesetzten IT-Systeme ab.

1.5 Verwandte Gebiete zum Datenschutz

Der Datenschutz ist nur eine Ausprägung des allgemeinen Persönlichkeitsrechts (nach neuerer Rechtsprechung inzwischen als "Grundrecht auf Schutz der Persönlichkeit" bezeichnet) nach Art. 2 Abs. 1 GG i.V.m. Art. 1 Abs. 1 GG. Ebenso gehören der Urheberschutz nach § 2 UrhG, der Namensschutz nach § 12 BGB und der Bildnisschutz nach § 22 KUG hierzu. Dieser und das Post- und Fernmeldegeheimnis nach Art. 10 Abs. 1 GG weisen eine enge Verwandtschaft zum Datenschutz auf. 2008 hat das Bundesverfassungsgericht außerdem ein Grundrecht auf Vertraulichkeit und Integrität informationstechnischer Systeme (Kurzform: "IT-Grundrecht") als Teil des allgemeinen Persönlichkeitsrechts bestimmt. Zudem bestehen für spezielle Berufsgruppen besondere Verschwiegenheitsverpflichtungen, die ein Erheben, Verarbeiten oder Nutzen von personenbezogenen Daten zur Grundlage haben.

1.5.1 Schutz des Fernmeldegeheimnisses

Das Fernmeldegeheimnis ist (zusammen mit dem Postgeheimnis, auf das an dieser Stelle nicht näher eingegangen wird) durch Art. 10 Abs. 1 GG abgesichert. § 88 TKG führt näher aus, was unter dem Fernmeldegeheimnis zu verstehen ist:

Definition: Fernmeldegeheimnis
Schutz der Inhalte einer Telekommunikation und der zugehörigen Verbindungsdaten.

Durch das Fernmeldegeheimnis sind also sowohl die Inhalte vor unbefugtem Zugriff geschützt, als auch die Verbindungsdaten selbst. Die **Verbindungsdaten** sind als personenbezogene Daten anzusehen und unterliegen damit auch datenschutzrechtlichen Bestimmungen (nach einem Urteil des Bundesverfassungsgerichts von 2006). Insofern dürfen (in Anlehnung an ein Urteil des Bundesarbeitsgerichts von 1987) längerfristig allenfalls Beginn und Ende einer Telekommunikations-Verbindung (in Form von Event-Logs) und die dadurch verursachten Kosten im Sinne der Datensparsamkeit nach § 3a BDSG mitprotokolliert werden. Die kompletten Verkehrsdaten (also inkl. IP-Adressen bei elektronischen Kommunikationsmedien) sind nach § 96 Abs. 2 TKG unverzüglich zu löschen, sofern sie nicht zum Zweck des Aufbaus weiterer Verbindungen oder zur Abwehr eines konkret vorliegenden Anfangsverdachts von Missbrauch über einen längeren Zeitraum benötigt werden.

Allerdings erfordert die Arbeit der Sicherheitsbehörden auch die Aufzeichnung von Telekommunikationsdaten. Ab 1.000 Nutzern sind daher technische Einrichtungen zur **Telekommunikationsüberwachung** bereit zu stellen (nach § 110 TKG i.V.m. den §§ 7, 16 und 17 TKÜV) sowie im Zuge der Umsetzung der EU-Vorratsdatenspeicherungs-Richtlinie auf Grund von § 113a TKG, sofern die Telekommunikationsdienste für die Öffentlichkeit erbracht werden (betrifft also nicht Behörden bzw. Unternehmen, die eine Privatnutzung gestatten oder geduldet), ein halbes Jahr entsprechende Verbindungsdaten aufzuzeichnen und als Kopien den Sicherheitsbehörden zur Verfügung zu stellen.

Die **IP-Adresse** ist als personenbeziehbares Datum anzusehen, da i.d.R. mit vertretbarem Aufwand an Zeit, Kosten oder Arbeitskraft der Personenbezug herstellbar ist. Dies ist vor allem dann der Fall, wenn ein bestimmter Rechner immer vom gleichen Betroffenen genutzt wird (oder wenn der Betroffene über eine eigene Domain verfügt). Im Zusammenspiel mit anderen in einer Behörde oder einem Unternehmen gespeicherten personenbezogenen Daten (Zusatzinformationen), etwa im Rahmen der Zutritts- und Zugangskontrolle und der Arbeitszeiterfassung bzw. der Firewall-/Proxy-Protokollierung können u.U. auch dynamisch vergebene IP-Adressen bestimmbar sein.

Selbstverständlich sind dynamisch vergebene IP-Adressen sowie via network address translation (NAT) vergebene IP-Adressen von Proxies nicht für alle verantwortlichen Stellen gleichermaßen personenbezogen. Inwieweit tatsächlich ein personenbeziehbares Datum vorliegt, hängt also maßgeblich davon ab, welche Zusatzinformationen der betreffenden Stelle jeweils vorliegen bzw. ermittelt werden können. Eine differenzierte Behandlung von statischen gegenüber dynamischen bzw. von personenbezogenen gegenüber anonymisierten IP-Adressen ist i.A. aufgrund der jeweiligen **Einzelfallprüfung** jedoch zu aufwändig. Insofern ist eines verantwortliche Stelle gut beraten, sämtliche IP-Adressen im Zweifel als personenbezogene Daten anzusehen.

Ebenso stellen die **Log-Daten** personenbezogene Nutzungsdaten im Sinne von § 15 TMG dar. Da diese keine Abrechnungsdaten sind, wenn die Nutzung des Telemediendienstes z.B. den Mitarbeitern nicht in Rechnung gestellt wird, sind sie auf der Grundlage von § 13 Abs. 4 Ziffer 2 TMG unmittelbar nach Beendigung der Nutzung des aufgerufenen Telemediendienstes zu löschen.

Einschränkungen gelten zudem, wenn der Beschäftigte (in Anlehnung an ein Urteil des Bundesarbeitsgerichts von 1987) gegenüber seinem Kontaktpartner zur **Geheimhaltung** nach § 203 StGB **verpflichtet** ist (dazu zählen u.a. Ärzte, Psychologen, Rechtsanwälte, Steuerberater, Wirtschaftsprüfer). Diese Verbindungsdaten dürfen nicht aufgezeichnet werden. Analog wird auf Grund von § 4f Abs. 4 BDSG zu verfahren sein, wenn es um die Kontaktierung des Datenschutzbeauftragten durch einen Betroffenen geht, der seine Beschwerde vorbringt.

Fernmelderechtliche Bestimmungen sind gegenüber datenschutzrechtlichen nach § 1 Abs. 3 BDSG **vorrangig** (siehe auch 3.1.1 Subsidiaritätsprinzip). Dies gilt gleichfalls für die Zulässigkeit des Erhebens, Verarbeiten oder Nutzens personenbezogener Daten im Zuge der (elektronischen) Telekommunikation aufgrund von § 4 Abs. 1 BDSG, da die fernmelderechtlichen Bestimmungen als "andere Rechtsvorschrift" anzusehen sind.

1.5.2 Recht am eigenen Bild

Beim Bildnisschutz kann unterschieden werden, ob die Bilder analog oder digital erhoben, verarbeitet oder genutzt werden sollen. Bei der **analogen Darstellung** von abgebildeten Personen greifen unmittelbar die §§ 22 – 24 KUG. Danach dürfen Bildnisse nur mit Einwilligung des Abgebildeten verbreitet oder öffentlich zur Schau gestellt werden. Die Einwilligung ist nicht nötig, wenn es sich um Bildnisse aus dem Bereich der Zeitgeschichte handelt, um Bilder von Personen, die lediglich als Beiwerk zu einer Landschaft oder Örtlichkeit abgelichtet wurden, um Bilder von größeren Menschenansammlungen sowie um künstlerische Darstellungen.

Dieser Bildnisschutz zielt folglich lediglich auf die **Übermittlung** personenbezogener Bilddaten ab, nicht aber auf die anderen Phasen der Datenverarbeitung. Die äußere Form des Bildnisses ist dabei unerheblich. Insofern kann es sich um Fotografien, aber auch um Gemälde oder Zeichnungen handeln.

Für den Fall einer **digitalen Darstellung** von abgebildeten Personen greifen hingegen i.d.R. (sofern es sich nicht um den rein privaten bzw. familiären Bereich handelt, der nach § 1 Abs. 2 Nr. 3 BDSG ausgenommen ist) die Bestimmungen aus dem BDSG. Allerdings werden dabei einzelne Bestimmungen vom KUG verdrängt.

Besondere Regelungen zur digitalen Aufzeichnung von Bilddaten im Zuge einer **Videoüberwachung** finden sich einerseits in den Gesetzen zu den jeweils hierzu befugten Sicherheitsbehörden und andererseits im BDSG. Dabei ist zu unterscheiden, ob die Videoüberwachung auf öffentlichen Plätzen erfolgt oder auf nicht-öffentlichen Plätzen.

Soweit nicht die entsprechenden Regelungen aus den Polizeigesetzen heranzuziehen sind, bildet bei einer Beobachtung **öffentlich zugänglicher Räume** mit optisch-elektronischen Einrichtungen der § 6b BDSG die rechtliche Grundlage. Demnach gelten folgende Vorgaben:

- zur Videoüberwachung ist ein berechtigter Zweck erforderlich,
- auf den Umstand der Videoüberwachung ist ausdrücklich mittels eines Signets hinzuweisen (Kennzeichnungspflicht),
- die Videodaten unterliegen einer strengen Zweckbindung und
- die aufgezeichneten Videodaten sind unverzüglich zu löschen, soweit sie nicht ausdrücklich zur Beweissicherung benötigt werden.

Bei **öffentlich nicht zugänglichen Räumen** sind dagegen verschiedene Bestimmungen aus dem BDSG miteinander zu verbinden (§ 4 Abs. 3 BDSG i.V.m. § 4 Abs. 2 BDSG, § 28 Abs. 1 BDSG, § 31 BDSG und § 35 Abs. 2 Nr. 3 BDSG). Danach gelten dagegen folgende Vorgaben:

- die Erforderlichkeit der Videoüberwachung ist nachzuweisen,
- auf den Umstand der Videoüberwachung ist in geeigneter Form hinzuweisen (Aufklärungspflicht),
- die Videodaten unterliegen einer Zweckbindung, die im Falle der Absicherung der DV-Anlagen streng auszulegen ist, und
- die aufgezeichneten Videodaten sind unverzüglich zu löschen, soweit sie nicht ausdrücklich zur Beweissicherung benötigt werden.

Ein berechtigter **Grund** für eine Videoüberwachung kann die Wahrnehmung des Hausrechts (Schutz vor Diebstahl, Sachbeschädigung oder Hausfriedensbruch durch Obdachlose) und / oder der Schutz vor Wirtschaftsspionage bzw. Wirtschaftskriminalität und der damit verbundenen Beweissicherung (etwa bei gravierender Vermögensschädigung oder im Rahmen der Verfolgung von Straftaten) sein. Dies dient der Wahrnehmung berechtigter Interessen für konkrete Zwecke. Bei der Videoüberwachung von Mitarbeitern bestehen jedoch seit 2009 einige Beschränkungen (siehe 5.1.4 Personalkontrolle). Zulässig ist aber auf jeden Fall auch bei öffentlich nicht zugänglichen Räumen eine Videoüberwachung außerhalb der Geschäftszeiten zum Zweck der Alarmierung und Beweissicherung für den Fall unbefugten Eindringens.

Unabhängig von der zu überwachenden Räumlichkeit ist aufgrund des besonders gravierenden Eingriffs in das informationelle Selbstbestimmungsrecht der Betroffenen (siehe auch 2.1.2 Umfang des informationellen Selbstbestimmungsrechts) aufgrund des **kontinuierlichen Überwachungsdrucks** eine Vorabkontrolle und das Mitbestimmungsrecht der Mitarbeitervertretung zu beachten (Betriebsrat bei nicht-öffentlichen Stellen, Personalrat bei öffentlichen Stellen), sofern diese eingerichtet wurde. Selbst beim Aufstellen von Kameraattrappen sind die entsprechenden Vorschriften zu berücksichtigen.

Eine **heimliche Videoüberwachung** ist allenfalls durch den Staat im Rahmen seiner Gefahrenabwehr bzw. seiner Straftatenverfolgung zulässig, was in den jeweiligen Gesetzen der hierzu befugten Sicherheitsbehörden näher geregelt ist. Andere Stellen dürfen dies nur in eng begrenzten Ausnahmefällen, sofern ein konkreter Tatverdacht zu einer gravierenden Rechtsgüterverletzung vorliegt, zu dessen Aufklärung sich kein milderes Mittel finden lässt, und dann auch nur für einen stark begrenzten Zeitraum. Unzulässig aufgezeichnete Videodaten sind gerichtlich nicht verwertbar.

1.5.3 Recht auf Vertraulichkeit und Integrität von IT-Systemen

Das Bundesverfassungsgericht hat 2008 im Rahmen ihres Urteils zu Online-Durchsuchungen eine neue Form des allgemeinen Persönlichkeitsrechts (in neuerer Rechtsprechung auch "Grundrecht auf Schutz der Persönlichkeit" genannt) bestimmt: das **Grundrecht auf Gewährleistung der Vertraulichkeit und Integrität informationstechnischer Systeme** (kurz: IT-Grundrecht).

Diese neue Ausprägung wurde aus Sicht des Bundesverfassungsgerichts erforderlich, da die IT zunehmend allgegenwärtig ist, eine zentrale Bedeutung für die Lebensführung vieler Bürger hat und vernetzte IT-Systeme über eine höhe Leistungsfähigkeit verfügen (siehe auch 1.3.1 Entwicklung der Informations- und Kommunikationstechnik). Das neue IT-Grundrecht ist dabei gegenüber anderen Schutzrechten (wie der Unverletzlichkeit der Wohnung, dem Fernmeldegeheimnis oder dem informationellen Selbstbestimmungsrecht) **vorgelagert**, da die eingesetzten IT-Systeme für viele verschiedene Zwecke von den Bürgern eingesetzt werden und insofern ein umfassendes Persönlichkeitsbild zeichnen können. Desweiteren werden systemseitig Daten auf den IT-Systemen abgelegt, die von den Nutzern nicht aktiv beeinflusst werden können.

Zum neuen IT-Grundrecht führte das Bundesverfassungsgericht aus: "Geschützt vom Grundrecht auf Gewährleistung der Vertraulichkeit und Integrität informationstechnischer Systeme ist zunächst das Interesse des Nutzers, dass die von einem vom Schutzbereich erfassten informationstechnischen Systeme erzeugten, verarbeiteten und gespeicherten Daten vertraulich bleiben. Ein Eingriff in dieses Grundrecht ist zudem dann anzunehmen, wenn die Integrität des geschützten informationstechnischen Systems angetastet wird, indem auf das System so zugegriffen wird, dass dessen Leistungen, Funktionen und Speicherinhalte durch Dritte genutzt werden können; dann ist die entscheidende technische Hürde für eine Ausspähung, Überwachung oder Manipulation des Systems genommen." Das IT-Grundrecht schützt aber nur IT-Systeme, über die eine natürliche Person selbstbestimmt verfügt. Soweit jedoch die Nutzung des eigenen IT-Systems über andere IT-Systeme in der Verfügungsgewalt anderer stattfinden, erstreckt sich der Schutz des Nutzers auch darauf.

Bezogen auf einer Kommunikation via E-Mail können die verschiedenen Schutzbereiche entsprechend der auf der Folgeseite stehenden Grafik dargestellt werden:

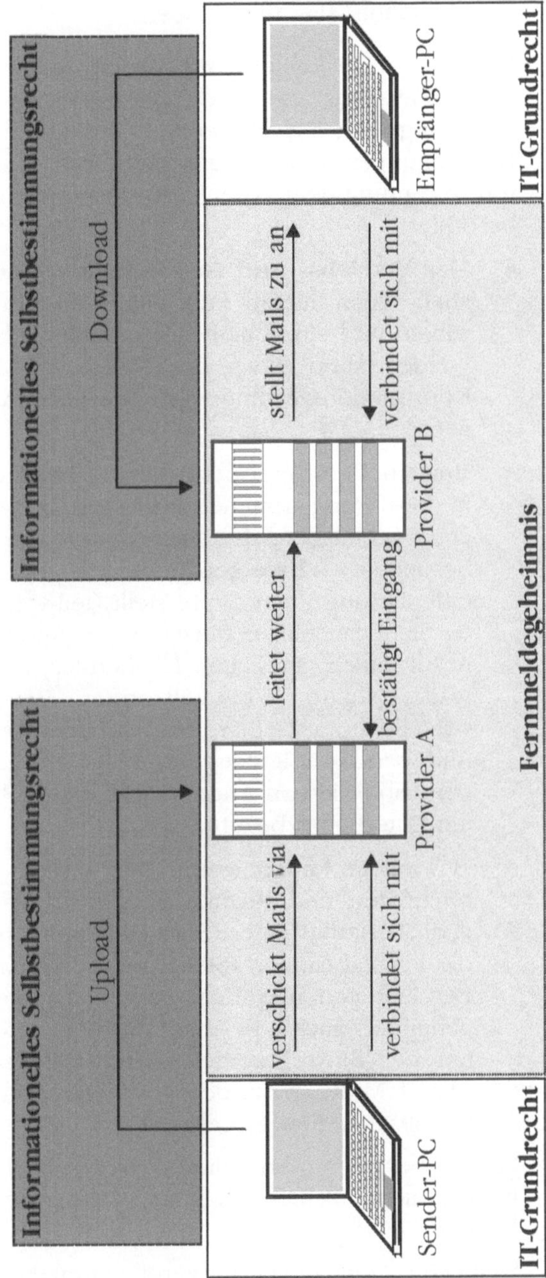

Abbildung 11: Zusammenspiel von Grundrechten bei der Mail-Kommunikation

1.5.4 Geheimhaltungsverpflichtungen

Für eine ganze Reihe spezifischer Umstände wurde in einschlägigen Gesetzen eine bereichsspezifische Geheimhaltungsverpflichtung festgelegt, die in ihrer Wirkung datenschutzrechtlichen Bestimmungen teilweise gleichzusetzen ist und in ihrer besonderen Bedeutung dem Datenschutz vorrangig ist. Hierzu zählen insbesondere:

- Das **Betriebs- und Geschäftsgeheimnis** nach § 17 UWG, auch wenn hierzu i.d.R. keine personenbezogenen Daten zählen und ein Personenbezug allenfalls mittelbar hergestellt werden kann (etwa hinsichtlich des Erstellers geschützter Konstruktionszeichnungen oder bei Arbeitnehmererfindungen)
- Einigen Berufsgruppen, die mit besonders sensiblen Daten in Berührung kommen bzw. mit Daten, die zum persönlichen Lebensbereich zählen, wurde gar im § 203 StGB eine besondere **Schweigepflicht** auferlegt, die eine unbefugte Offenbarung unter Strafe stellt (teilweise durch entsprechende Standesregeln ergänzt): Ärzte, Apotheker, Angehörige eines staatlich geregelten Heilberufes, Psychologen, Rechtsanwälte, Notare, Wirtschaftsprüfer, Steuerberater, Mitarbeiter von Beratungsstellen, Sozialarbeiter bzw. Sozialpädagogen und berufsmäßig tätige Gehilfen vorgenannter Berufsgruppen (und die von Angehörigen dieser Berufsgruppen bestellten Datenschutzbeauftragten)
- Besondere **Amtsgeheimnisse** wurden bestimmt für die Beschäftigten und Beauftragten der sozialversicherungsrechtlichen Leistungsträger (Sozialgeheimnis nach § 35 SGB I), für die Finanzbeamten (Steuergeheimnis nach § 30 AO), für die Beschäftigten und Beauftragten der Statistikämter (Statistikgeheimnis nach § 16 Abs. 1 BStatG), sowie für die Beschäftigten der Einwohnermeldeämter (Meldegeheimnis nach § 5 Abs. 1 MRRG bzw. den jeweiligen Pendants in den länderspezifischen Meldegesetzen)

Ferner bestehen vertragliche oder gewohnheitsrechtliche Geheimhaltungspflichten etwa zum Bankgeheimnis oder Beichtgeheimnis.

Sämtliche Geheimhaltungsverpflichtungen treten dabei neben das im BDSG geregelte **Datengeheimnis**, das alle mit der automatisierten Verarbeitung personenbezogener Daten beschäftigten Personen (unabhängig, ob in der Geschäftsleitung befindlich oder als Angestellter bzw. Beauftragter tätig) dazu verpflichtet, personenbezogene Daten, die im Zuge ihrer Tätigkeit bekannt wurden, auch über das Beschäftigungsverhältnis hinaus vertraulich zu behandeln.

Für die aufgelisteten Berufsgruppen nach § 203 StGB besteht zudem ein ausdrückliches **Beschlagnahmeverbot**, so dass die geschützten Unterlagen auch nicht so einfach von Sicherheitsbehörden mitgenommen werden dürfen, und ein Zeugnisverweigerungsrecht bei gerichtlichen Auseinandersetzungen. Etwaige Vertragswerke sehen daher oft eine ausdrückliche Entbindung von der Schweigepflicht vor, die im Zuge einer Einwilligungserklärung des Betroffenen vollzogen wird.

1.6 Zusammenfassung

Die Entwicklung des Datenschutzes wurde maßgeblich davon beeinflusst, welcher Bedeutung dem Datenschutz jeweils beigemessen wurde, was sich auch an der Verwendung zentraler Begriffe ablesen lässt. Außerdem wurde der Datenschutz maßgeblich von der Fortentwicklung spezifischer Einflussfaktoren und feststellbarer Fortentwicklungslinien beeinflusst. Schließlich runden gerade die dem Datenschutz verwandten Gebiete das Bild ab.

1.6.1 Zusammenfassung: Zentrale Begriffe

Der Begriff "Datenschutz" entstammt historisch der Vorstellung, dass mit einem Schutz gespeicherter personenbezogener Daten vor Missbrauch und unerwünschtem Zugriff zugleich auch unerwünschte Folgen für die Persönlichkeit der Betroffenen vermieden werden können. Insofern kann Datenschutz als das Ziel verstanden werden, das notwendigerweise auf die Gewährleistung der Datensicherheit aufsetzt (siehe die Grafik auf der Folgeseite).

Während Daten als kontextfreie Angaben zu verstehen sind, die aus interpretierten Zeichen bzw. Signalen bestehen, werden aus diesen (personenbezogene) Informationen, indem sie kontextbezogen interpretiert werden und zu einem Erkenntnisgewinn führen.

Es kann zwischen unmittelbaren personenbezogenen Daten unterschieden werden, die den Personenbezug direkt erfassbar aufweisen, und personenbeziehbaren Daten, deren Personenbezug erst durch zeitlichen, personellen, kostenintensiven bzw. bestrafungsignorierenden Aufwand ermittelt werden kann. Hierbei ist das Vorliegen von Zusatzinformationen ausschlaggebend.

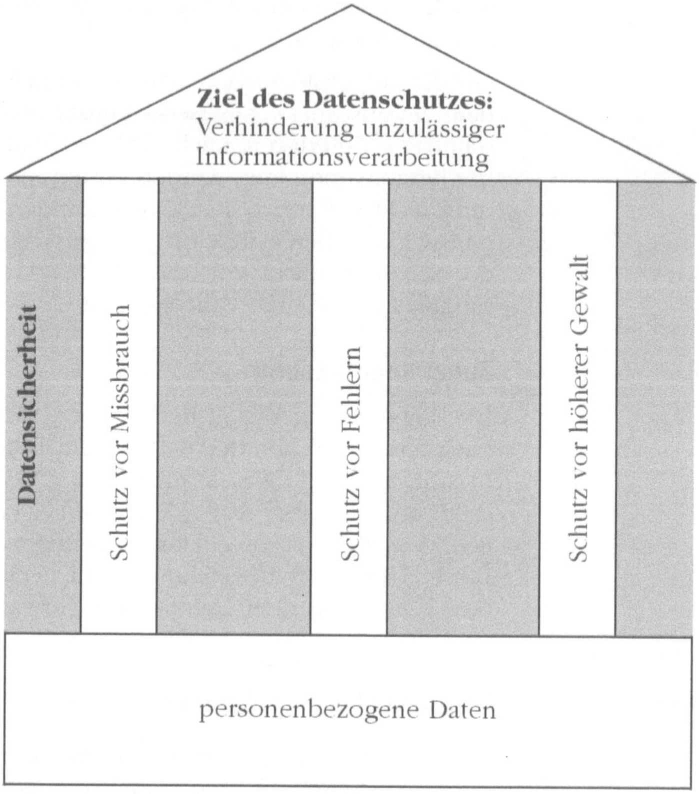

Abbildung 12: Zusammenhang zwischen Datenschutz und Datensicherheit

Für die Übereinstimmung mit festgelegten Regeln ist die Unternehmens- bzw. Behördenleitung zuständig und wird deshalb zur verantwortlichen Stelle. Maßgeblich ist dabei, wer "Herr der Daten" ist und folglich bestimmen kann, wie die Daten erhoben, verarbeitet oder genutzt werden.

1.6.2 Zusammenfassung: Einflussfaktoren auf den Datenschutz

Für die Ausgestaltung des Datenschutzes ist insbesondere die Entwicklung der Informations- und Kommunikationstechnik hinsichtlich Rechengeschwindigkeit, Speicherkapazität und Miniaturisierung bei gleichzeitigem Preisverfall ausschlaggebend. Die zunehmende Allgegenwart der Informationstechnik führt zu einer ansteigenden Bedrohung der Unternehmen und Behörden durch zufällige Ereignisse, unabsichtliche Fehler und aktive bzw. passive Angriffe. Der Stand der Technik fordert hierzu eine vorsorgende Abwehr ein.

Ethische und normenrechtliche Anforderungen bilden eine weitere Dimension für die Ausgestaltung des Datenschutzes. Datenschutzfreundliche Techniken sollten daher so angelegt sein, dass deren Wirkung mit der Permanenz menschlichen Lebens und der verbindlich vereinbarten Grundfreiheiten verträglich ist. Datenschutzrechtliche Regularien werden jedoch i.d.R. als Reaktion auf in der Vergangenheit festgestellte Entwicklungen erlassen.

Maßnahmen zur Gewährleistung des Datenschutzes müssen jedoch sowohl effektiv (zielkonform) als auch effizient (angemessen zum Schutzgrad) sein. Für verschiedene Bereiche bestehen hierzu besondere Anforderungen (etwa zum Sozialdatenschutz oder bei der automatisierten Verarbeitung von Gesundheitsdaten). Bei der Wirksamkeit einer Maßnahme ist dabei auf den Einzelfall abzustellen.

Schließlich wird von der Europäischen Union zunehmend vorgeschrieben, was hinsichtlich des Datenschutzes zu beachten ist. Dabei wird sowohl die Durchführung einer Vorabkontrolle bei besonders riskanten Verfahren oder bei der Verwendung neuer Technik verlangt, als auch bestimmt, was ein ausreichendes Datenschutzniveau in datenempfangenden Stellen außerhalb der EU ausmacht.

1.6.3 Zusammenfassung: Entwicklungslinien des Datenschutzes

Die Entwicklung des Datenschutzes in Deutschland lässt sich nicht nur anhand der allgemein üblichen Betrachtung von Momentaufnahmen zum Zeitpunkt der jeweiligen Novellierung des BDSG nachzeichnen, sondern auch recht plastisch anhand grundlegender Merkmale bei der Abwehr vor allem staatlicher Eingriffe. Die jeweiligen Schutzziele des Datenschutzes, anhand derer die Geschichte nachgezeichnet werden kann, sind miteinander verflochten:

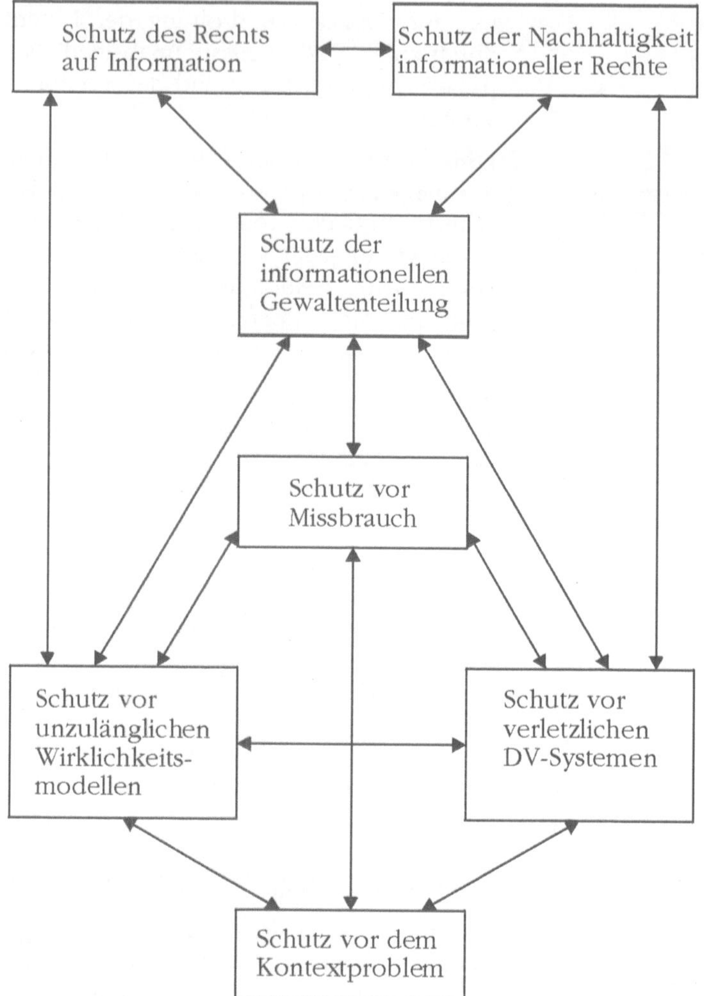

Abbildung 13: Zusammenhang zwischen den Datenschutz-zielen

Am Anfang und damit im Zentrum des Datenschutzrechtes steht der Schutz vor Missbrauch, was zur Einrichtung einer Eignungs- und Verhältnismäßigkeitsprüfung sowie einer adäquaten Kontrollinstanz geführt hat. Im Zuge terroristischer Bedrohungen in den 70er Jahren wurde der Schutz vor unzulänglichen Wirklichkeitsmodellen ausschlaggebend für die Entwicklung des Datenschutzrechts. Die Gefahr einer fehlerhaften Abbildung der Wirklichkeit führte zur Erkenntnis, dass es beim Datenschutz in erster Linie um Persönlichkeitsrechte geht. Der Sammelwut verschiedener Stellen wurde durch eine Ausweitung datenschutzrechtlicher Bestimmungen im Sinne eines Schutzes der informationellen Gewaltenteilung ein Riegel vorgeschoben, der sich in einer konsequenten Zweckbindung äußert.

Gespeicherte Daten unterliegen jedoch auch einem Bedeutungswandel, so dass der Schutz vor dem Kontextproblem datenschutzrechtlich zu regeln war. Berichtigungs- und Löschungsverpflichtungen setzen diese Anforderung um. Das entgegengebrachte Vertrauen in eine Unfehlbarkeit von Hardware und Software führte schließlich zum Schutz vor den Folgen verletzlicher Datenverarbeitungssysteme. Anforderungen an die Sorgfaltspflicht und die Vermeidung von Entscheidungen, die einzig auf der Grundlage von automatisierten Verarbeitungen gefällt werden, lauteten die datenschutzrechtlichen Antworten hierauf.

Die datenschutzrechtlichen Abwehrrechte finden aber auch neuere Anforderungen gegenüber der Gestaltung von datenschutzrechtlich relevanten Verfahren und IT-Systemen zugunsten eines Selbstdatenschutzes. Neben der Ergreifung geeigneter technischer und organisatorischer Maßnahmen und der Beschränkung personenbezogener Datensätze auf das absolute Minimum ist das Recht auf Information adäquat umzusetzen, was auch zur Akteneinsicht in personenbezogene Unterlagen im Zuge des Informationsfreiheitsgesetzes führen kann. Die Erfordernisse künftiger Generationen sind zunehmend bei der Konstruktion automatisierter Verfahren zum Schutz der Nachhaltigkeit informationeller Rechte zu berücksichtigen.

1.6.4 Zusammenfassung: Verwandte Gebiete zum Datenschutz

Eng verbunden mit dem Datenschutz sind auch andere Ausprägungen des allgemeinen Persönlichkeitsrechts. Eine besonders enge Verwandtschaft weist hierbei das Fernmeldegeheimnis auf. Sowohl die Inhalte einer Kommunikation als auch die zugehörigen Verbindungsdaten werden dabei vor unbefugter Einsichtnahme geschützt. Unabhängig vom spezifischen Fernmeldeschutz greifen jedoch auch datenschutzrechtliche Vorschriften, da mit dem Kommunikationsvorgang auch personenbezogene Daten erhoben, verarbeitet oder genutzt werden.

Sofern von Einzelpersonen analoge oder digitale Bildnisse angefertigt werden, greift dagegen der Bildnisschutz. Hier wurden im Rahmen der Übermittlung und der Videoüberwachung detailliertere Regelungen mit engem Bezug zum Datenschutzrecht erlassen.

Anderen, aus dem allgemeinen Persönlichkeitsrecht resultierenden Schutzrechten vorgelagert ist das Grundrecht auf Gewährleistung der Vertraulichkeit und Integrität informationstechnischer Systeme (kurz: IT-Grundrecht). Dieser Schutz betrifft jedoch nur IT-Systeme, über die eine natürliche Person selbstbestimmt verfügt und erstreckt sich auch auf IT-Systeme anderer, über die das selbstbestimmt nutzbare IT-System verbunden ist.

Für spezifische Berufsgruppen oder Tätigkeiten bestehen überdies Geheimhaltungsverpflichtungen, die neben dem für den Fall einer automatisierten Verarbeitung mit personenbezogenen Daten geltenden Datengeheimnis zu beachten sind.

2 Informationelles Selbstbestimmungsrecht

Grundlegend für das Verständnis, den Umfang und die Wirkung des Datenschutzes ist dessen grundrechtliche Verankerung als informationelles Selbstbestimmungsrecht. Dieses Grundrecht zählt zu den allgemeinen Persönlichkeitsrechten und wurde auf höchstrichterlicher Ebene im Zuge des Volkszählungsurteils 1983 offiziell etabliert.

2.1 Volkszählungsurteil

Die juristisch ausschlaggebende Bedeutung erhielt also das informationelle Selbstbestimmungsrecht, als das Bundesverfassungsgericht über die Rechtmäßigkeit des 1982 einstimmig (!) von Bundestag und Bundesrat verabschiedeten **Volkszählungsgesetzes** zu entscheiden hatte. Nachdem in den vorangegangenen Jahren lediglich Mikrozensus-Erhebungen durchgeführt wurden, zu denen das Bundesverfassungsgericht gleichfalls deutliche Auflagen beschlossen hatte, sollte in einer umfassenden Totalerhebung die Bevölkerungsstruktur der Bundesrepublik näher untersucht werden.

Als grundsätzliche **Kritikpunkte** am Volkszählungsgesetz galten:

- der Umfang der abgefragten Daten,
- der Verzicht auf eine anonymisierte Befragung und Datenerhebung,
- die Zusammenfügbarkeit der Daten zu einem umfassenden Persönlichkeitsbild ("der gläserne Bürger"),
- fehlende funktionale Abgrenzungen bei den Zählern, die teilweise auch über Gegenstände der Volkszählung in ihrer behördlichen Tätigkeit zu befinden hatten,
- die Durchbrechung des Statistikgeheimnisses im Zuge des vorgesehenen Melderegisterabgleichs und
- die Weitergabe der Daten an viele verschiedene Stellen, auch des Verwaltungsvollzugs.

Das Urteil vom 15. Dezember 1983, das die geplante Totalerhebung in der vorgesehenen Form untersagte, wird gemeinhin als

"Sternstunde" des Datenschutzes angesehen. Unter Beachtung der Vorgaben fand die Volkszählung schließlich 1987 statt.

2.1.1 Rechtsgeschichtliche Bedeutung des Volkszählungsurteils

In der Fachliteratur wurde bereits vor dem Volkszählungsurteil des Bundesverfassungsgerichts ein informationelles Selbstbestimmungsrecht entwickelt, so erstmals im Gutachten aus dem Jahr 1971 zu den **Grundfragen des Datenschutzes** im Auftrag des Bundesinnenministeriums von W. Steinmüller, B. Lutterbeck, C. Mallmann, U. Harbort, G. Kolb und J. Schneider: "Prüfungsmaßstab, an dem öffentliche Informationsverarbeitung zu messen ist, [...] ist das informationelle Selbstbestimmungsrecht über das eigene Person- bzw. Gruppenbild". Es kann gleichfalls für nichtöffentliche Stellen "festgestellt werden, dass die allgemeine Handlungsfreiheit das Verfügungs- und damit das Zurückbehaltungsrecht bezüglich aller Individualinformationen umfasst, also als ‚informationelles Selbstbestimmungsrecht' zu verstehen ist."

Ausgehend von den gerichtlichen Feststellungen zum allgemeinen Persönlichkeitsrecht seit den 50ern wurde zu dieser Zeit von der Gültigkeit der sog. "**Sphärentheorie**" ausgegangen, wonach eine Person über eine absolut geschützte Intimsphäre (unantastbarer Kernbereich privater Lebensgestaltung) verfüge, über eine weitgehend geschützte Privatsphäre und über eine weitgehend ungeschützte Individualsphäre (Sozialsphäre bzw. Öffentlichkeitssphäre). Die Handlungen einer Person in der Öffentlichkeit wären dann als weitgehend ungeschützt anzusehen.

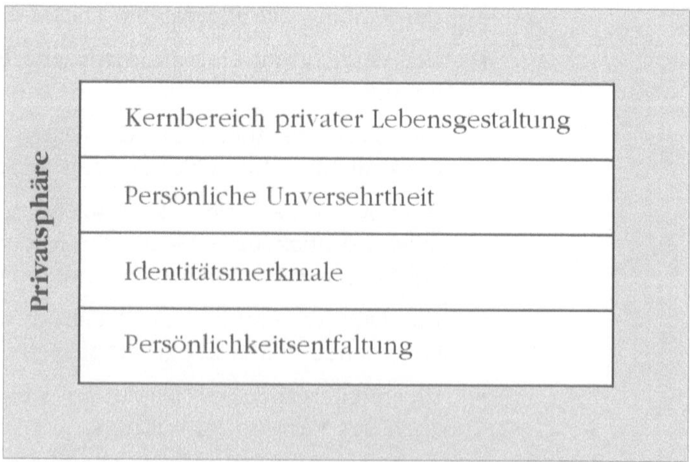

Abbildung 14: Unterteilung der Privatsphäre

Bei der Betrachtung der **Privatsphäre** wurde im Wesentlichen auf US-amerikanische Betrachtungen referenziert ("right of privacy"). In diesem Sinne konnte übertragen auf die deutsche Rechtstradition die Privatsphäre in vier Bereiche unterteilt werden, was der voranstehenden Grafik entnommen werden kann.

Ein staatlicher Eingriff in diese Privatsphäre durfte daher nur in unterschiedlicher **Intensität** erfolgen, je nachdem, zu welchem Bereich der Eingriff zu zählen war. Folglich wurde je nach der vorliegenden Sensibilität von unterschiedlich geschützten Daten ausgegangen. Im Bereich der Persönlichkeitsentfaltung wurde wiederum je nach der Gemeinschaftsbezogenheit (und dem damit verbundenen Sozialverhalten) weiter differenziert, und dabei besondere Freiheitsrechte wie Glaubensfreiheit, Versammlungsfreiheit oder Berufsfreiheit gesondert betrachtet. Datenschutz wurde allgemeinhin als Schutz der Persönlichkeitssphäre angesehen. Die Stellung des Betroffenen hierin war dabei rollenspezifisch zu betrachten.

Im Zuge des Volkszählungsurteils wurde diese Form der Sphärentheorie weitgehend aufgegeben. In der Urteilsbegründung wurde daher vom Bundesverfassungsgericht festgehalten: "insoweit gibt es unter den Bedingungen der automatischen Datenverarbeitung kein ‚belangloses' Datum mehr". Bei der Betrachtung, wie sensibel Informationen einzustufen sind, könne daher nicht mehr ausschließlich auf die Intimsphäre abgestellt werden, sondern sei eher der **Verwendungszusammenhang** (also der Zweck) ausschlaggebend. Die Nutzbarkeit und Verwendungsmöglichkeit wiederum würden dabei sowohl von dem geplanten Zweck des Verfahrens als auch von den Verarbeitungs- und Verknüpfungsmöglichkeiten der eingesetzten Informationstechnik abhängen.

Die grundlegende **Bedeutung** des informationellen Selbstbestimmungsrechts hob das Bundesverfassungsgericht wie folgt hervor: "Wer nicht mit hinreichender Sicherheit überschauen kann, welche ihn betreffende Informationen in bestimmten Bereichen seiner sozialen Umwelt bekannt sind, und wer das Wissen möglicher Kommunikationspartner nicht einigermaßen abzuschätzen vermag, kann in seiner Freiheit wesentlich gehemmt werden, aus eigener Selbstbestimmung zu planen oder zu entscheiden. [...] Wer unsicher ist, ob abweichende Verhaltensweisen jederzeit notiert und als Information dauerhaft gespeichert, verwendet oder weitergegeben werden, wird versuchen, nicht durch solche Verhaltensweisen aufzufallen. [...] Dies würde nicht nur die individuellen Entfaltungschancen des Einzelnen beeinträchtigen, sondern auch das Gemeinwohl, weil Selbstbestimmung eine elementare Funktionsbedingung eines auf Handlungs- und Mitwirkungsfähigkeit seiner Bürger begründeten freiheitlichen demokratischen Gemeinwesens ist. Hieraus folgt: Freie Entfaltung der Persönlichkeit setzt unter den modernen Bedingungen der Datenverarbeitung den Schutz des Einzelnen gegen unbegrenzte Erhebung, Speicherung, Verwendung und Weitergabe seiner persönlichen Daten voraus."

Entgegen dem sonst üblichen Instanzenweg, der auch der Herausbildung einer **herrschenden juristischen Meinung** dient, wurde beim Volkszählungsgesetz 1983 die eingereichten Verfassungsbeschwerden bereits vor Erlass entsprechender Vollziehungsakte (und damit unter Auslassung der Verwaltungsgerichtsinstanzen) zugelassen, da in dem Gesetz eine zu knapp bemessene Zeitspanne vorgesehen war und die Beschwerdeführer durch die Regelungen selbst, gegenwärtig und unmittelbar in ihren Grundrechten betroffen waren und zu später nicht mehr korrigierbaren Entscheidungen gezwungen worden wären.

2.1.2 Umfang des informationellen Selbstbestimmungsrechts

Da nach Ansicht des Bundesverfassungsgerichts vor allem beim Aufbau integrierter Informationssysteme ein teilweises oder nahezu vollständiges **Persönlichkeitsbild** zusammengefügt werden könne, ohne dass der Betroffene dessen Richtigkeit und Verwendung zureichend kontrollieren könne, bedürfe es eines besonderen Schutzes (siehe nebenstehende Grafik).

Dieser Gefahr wirkt das **informationelle Selbstbestimmungsrecht** entgegen, das wie folgt definiert ist:

Definition: informationelles Selbstbestimmungsrecht
Grundrecht des Einzelnen, grundsätzlich selbst über die Preisgabe und Verwendung seiner persönlichen Daten zu bestimmen.

Das informationelle Selbstbestimmungsrecht betrifft also **alle Datenverarbeitungsphasen**: sowohl die Datenerhebung (dies stellt aus Sicht des Betroffenen eine Preisgabe dar), als auch die Verarbeitung und Nutzung personenbezogener Daten (beides sind Formen der Verwendung personenbezogener Daten). Zum Zeitpunkt der Urteilsverkündung bezog sich das BDSG allerdings lediglich auf die Speicherung, Übermittlung, Veränderung und Löschung personenbezogener Daten und damit begrifflich auf deren Verarbeitung (siehe auch 1.4.2 Datenschutz als Abwehrrecht). Somit wurde neu in die datenschutzrechtliche Betrachtung auf diese Weise die Erhebung und die Nutzung personenbezogener Daten integriert, was insbesondere erklärt, warum der deutsche Gesetzgeber diese Einteilung der Datenverarbeitungsphasen gewählt hat (siehe auch 1.3.5 Weitere rechtliche Rahmenbedingungen).

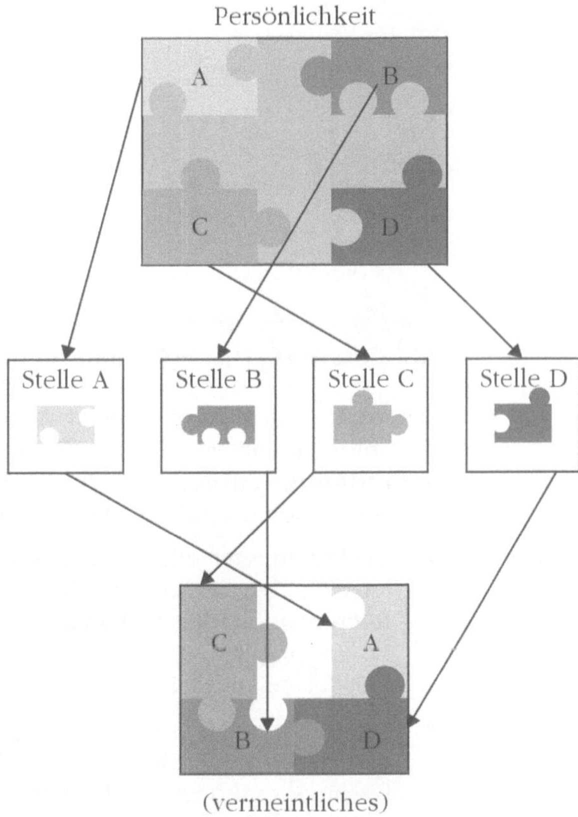

Abbildung 15: Gefahr eines (fehlerhaften) Persönlichkeitsbildes

Gleichwohl ist das informationelle Selbstbestimmungsrecht keineswegs schrankenlos gewährt (daher die juristische Einschränkung "grundsätzlich"). Als **Prüfungsmaßstab** für das informationelle Selbstbestimmungsrecht wurde in erster Linie das allgemeine Persönlichkeitsrecht bestimmt, das sich aus der Verbindung der allgemeinen Handlungsfreiheit (Art. 2 Abs. 1 GG) und der Menschenwürde (Art. 1 Abs. 1 GG) bildet:

Art. 2 Abs. 1 GG:	i. V. m.	Art. 1 Abs. 1 GG:
"Jeder hat das Recht auf die freie Entfaltung seiner Persönlichkeit, soweit er nicht * die Rechte anderer verletzt und nicht * gegen die verfassungsmäßige Ordnung oder * das Sittengesetz verstößt."		"Die Würde des Menschen ist unantastbar. Sie zu achten und zu schützen ist Verpflichtung aller staatlichen Gewalt."

Abbildung 16: Das informationelle Selbstbestimmungsrecht

Insoweit ergibt sich unmittelbar aus der rechtlichen Konstruktion des informationellen Selbstbestimmungsrechts zugleich eine **Beschränkung** (anhand der sog. "Schrankentrias" aus der allgemeinen Handlungsfreiheit) für dessen Umfang:

- Rechte anderer dürfen nicht verletzt werden, was allerdings letztlich bereits durch die bundesverfassungsgerichtliche Interpretation der verfassungsmäßigen Ordnung abgedeckt ist und folglich eher als Fingerzeig auf entsprechende Freiheitsrechte anderer zu verstehen ist,
- gegen die verfassungsmäßige Ordnung, wie sie im Grundgesetz näher ausgeführt ist und sich aus der Summe aller verfassungskonformen Rechtsnormen bestimmt, darf nicht verstoßen werden und
- gegen das (relativ unbestimmte) Sittengesetz darf ebenfalls nicht verstoßen werden, wobei "sittenwidriges" Verhalten meist recht schnell in entsprechend kodifiziertes Recht gegossen wird und daher wie schon bei den Rechten anderer kaum Etwas übrig bleibt.

Entscheidend für eine Beschränkung des informationellen Selbstbestimmungsrechts ist also die **Summe der verfassungskonformen Rechtsnormen**. Ergänzend hat hierzu das Bundesverfassungsgericht im Volkszählungsurteil ausgeführt: "Der Einzelne hat nicht ein Recht im Sinne einer absoluten, uneinschränkbaren Herrschaft über ‚seine' Daten; er ist vielmehr eine sich innerhalb der sozialen Gemeinschaft entfaltende, auf Kommunikation angewiesene Persönlichkeit. Information, auch soweit sie personenbezogen ist, stellt ein Abbild sozialer Realität dar, das nicht ausschließlich dem Betroffenen allein zugeordnet werden kann. [...] Grundsätzlich muss daher der Einzelne Einschränkungen seines Rechts auf informationelle Selbstbestimmung im überwiegenden Allgemeininteresse hinnehmen."

Das **überwiegende Allgemeininteresse** manifestiert sich in verfassungskonformen Gesetzen und steht unter dem Vorbehalt eines Schutzes öffentlicher Interessen. Allerdings wird dieses aus Sicht des Bundesverfassungsgerichts i.d.R. nur an Daten mit Sozialbezug bestehen unter Ausschluss unzumutbarer intimer Angaben und von Selbstbezichtigungen. Entsprechende Einschränkungen eines Grundrechts müssen nach Art. 19 Abs. 1 Satz 1 GG ("Soweit nach diesem Grundgesetz ein Grundrecht durch Gesetz oder auf Grund eines Gesetzes eingeschränkt werden kann, muss das Gesetz allgemein und nicht für den Einzelfall gelten.") stets allgemein gelten.

2.1.3 Eingriffsschranken ins informationelle Selbstbestimmungsrecht

Ein Eingriff in das informationelle Selbstbestimmungsrecht ist jedoch nur zulässig, wenn bestimmte **Anforderungen** erfüllt sind, die somit als sog. "Schranken-Schranken" angesehen werden, da sie Einschränkungen am Umfang des informationellen Selbstbestimmungsrechts wiederum beschränken (siehe hierzu die Abbildung auf der Folgeseite).

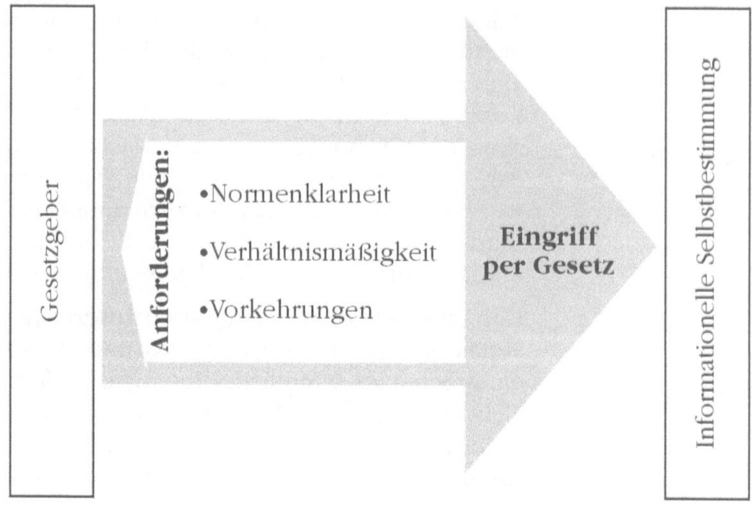

Abbildung 17: Anforderungen an Eingriffserlaubnisse

Das Bundesverfassungsgericht hat im Volkszählungsurteil ausdrücklich festgehalten, dass ein Zwang zur Angabe personenbezogener Daten **voraussetzt**, dass der Verwendungszweck bereichsspezifisch und präzise bestimmt wurde (Grundsatz der Normenklarheit) und dass die Angaben für diesen Zweck auch geeignet und erforderlich sind (Grundsatz der Verhältnismäßigkeit). Ferner seien "organisatorische und verfahrensrechtliche Vorkehrungen zu treffen, welche der Gefahr einer Verletzung des Persönlichkeitsrechts entgegenwirken".

Die Grundsätze der Normenklarheit wie auch der Verhältnismäßigkeit ergeben sich unmittelbar aus dem **Rechtsstaatsprinzip**. In anderen Zusammenhängen werden diese Grundsätze ergänzt durch die Gewährleistung eines ausreichenden Vertrauensschutzes (im Sinne eines Rückwirkungsverbots) und die Erfordernis eines fairen Rechtsverfahrens.

Die gesetzliche Grundlage für den Eingriff ins informationelle Selbstbestimmungsrecht muss für den Bürger eindeutig erkennen lassen, unter welchen Voraussetzungen und in welchem Umfang in seine Rechte eingegriffen werden darf (Transparenzgebot). Aufgrund des Prinzips der Normenklarheit heraus ist daher der **Verwendungszweck** bei der Erhebung eindeutig festzulegen und bindet im Rahmen des Grundsatzes der Verhältnismäßigkeit die verantwortliche Stelle auch an diesen Verwendungszweck (Grundsatz der Zweckbindung). Das Bundesverfassungsgericht folgerte hierzu: "Erst wenn Klarheit darüber besteht, zu welchem

Zweck Angaben verlangt werden und welche Verknüpfungs- und Verwendungsmöglichkeiten bestehen, lässt sich die Frage einer zulässigen Beschränkung des Rechts auf informationelle Selbstbestimmung beantworten."

Die **informationelle Gewaltenteilung** verschiedener staatlicher Stellen ist einzuhalten, so das Bundesverfassungsgericht. Auch im Zuge einer Amtshilfe bleibt die Zweckbestimmung bindend. Dies hat zwingend zur Folge, dass einerseits eine datenempfangende Stelle ausdrücklich die Berechtigung zur Erhebung der weitergeleiteten Daten benötigt und andererseits die weiterleitende Stelle zur Übermittlung im konkreten Fall ausdrücklich befugt sein muss. Insofern ist eine Zweckänderung allenfalls in stark begrenztem Umfang und unter Nachweis einer entsprechenden Abwägung möglich. Keinesfalls dürften sich aber entsprechende Zwecke einander ausschließen. Nur für statistische Zwecke sei keine enge Zweckbindung vorzuschreiben, da eine Statistik stets für unbestimmte Aufgaben herangezogen werde.

Sofern zur Aufgabenerfüllung eine Sammlung personenbezogener Daten notwendig ist, müssen sich diese verantwortlichen Stellen "auf das zum Erreichen des angegebenen Zieles erforderliche Minimum beschränken". Einer Sammlung nicht anonymisierter Daten auf **Vorrat** zu unbestimmten oder noch nicht bestimmbaren Zwecken sei insofern mit der Verfassung nicht zu vereinbaren (Grundsatz der Datensparsamkeit).

Bietet sich eine Wahlmöglichkeit, wie eine Aufgabe erfüllt werden kann, dann ist auf das **mildeste Mittel** zurückzugreifen, sofern damit Grundrechtseingriffe verbunden sind, um die Belastung für die Betroffenen möglichst gering zu halten (Übermaßverbot).

Nachdem durch die Nutzung der automatisierten Datenverarbeitung deutlich mehr Risiken für die Persönlichkeitsrechte der Betroffenen bestehen, forderte das Bundesverfassungsgericht geeignete organisatorische und verfahrensrechtliche **Vorkehrungen** ein. Darunter verstand das Bundesverfassungsgericht insbesondere:

- vorzugsweise die Erhebung anonymisierter Daten,
- die Absicherung der Identifikationsmerkmale, mit denen zu anonymisierende Daten noch deanonymisierbar sind, derart, dass sie frühest möglich zu löschen und bis dahin von den übrigen Angaben getrennt unter Verschluss zu halten sind,

- die Beschränkung zu erhebender Daten auf das erforderliche Minimum,
- die Überprüfung der Datenerhebung auf Gesetzeskonformität,
- die Verwendungsbeschränkung der Daten entsprechend des bestimmten Zweckes,
- die Gewährleistung der Aufklärungs-, Auskunfts- und Löschungspflichten,
- die Datenschutzkontrolle durch rechtzeitige Beteiligung unabhängiger Datenschutzbeauftragter,
- die Vermeidung von Interessenkollissionen bei den ausführenden Stellen und
- die Einhaltung der informationellen Gewaltenteilung in Abhängigkeit der jeweiligen Zweckbestimmungen (hier: Trennung von Statistik und Vollzug).

Aufgrund der Vielfalt der Verwendungs- und Verknüpfungsmöglichkeiten müssten gerade bei der statistisch motivierten Vorratsdatensammlung bereits innerhalb des Informationssystems entsprechende Schranken gesetzt werden. Insofern sprach sich das Bundesverfassungsgericht auch für **IT-bezogene Vorkehrungen** aus, die vor allem in Verbindung mit der Datenreduktion dem Grundsatz der Datensparsamkeit zugeordnet werden können (siehe auch 3.1.7 Prinzip der Datensparsamkeit).

2.2 Grenzen staatlicher Eingriffsbefugnisse

Ein staatlicher Eingriff in das informationelle Selbstbestimmungsrecht ist gemäß dem Volkszählungsurteil des Bundesverfassungsgerichts im überwiegenden Allgemeininteresse zulässig. Allerdings kann der Staat nicht darauf bauen, dass das Vorliegen eines berechtigten Schutzes öffentlicher Interessen bereits einen entsprechenden Eingriff rechtfertigt. In weiteren grundlegenden Entscheidungen hat das Bundesverfassungsgericht hier nähere Angaben zu den Einschränkungen ausgeführt.

2.2.1 Fernmeldeüberwachungsurteil

Im Zuge der Verabschiedung des Verbrechensbekämpfungsgesetzes von 1994 erhielt der Bundesnachrichtendienst Befugnisse zur **Telekommunikationsüberwachung**. Diese Befugnisse wurden vom Bundesverfassungsgericht am 14. Juli 1999 jedoch für verfassungswidrig erklärt.

In diesem Zusammenhang beschäftigte sich das Bundesverfassungsgericht zwar mit dem **Fernmelderecht** (siehe hierzu 1.5.1 Schutz des Fernmeldegeheimnisses) und nicht mit dem informationellen Selbstbestimmungsrecht, da das Fernmelderecht vorrangig zur Geltung kommt, doch wurden gleichwohl einzelne Aspekte des Volkszählungsurteils direkt auf den verhandelten Fall übertragen. Art. 10 Abs. 1 GG bestimmt: "Das Briefgeheimnis sowie das Post- und Fernmeldegeheimnis sind unverletzlich."

Die **Schutzwirkung** des Art. 10 GG beziehe sich dabei aus Sicht des Bundesverfassungsgerichts nicht nur auf die Kommunikationsinhalte und die jeweiligen Kommunikationsumstände (also: ob, wann und wie oft zwischen welchen Personen oder Fernmeldeanschlüssen ein Fernmeldeverkehr stattgefunden hat oder versucht worden ist), sondern ebenfalls "auf den Informations- und Datenverarbeitungsprozess, der sich an die Kenntnisnahme von geschützten Kommunikationsvorgängen anschließt, und den Gebrauch, der von den erlangten Kenntnissen gemacht wird".

Ein Eingriff in das Fernmelderecht erfordere demnach nicht nur eine gesetzliche Grundlage, die einen legitimen Gemeinwohlzweck verfolge, sondern müsse im Besonderen den Grundsatz der **Verhältnismäßigkeit** berücksichtigen. Insofern sind die entsprechenden Resultate aus dem Volkszählungsurteil übertragbar: Auch für diesen Eingriff "muss der Zweck, zu dem Eingriffe in das Fernmeldegeheimnis vorgenommen werden dürfen, bereichsspezifisch und präzise bestimmt werden, und das erhobene Datenmaterial muss für diesen Zweck geeignet und erforderlich sein. Eine Sammlung nicht anonymisierter Daten auf Vorrat zu unbestimmten oder noch nicht bestimmbaren Zwecken wäre damit unvereinbar. Speicherung und Verwendung erlangter Daten sind daher grundsätzlich an den Zweck gebunden, den das zur Kenntnisnahme ermächtigende Gesetz festgelegt hat."

Eine **Zweckänderung** müsse formell und inhaltlich mit dem Grundgesetz vereinbar sein und durch Allgemeinbelange gerechtfertigt sein, die die grundrechtlich geschützten Interessen überwiegen. Die Aufgaben und Befugnisse der empfangenden Stelle müssten dieser Zweckänderung entsprechen. Ein sich gegenseitig ausschließender Zweck dürfe auch hier nicht vorliegen.

Nach der Erfassung müsse zur Gewährleistung der Zweckbindung die Herkunft der Daten aus Eingriffen in das Fernmeldegeheimnis erkennbar bleiben. Insofern besteht eine entsprechende

Kennzeichnungspflicht. Als weitere **Schutzvorkehrung** wurde vom Bundesverfassungsgericht bestimmt: "Wegen der Unbemerkbarkeit der Eingriffe in das Fernmeldegeheimnis, der Undurchdringbarkeit des anschließenden Datenverarbeitungsvorgangs für die Betroffenen, der Möglichkeit, die Mitteilung zu beschränken, und der dadurch entstehenden Rechtsschutzlücken gebietet Art. 10 GG zudem eine Kontrolle durch unabhängige und an keine Weisung gebundene staatliche Organe und Hilfsorgane". Die Pflicht zur Vernichtung nicht mehr benötigter Daten besteht auch hier.

Schließlich führt das Bundesverfassungsgericht aus: "Bei der Gesamtabwägung zwischen der Schwere des Eingriffs und dem Gewicht sowie der Dringlichkeit der ihn rechtfertigenden Gründe muss die Grenze der Zumutbarkeit noch gewahrt sein [...]. Die Schwere des Eingriffs ergibt sich daraus, dass in der Übermittlung personenbezogener Daten eine erneute Durchbrechung des Fernmeldegeheimnisses liegt, die größere Beeinträchtigungen als der Ersteingriff zur Folge haben kann. [...] Dabei spielt es für die Intensität der Beeinträchtigung ferner eine Rolle, dass der Bundesnachrichtendienst die Erkenntnisse mit Hilfe einer Methode gewonnen hat, die wegen ihrer Verdachtslosigkeit und Streubreite das Fernmeldegeheimnis besonders nachhaltig berührt und mit Art. 10 GG nur deswegen vereinbar ist, weil sie lediglich strategischen Zwecken dient".

Dies hat aus Sicht des Bundesverfassungsgerichts zur Folge: "Je gewichtiger das Rechtsgut ist, desto weiter darf auch die Übermittlungsschwelle bereits in das Vorfeld einer drohenden Rechtsgutverletzung verlagert werden." Insofern richten sich die Übermittlungsschwellen nach dem Grundsatz der Verhältnismäßigkeit und es bestimmen sich in der Folge für Sicherheitsbehörden entsprechende **Einschreitschwellen**. Dies greift damit die entsprechenden Ausführungen zur Eingriffsintensität wieder auf.

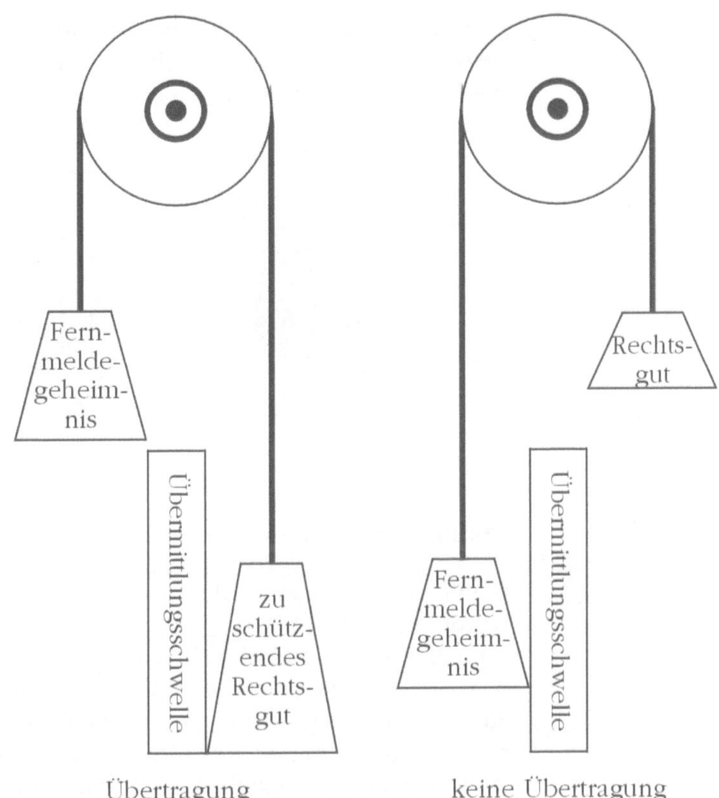

Abbildung 18: Abwägung zu den Einschreitschwellen

2.2.2 Urteil zum Großen Lauschangriff

Im Zuge der Einführung des sog. "Großen Lauschangriffs" wurde 1998 durch das Gesetz zur Verbesserung der Bekämpfung der Organisierten Kriminalität die Strafprozessordnung um weitgehende Rechte zur **akustischen Wohnraumüberwachung** ergänzt. Dies wurde vom Bundesverfassungsgericht am 3. März 2004 teilweise für verfassungswidrig erklärt.

In diesem Urteil stellte das Bundesverfassungsgericht in Anknüpfung an Entscheidungen vor dem Volkszählungsurteils klar, dass die Unverletzlichkeit der Wohnung aus Art. 13 Abs. 1 GG ("Die Wohnung ist unverletzlich") die räumliche Privatsphäre in Gestalt eines Abwehrrechtes schütze, daher als Konkretisierung der Menschenwürde anzusehen sei und dem Einzelnen einen elementaren Lebensraum gewähre, in dem er das Recht hat, in Ruhe gelassen zu werden. Der **Kernbereich privater Lebensgestaltung** bleibt daher erhalten, obwohl im Zuge des Volkszählungsurteils die Sphärentheorie als aufgegeben galt.

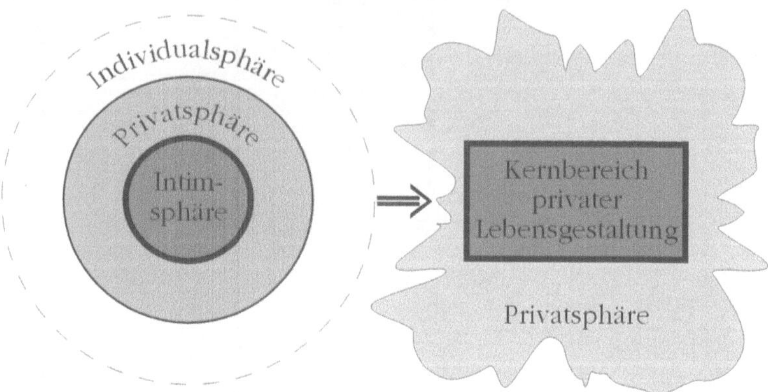

Abbildung 19: Modifikation der Sphärentheorie

Bevor das eingangs aufgeführte Gesetz verabschiedet wurde, wurde der Art. 13 Abs. 3 GG ergänzt: eine entsprechende Abhörmaßnahme ist demnach nur zulässig, wenn die Erforschung des zugrunde liegenden Sachverhalts einer besonders schweren Straftat auf andere Weise unverhältnismäßig erschwert oder aussichtslos ist. Somit ist der Grundsatz der **Verhältnismäßigkeit** auch hier eine maßgebliche Schranke. Entscheidend für die entsprechende Beurteilung sei daher insbesondere der Rang des vom Straftäter verletzten Rechtsguts (wie z.B. die Gefahr von Leib und Leben) und der Umfang der Tatfolgen. Für die Angemessenheit einer grundrechtsbeschränkenden Maßnahme ist, wie schon beim Fernmeldeüberwachungsurteil, die Eingriffsintensität mitentscheidend. "Allein die Befürchtung einer Überwachung kann aber schon zu einer Befangenheit in der Kommunikation führen", führt daher das Bundesverfassungsgericht schließlich aus.

Insofern seien auch hier einige **Schutzvorkehrungen** zu treffen. Eine Verwendung von absolut geschützten Daten sei deshalb in jedem Falle ausgeschlossen (Beweisverwertungsverbot), etwaige Aufzeichnungen seien daher unverzüglich zu löschen. Aufgrund der Heimlichkeit der Maßnahme und einer Einbeziehung auch unbeteiligter Dritter sei eine nachträgliche Benachrichtigung der Betroffenen aus den Gründen der Rechtswegegarantie nach Art. 19 Abs. 4 Satz 1 GG ("Wird jemand durch die öffentliche Gewalt in seinen Rechten verletzt, so steht ihm der Rechtsweg offen.")

erforderlich und eine zeitliche und räumliche Beschränkung der Überwachungsmaßnahme zwingend.

2.2.3 Rasterfahndungsbeschluss

Nach den terroristischen Anschlägen auf das World Trade Center in New York vom 11. September 2001 wurde bundesweit nach potentiellen "Schläfern" mittels eines maschinellen Datenabgleichs gefahndet (**Rasterfahndung**). Das Bundesverfassungsgericht hat in seinem Beschluss vom 4. April 2006 enge Grenzen für eine entsprechende Rasterfahndung im Rahmen der Strafprävention gesetzt.

Aus dem Grundsatz der **Verhältnismäßigkeit** folge aus Sicht des Bundesverfassungsgerichts, dass bei einer Gesamtabwägung die Schwere des Eingriffs in das informationelle Selbstbestimmungsrecht nicht außer Verhältnis zum Gewicht der den Eingriff rechtfertigenden Gründe stehen dürfe. Der Staat sei durch Art. 2 Abs. 2 Satz 1 GG ("Jeder hat das Recht auf Leben und körperliche Unversehrtheit.") in Verbindung mit Art. 1 Abs. 1 Satz 2 GG ("Sie zu achten und zu schützen ist Verpflichtung aller staatlichen Gewalt.") dazu verpflichtet, den Einzelnen auch vor rechtswidrigen Eingriffen von Seiten anderer zu bewahren.

Insofern stellt das Bundesverfassungsgericht fest: "Maßgebend sind daher die Gestaltung der Einschreitschwellen, die Zahl der Betroffenen und die Intensität der individuellen Beeinträchtigung im Übrigen. [...] So ist die Eingriffsintensität hoch, wenn Informationen betroffen sind, bei deren Erlangung Vertraulichkeitserwartungen verletzt werden, vor allem solche, die unter besonderem Grundrechtsschutz stehen, wie etwa bei Eingriffen in das Grundrecht auf Unverletzlichkeit der Wohnung nach Art. 13 GG oder das Fernmeldegeheimnis nach Art. 10 GG".

Als entsprechende Auflistung solcher vertraulicher Daten könne die Zuweisung der **besonderen Arten personenbezogener Daten** aus § 3 Abs. 9 BDSG angesehen werden, die zugleich das Benachteiligungsverbot aus Art. 3 Abs. 3 GG ("Niemand darf wegen seines Geschlechtes, seiner Abstammung, seiner Rasse, seiner Sprache, seiner Heimat und Herkunft, seines Glaubens, seiner religiösen oder politischen Anschauungen benachteiligt oder bevorzugt werden. Niemand darf wegen seiner Behinderung benachteiligt werden.") umsetzen.

Durch die Einbeziehung nahezu sämtlicher personenbezogener Daten, die bei irgendeiner öffentlichen oder nicht-öffentlichen

Stelle vorhanden seien, entstehe aus Sicht des Bundesverfassungsgerichts letztlich "ein Risiko, dass das außerhalb statistischer Zwecke bestehende strikte Verbot der Sammlung personenbezogener Daten auf Vorrat [...] umgangen wird." Die Zusammenführung einzelner Lebens- und Personaldaten erlaube die Erstellung von **Persönlichkeitsprofilen** der Bürger und würde so einen besonders intensiven Grundrechtseingriff ermöglichen.

Das Bundesverfassungsgericht führte weiter aus: "Das Gewicht informationsbezogener Grundrechtseingriffe richtet sich auch danach, welche Nachteile den Betroffenen aufgrund der Eingriffe drohen oder von ihnen nicht ohne Grund befürchtet werden" und "Die Heimlichkeit einer staatlichen Eingriffsmaßnahme führt zur Erhöhung ihrer Intensität" sowie "Es gefährdet die Unbefangenheit des Verhaltens, wenn die Streubreite von Ermittlungsmaßnahmen dazu beiträgt, dass Risiken des Missbrauchs und ein Gefühl des Überwachtwerdens entstehen".

Ein derart **intensiver Eingriff** sei daher gemäß den Ausführungen des Bundesverfassungsgerichts "nur dann angemessen, wenn der Gesetzgeber rechtsstaatliche Anforderungen dadurch wahrt, dass er den Eingriff erst von der Schwelle einer hinreichend konkreten Gefahr für die bedrohten Rechtsgüter an vorsieht", wobei es sich um hochrangige Verfassungsgüter handeln muss. Der Staat habe dabei die Einschreitschwellen zu berücksichtigen.

Unter einer **konkreten Gefahr** wird dabei ein Sachverhalt verstanden, der mit hinreichender Wahrscheinlichkeit an einem konkreten Ort bzw. zu einer konkreten Zeit zu einem Schaden für zu schützende Rechtsgüter führt.

Hierzu wurde das Bundesverfassungsgericht gerade auch angesichts der ständig zunehmenden Terrorabwehrmaßnahmen grundsätzlicher: "Das Grundgesetz enthält einen Auftrag zur Abwehr von Beeinträchtigungen der Grundlagen einer freiheitlichen demokratischen Ordnung unter Einhaltung der Regeln des Rechtsstaats [...]. [...] Die Verfassung verlangt vom Gesetzgeber, eine angemessene Balance zwischen Freiheit und Sicherheit herzustellen. Das schließt nicht nur die Verfolgung des Zieles absoluter Sicherheit aus, welche ohnehin faktisch kaum, jedenfalls aber nur um den Preis einer Aufhebung der Freiheit zu erreichen wäre. [...] Der staatliche Eingriff in den absolut geschützten Achtungsanspruch des Einzelnen auf Wahrung seiner Würde [...] ist ungeachtet des Gewichts der betroffenen Verfassungsgüter stets verboten".

2.2.4 Folgerungen aus den höchstrichterlichen Entscheidungen

Den besonderen Gefahren der Informationstechnik und der dem Verhältnismäßigkeitsprinzip folgende Eingriffsintensität stehen bei gleichzeitiger Beibehaltung eines Kernbereichs privater Lebensgestaltung etliche **Anforderungen an Datensicherheit und Datenschutzkontrolle** gegenüber. Auf der Grundlage der Zweckbestimmung und Zweckbindung des betrachteten Verfahrens und einer durchgeführten Zulässigkeitsprüfung entsprechend des Schutzgrades personenbezogener Daten sind daher verschiedene Schutzvorkehrungen zu ergreifen.

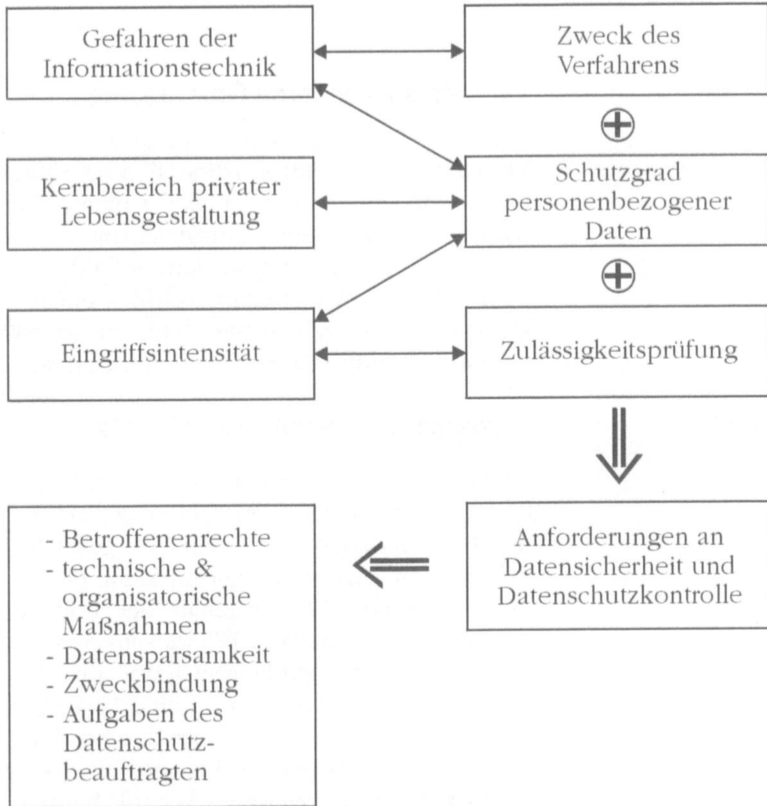

Abbildung 20: Zusammenhang Schutzvorkehrungen und Selbstbestimmungsrecht

Zu den **Schutzvorkehrungen** gehören folglich die Gewährleistung der Betroffenenrechte (insbesondere des Auskunfts- und

Benachrichtigungsrechts, aber auch der Löschungspflicht), die Ergreifung geeigneter technischer und organisatorischer Maßnahmen (insbesondere im Sinne des § 9 BDSG samt Anhang), die Beachtung des Grundsatzes der Datensparsamkeit und der Zweckbindung sowie die Ausübung der Datenschutzkontrolle entsprechend der zugewiesenen Aufgaben eines Datenschutzbeauftragten.

Im Zuge der beschriebenen grundlegenden Entscheidungen des Bundesverfassungsgerichts kann demnach festgestellt werden, dass das für Eingriffe in Grundrechte, die dem allgemeinen Persönlichkeitsrecht zuzuordnen sind, maßgebliche überwiegende Allgemeininteresse deutlichen **Beschränkungen** unterworfen ist.

2.3 Verhältnis zu anderen Grundrechten

Bereits beim dargestellten Vergleich staatlichen Interesses im Verhältnis zu dem informationellen Selbstbestimmungsrecht, dem Fernmeldegeheimnis oder der Unverletzlichkeit der Wohnung wurden entsprechende Ausgleichsmaßnahmen durch das Bundesverfassungsgericht gefordert. Sobald Grundrechte miteinander in Konflikt geraten, bedarf es eines entsprechenden Ausgleichs. Doch gelten Abwehrrechte nicht nur gegenüber dem Staat, sondern entfalten ihre Wirkung auch im privatrechtlichen Bereich.

2.3.1 Ausgleich kollidierender Grundrechte

Sobald Grundrechte nicht nur im Sonderfall miteinander in Konflikt geraten, ist der Gesetzgeber gefordert, hier einen Ausgleich der verschiedenen Interessen per gesetzlicher Regelung vorzunehmen (Gesetzesvorbehalt im Sinne der Wesentlichkeitstheorie) und dabei den Wesensgehalt der kollidierenden Grundrechte weitgehend zu erhalten. Bei diesem Ausgleich hat der Gesetzgeber eine entsprechende Abwägung im Sinne einer Verfassungsauslegung vorzunehmen und eine Lösung zu finden, bei der die zu schützenden Rechtsgüter trotz einer jeweiligen Grenzziehung optimal wirken können. Dies wird als das "**Prinzip praktischer Konkordanz**" bezeichnet. Sobald hierbei das informationelle Selbstbestimmungsrecht beteiligt ist, heißt das:

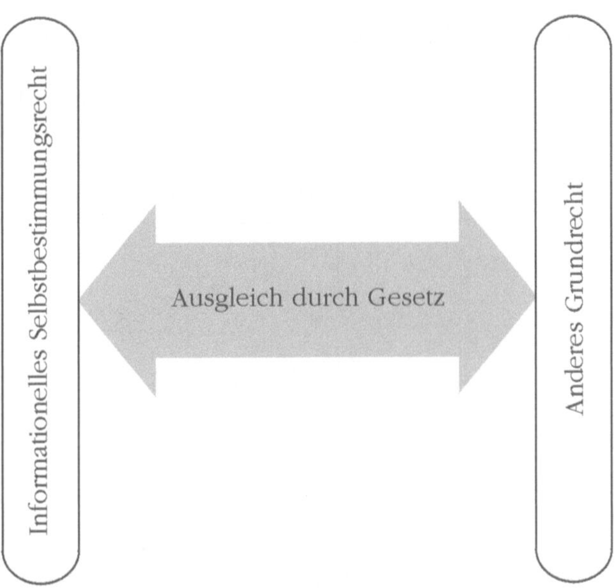

Abbildung 21: Ausgleich von Grundrechtskonflikten

Ein typischer Konflikt in diesem Sinne stellt z.B. der Konflikt zwischen dem informationellen Selbstbestimmungsrecht und dem Schutz wesentlicher Verfassungsgüter im Zuge der inneren Sicherheit dar, was das Bundesverfassungsgericht bei den aufgeführten Urteile und Beschlüsse im vorangegangenen Unterkapitel zu entscheiden hatte. Hier hatte nach Ansicht des Bundesverfassungsgerichts der Gesetzgeber folglich seine **Abwägungspflichten** nur ungenügend erfüllt, da insbesondere der Grundsatz der Verhältnismäßigkeit in allen Fällen verletzt war. Die ausgleichende Rechtsvorschrift muss aber natürlich auch normenklar formuliert sein.

Befinden sich Grundrechte nicht allgemein, sondern nur in einem **Sonderfall** im Konflikt zueinander, erfolgt der erforderliche Ausgleich durch richterliche Entscheidung im Zuge einer dem Prinzip der praktischen Konkordanz folgenden Verfassungsauslegung.

2.3.2 Ausstrahlungswirkung auf das Privatrecht

Während zwischen dem Staat einerseits und dem Bürger andererseits ein hierarchisches Verhältnis unterstellt werden kann, so dass dem Bürger im Zuge des informationellen Selbstbestimmungsrechts ein Abwehrrecht zusteht, befindet sich der einzelne

Bürger in seiner Funktion als Arbeitnehmer, Kunde oder sonstiger Vertragspartner gegenüber der nicht-öffentlichen Stelle quasi auf gleicher Ebene. Dennoch **strahlen** auch auf die privatrechtliche Beziehung die Regelungen zum informationellen Selbstbestimmungsrecht **aus** (so ausdrücklich ausgeführt in einem Beschluss des Bundesverfassungsgerichts von 1988):

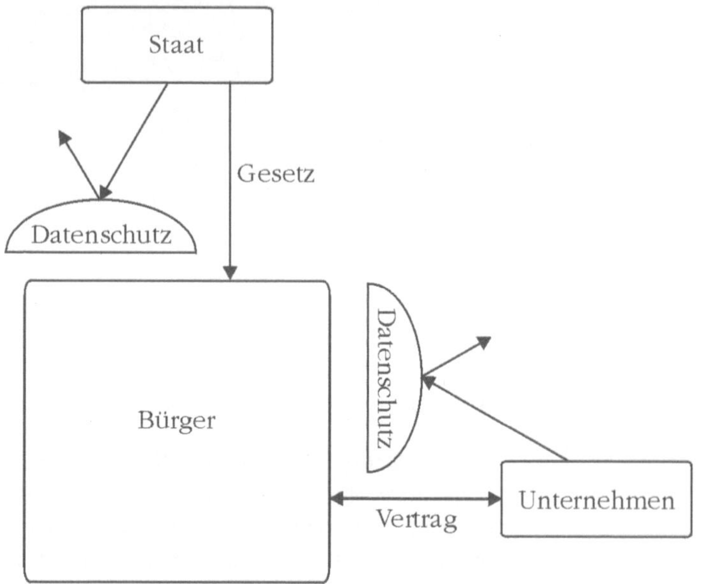

Abbildung 22: Ausstrahlung des Datenschutzes

Selbstverständlich sind generell auch privatrechtliche Verhältnisse an die Vorgaben des Grundgesetzes gebunden und folglich im Lichte des Grundgesetzes auszulegen. Ganz in diesem Sinne hat der Bundesgerichtshof bereits in seinem sog. "**Herrenreiter-Urteil**" von 1958 (als ein bekannter Springreiter ohne Einwilligung als Werbeträger für ein Potenzmittel missbraucht wurde) den Grundstein dafür gelegt, dass das allgemeine Persönlichkeitsrecht und in Folge dessen später auch der Datenschutz als "sonstiges Recht" im Sinne des § 823 Abs. 1 BGB anzusehen ist und insofern auch zum privatrechtlichen Schadensersatz berechtigt.

Aufgrund des hierarchischen Verhältnisses zwischen Staat und Bürger sind die **Anforderungen** an den Datenschutz bei staatlichen Maßnahmen differenzierter vorgeschrieben und stärker reglementiert, als dies aufgrund des lateralen Verhältnisses zwischen privatrechtlichen Vertragspartnern unter Beteiligung von Individuen der Fall ist. Für staatliche Handlungen fordert Art. 20 Abs. 3 GG ("Die Gesetzgebung ist an die verfassungsmäßige Ordnung, die vollziehende Gewalt und die Rechtsprechung sind an Gesetz und Recht gebunden."), dass für jede Tätigkeit eine ausdrückliche gesetzlich fundierte Grundlage besteht (siehe auch 1.4.2 Datenschutz als Abwehrrecht).

Im Fall privatrechtlicher Vertragsgestaltung wird dagegen von der Fiktion gleich starker Vertragspartner ausgegangen und somit eine höhere Anzahl aushandelbarer Aspekte gesehen. Dieses drückt sich z.B. in der Befugnis einer verantwortlichen Stelle nach § 28 BDSG aus, eine positive Abwägung zugunsten eines berechtigten Interesses treffen zu können, sowie in der erweiterten Möglichkeit zur Zweckänderung aus. Die entsprechenden Vertragsregelungen sorgen dabei jeweils für einen entsprechenden Ausgleich zwischen dem Recht der Berufsfreiheit einerseits und dem allgemeinen Persönlichkeitsrecht andererseits. Allerdings dürfen auch hier die **Betroffenenrechte** nicht eingeschränkt oder dürfte gar auf eine entsprechende Ausübung der Betroffenenrechte verzichtet werden. Dies wäre mit der Menschenwürde und dem Rechtsstaatsprinzip nicht zu vereinbaren.

Diese Unterscheidung ist insbesondere dann wichtig, wenn im öffentlichen Bereich **Outsourcing** betrieben wird und die einzelne Aufgaben bzw. Tätigkeiten von einer nicht-öffentlichen Stelle wahrgenommen bzw. im Auftrag erledigt werden. Insofern ist es zwingend erforderlich, dass der strengere Datenschutz der auftraggebenden öffentlichen Stelle auch für die nicht-öffentliche Stelle anzuwenden ist und keinesfalls ein geringeres Datenschutzniveau durch das Outsourcing vorliegt.

2.3.3 Staffelung von Abwehrrechten

Jedes im Rahmen des allgemeinen Persönlichkeitsrecht gegenüber dem Staat geltende Abwehrrecht weist einen eigenen **Schutzbereich** auf (siehe auch 1.5 Verwandte Gebiete zum Datenschutz). Je nach Gegenstand des vorgesehenen Eingriffs sind daher verschiedene Grundrechte tangiert. Im Zuge des Urteils des Bundesverfassungsgerichts zu Online-Durchsuchungen von 2008 lässt sich beispielsweise folgende Staffelung konstruieren:

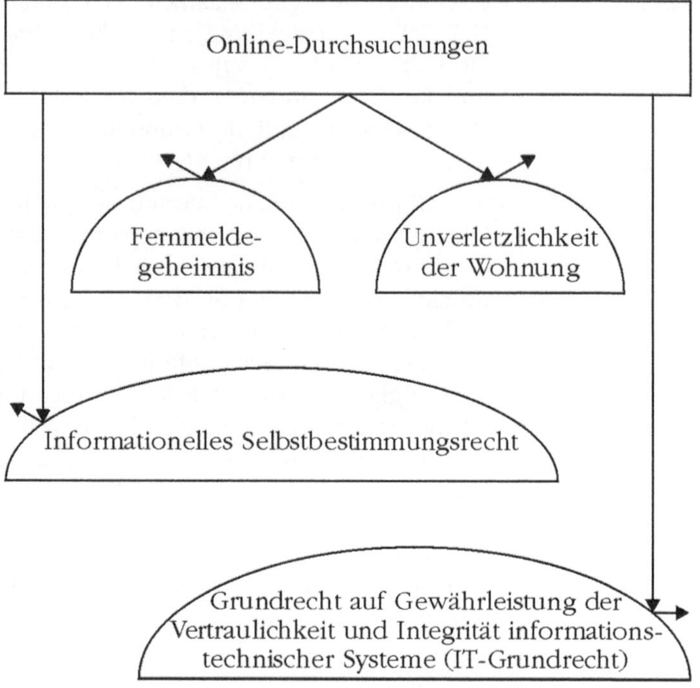

Abbildung 23: Gestaffelte Abwehr gegen Online-Durchsuchungen

Sofern also keines der aufgeführten Grundrechte zur Anwendung kommt bzw. die jeweiligen Einschreitschwellen (unter Berücksichtigung der jeweils gegeneinander abzuwägenden Rechtsgütern) erfolgreich überwunden werden können, ist das staatliche Interesse an der geplanten Online-Durchsuchung gerechtfertigt. Aus der beschriebenen Staffelung resultiert im Übrigen kein verschiedener Stellenwert einzelner Grundrechte (im Sinne einer Gewichtung). Das Fernmeldegeheimnis wie auch die Unverletzlichkeit der Wohnung sind nur deshalb exponiert, weil diese über eigenständige Einschreitschwellen im Zuge der Verfassungsauslegung verfügen.

2.4 Zusammenfassung

Für den Datenschutz ist das informationelle Selbstbestimmungsrecht und die damit verbundenen Einschränkungen staatlichen und privaten Handelns ausschlaggebend.

2.4.1 Zusammenfassung: Volkszählungsurteil

Die Konstruktion des informationellen Selbstbestimmungsrechts als besondere Ausprägung des allgemeinen Persönlichkeitsrechts wurde durch das Bundesverfassungsgericht im Volkszählungsurteil 1983 begründet. Dabei war eine passende Antwort auf eine Vielzahl gravierender Kritikpunkte zu finden:

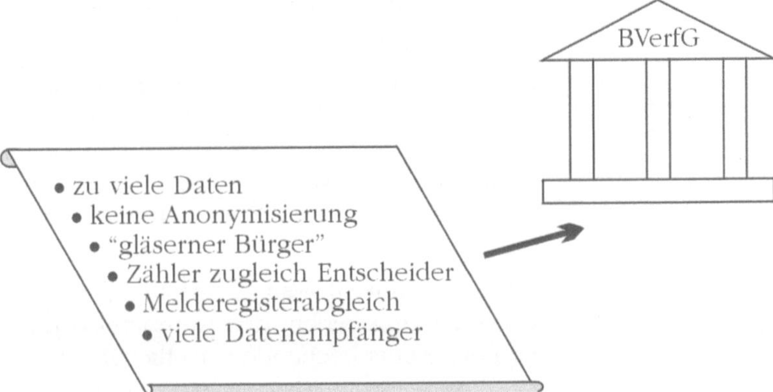

Abbildung 24: Kritikpunkte am Volkszählungsgesetz

Bei der Frage der Zulässigkeit automatisierter Verarbeitungen sind der Verwendungszweck und die eingesetzte Informationstechnik zu beachten. Auch bei der Verwendung moderner Datenverarbeitungsmethoden muss jeder seine Rechte wahrnehmen können.

Unter dem informationellen Selbstbestimmungsrecht ist das Grundrecht zu verstehen, grundsätzlich selbst über die Preisgabe und Verwendung der eigenen personenbezogenen Daten zu bestimmen. Als Prüfungsmaßstab gilt das allgemeine Persönlichkeitsrecht, das sich aus der allgemeinen Handlungsfreiheit und der Menschenwürde herleitet. Insofern unterliegt das informationelle Selbstbestimmungsrecht vor allem den Schranken aus der Summe der verfassungskonformen Rechtsnormen.

Eingriffe in das informationelle Selbstbestimmungsrecht bedürfen jedoch sowohl einer normenklaren Bestimmung als auch einer Regelung, die verhältnismäßig ist. Insofern besteht eine grundsätzliche Zweckbindung, die nur in wenigen Fällen durchbrochen werden darf. Eine Vorratsdatensammlung zu unbestimmten Zwecken ist ausgeschlossen. Zur Gewährleistung vor allem der Betroffenenrechte sind geeignete Schutzvorkehrungen zu treffen, die insbesondere auf den Grundsatz der Datensparsamkeit abzielen, aber auch der Datenschutzkontrolle, der Zulässigkeitsprüfung und der informationellen Gewaltenteilung dienen.

2.4.2 Zusammenfassung: Grenzen staatlicher Eingriffsbefugnisse

Ein Eingriff in das informationelle Selbstbestimmungsrecht ist lediglich in überwiegendem Allgemeininteresse zulässig. Dieses überwiegende Allgemeininteresse unterliegt entsprechenden Beschränkungen.

So stellte das Bundesverfassungsgericht in seinem Fernmeldeüberwachungsurteil von 1999 fest, dass die Eingriffsintensität von der Berücksichtigung von Einschreitschwellen abhängt, die wiederum abhängig sind von der Schutzbedürftigkeit grundlegender Verfassungsgüter und Zumutbarkeitsgrenzen nicht überschreiten dürfen.

Im Urteil zum Großen Lauschangriff von 2004 schloss das Bundesverfassungsgericht den Kernbereich privater Lebensgestaltung von einer entsprechenden staatlichen Überwachung aus.

Gemäß den Ausführungen des Bundesverfassungsgerichts zum Rasterfahndungsbeschluss von 2006 darf in das informationelle Selbstbestimmungsrecht nur bei Vorliegen einer konkreten Gefahr intensiv eingegriffen werden.

Die aufgezählten Grenzen bilden somit zugleich wichtige Grundpfeiler für die Bestimmung datenschutzrechtlicher Vorschriften.

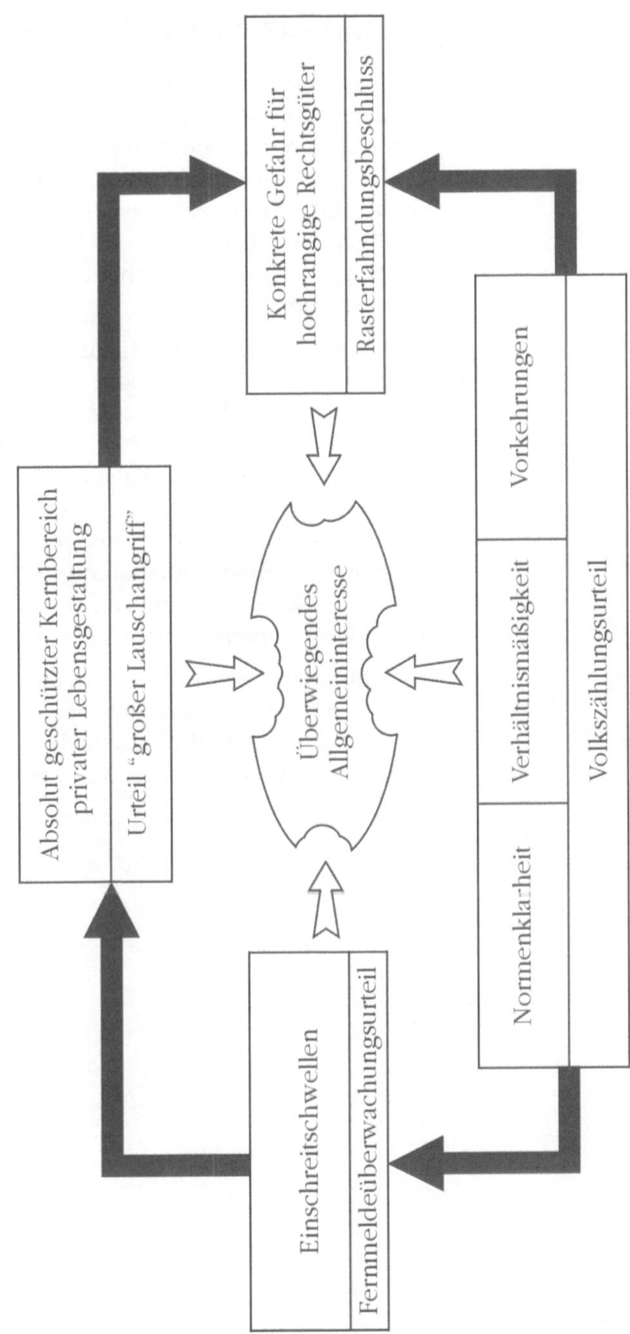

Abbildung 25: Grenzen überwiegenden Allgemeininteresses

2.4.3 Zusammenfassung: Verhältnis zu anderen Grundrechten

Der Gesetzgeber ist gefordert, einen Ausgleich miteinander kollidierender Rechte in Gesetzesform zu schaffen, der die widerstreitenden Grundrechte möglichst optimal weiter wirken lässt. Hierbei hat er insbesondere den Grundsatz der Verhältnismäßigkeit zu beachten. Sind entsprechende Abwägungsentscheidungen nicht allgemein, sonder nur im Einzelfall vorzunehmen, so wird der entsprechende Ausgleich durch richterliche Verfassungsauslegung getroffen.

Das informationelle Selbstbestimmungsrecht strahlt auch auf das Privatrecht aus. Während dem Bürger im staatlichen Eingriffsinteresse ein Abwehrrecht zusteht, ist der Einzelne in seiner Funktion als Vertragspartner im privatrechtlichen Verhältnis zwar angehalten, selbst einen entsprechenden Ausgleich auszuhandeln, doch kann er sich dabei auf seine Datenschutzrechte als Betroffener berufen, die vertraglich auch nicht eingeschränkt werden dürfen. Beim Outsourcing ist schließlich darauf zu achten, dass das Datenschutzniveau durch die Auslagerung von Aufgaben oder Tätigkeiten nicht sinkt.

Jedes Schutzrecht weist einen eigenen Schutzbereich auf, so dass die verschiedenen Schutzrechte ggf. auch im Sinne einer gestaffelten Abwehr gegenüber staatlichen Eingriffen fungieren können. Dies wird besonders beim neuen IT-Grundrecht deutlich.

3 Datenschutzrechtliche Konzepte

Ausgehend von bestimmenden Einflussfaktoren und seiner Konstruktion als informationelles Selbstbestimmungsrecht können beim Datenschutz allgemein gültige Prinzipien hergeleitet werden. Diese finden sich in unterschiedlicher Ausprägung bereichsübergreifend in den vorzufindenden Datenschutzregelungen wieder. Für die Verwendung elektronischer Medien bestehen weitere spezifische Konstruktionsregeln.

3.1 Prinzipien des Datenschutzes

In Deutschland orientiert sich der Datenschutz an grundlegenden Prinzipien, die sich insbesondere aus den Anforderungen ableiten lassen, die das Bundesverfassungsgericht an legitime Eingriffe in das informationelle Selbstbestimmungsrecht stellt. Dabei wurden die entsprechenden Weichenstellungen teilweise auch schon vor dem Volkszählungsurteil des Bundesverfassungsgerichts gestellt. Die entsprechenden Prinzipien finden sich letztlich in allen bereichsspezifischen Datenschutzregelungen wieder.

3.1.1 Subsidiaritätsprinzip

Aus der Normenklarheit ergibt sich die Anforderung, dass im Datenschutzrecht präzise und bereichsspezifische Regelungen zu treffen sind (siehe auch 2.1.3 Eingriffsschranken ins informationelle Selbstbestimmungsrecht). Der entsprechende **Rechtsgrundsatz** ("lex specialis derogat lex generalis") findet sich daher auch in den Datenschutzgesetzen wieder.

Zum einen ist in § 1 Abs. 3 BDSG ausdrücklich bestimmt, dass andere Rechtsvorschriften des Bundes (wie z.B. zur Telekommunikation oder zu den Telemedien), die sich auf personenbezogene Daten beziehen, **Vorrang** vor den Vorschriften des BDSG haben. Vergleichbare Formulierungen finden sich auch in den jeweiligen Landesdatenschutzgesetzen, was dazu führt, dass zu klären ist, ob spezialrechtliche Bestimmungen existieren, die im konkreten Fall zur Anwendung kommen.

Fehlen spezifische spezialrechtliche Regelungen, wird dieses durch entsprechende allgemeinrechtliche Regelungen aufgefangen. Ein typisches Beispiel in diesem Zusammenhang ist das Auskunftsrecht der Betroffenen, das nicht in jedem Spezialrecht ausdrücklich oder umfassend genug geregelt ist, um damit die allgemeinrechtlichen Vorgaben "überschreiben" zu können, und folglich gemäß den allgemeineren Vorschriften aus den Datenschutzgesetzen anzuwenden ist.

Aus den Vorschriften zur Zulässigkeit einer Datenverarbeitung (§ 4 Abs. 1 BDSG) ergibt sich die Erlaubnis zur Erhebung, Verarbeitung oder Nutzung personenbezogener Daten auf der Grundlage des BDSG selbst (und damit insbesondere bei Vorliegen eines Vertrags bzw. vertragsähnlichen Vertrauensverhältnisses) oder einer anderen **Rechtsvorschrift**. Auf diese Weise sind z.B. datenschutzrelevante Regelungen im Arbeitsrecht kollektivrechtlich durch Betriebsvereinbarungen (nicht-öffentlicher Bereich) bzw. Dienstvereinbarungen (öffentlicher Bereich) vereinbar (siehe auch den Beschluss des Bundesarbeitsgerichts von 1995). Diese können auch allgemeinrechtliche Bestimmungen verdrängen (nach einem Urteil des Bundesarbeitsgerichts von 1986), sofern insgesamt ein ausgewogenes Verhältnis besteht.

Für einzelne Fragestellungen hat sich außerdem ein ausgeprägtes **Richterrecht** durchgesetzt, so z.B. zur Wirkung einer sog. behördlichen bzw. betrieblichen Übung, d.h., einer Vorgehensweise, die in der Behörde bzw. in dem Betrieb üblich ist. Soweit die gesetzlichen Bestimmungen verschieden interpretiert werden können und hierzu vorzugsweise höchstrichterliche Urteile oder Beschlüsse vorliegen (sog. Präjudizien), sind diese entsprechend anzuwenden.

Zur Anwendung subsidiären Datenschutzrechts kann daher nebenstehendes Schema verwendet werden:

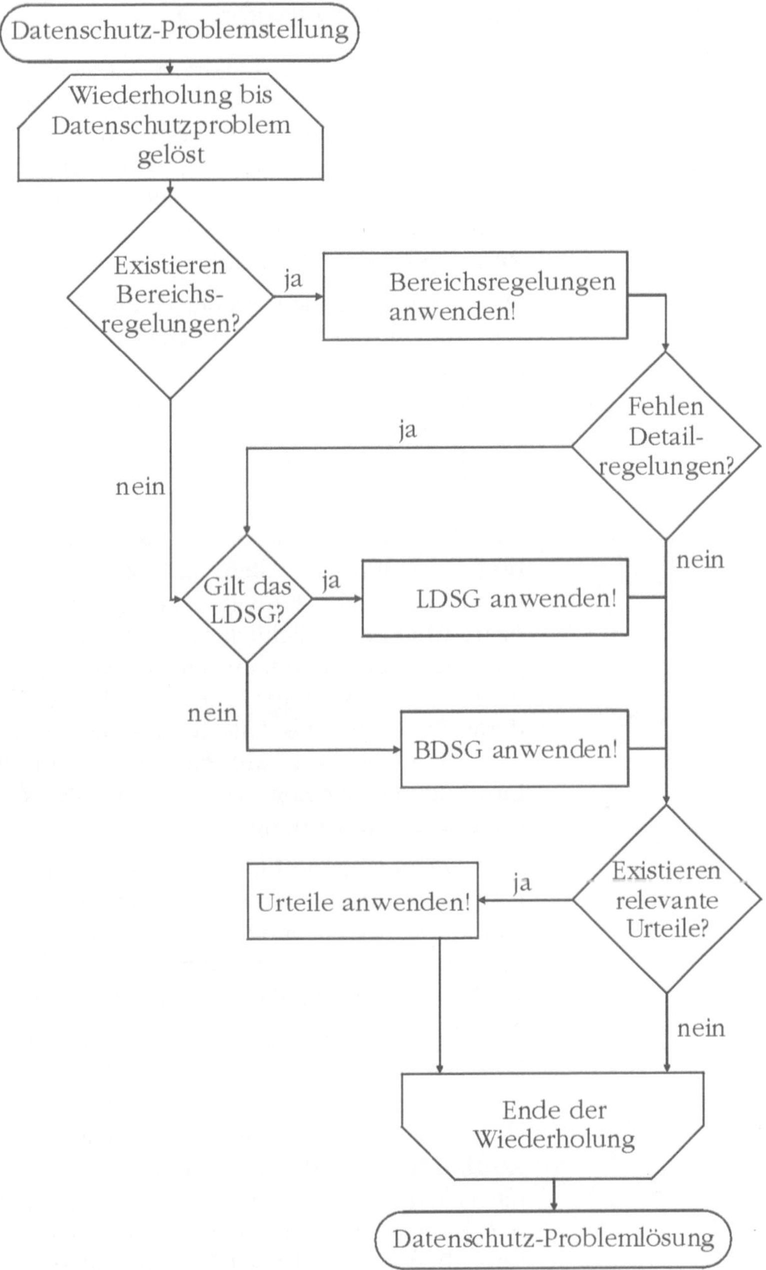

Abbildung 26: Schema zur Anwendung subsidiären Datenschutzrechts

3.1.2 Verbot mit Erlaubnisvorbehalt

Im deutschen Datenschutzrecht hat sich die Konstruktion durchgesetzt, dass zunächst ein Erheben, Verarbeiten oder Nutzen personenbezogener Daten verboten ist. Dieses Verbot kann nur außer Kraft gesetzt werden, wenn eine ausdrückliche Gestattungserlaubnis vorliegt. Die hierzu in Frage kommenden Erlaubnisnormen werden in den jeweiligen Gesetzen im Rahmen der **Zulässigkeitsprüfung** aufgeführt (also vor allem in § 4 BDSG).

Die weitestgehenden Rechte liefert dabei die **Einwilligung** des Betroffenen, die (nach § 4a BDSG) jedoch auf einer freiwilligen Entscheidung des Betroffenen auf der Grundlage einer umfassenden Information über den geplanten Zweck sowie über seine Rechte und die Folgen einer Ablehnung beruhen muss. Die Einwilligung darf daher nicht mit anderen Rechtsfolgen (wie z.B. der Erbringung anderer Leistungen) gekoppelt werden.

Einwilligungen sind in der Praxis vor allem im Rahmen der Werbung vorzufinden. Allerdings ist es in einigen Bereichen, in denen mit einer Einwilligung operiert wird, fraglich, ob die **Freiwilligkeit** tatsächlich vorliegt: z.B. bei den Einwilligungserklärungen, die zu Beginn eines Beschäftigungsverhältnisses von einem neuen Arbeitgeber ausdrücklich eingefordert werden. Andererseits kann ebenfalls festgestellt werden, dass zunehmend mehr Einrichtungen auf eine Rechtsgrundlage in Form einer Einwilligung abzielen, wie z.B. soziale Netzwerke (siehe auch 6.1.2 Social Networking).

Eine entsprechende Einwilligungserklärung muss dabei – vor allem, wenn diese zusammen mit anderen Erklärungen abgegeben werden soll – besonders hervorgehoben sein. Die Einwilligung soll grundsätzlich **schriftlich** erfolgen, damit der Betroffene seine Entscheidung in aller Ruhe treffen kann.

Von dieser Schriftform kann nur abgewichen werden, wenn der konkrete Fall eine andere Form nahe legt. Dies ist jedoch regelmäßig gegeben, wenn etwa die Art der Abgabe einer Willenserklärung Gegenstand wissenschaftlicher Forschung ist oder eine **konkludente Willenserklärung** üblich ist und in dem konkreten Fall offensichtlich vorliegt (z.B. bei einer Noteinweisung eines Schwerverletzten in ein Krankenhaus oder beim Ausfüllen und Abgeben von Fragebögen im Zuge von Umfragen). Hierbei ist also der konkrete Umstand zu beachten.

Andernfalls ist das Erheben, Verarbeiten oder Nutzen personenbezogener Daten nur zulässig, wenn eine **gesetzliche Erlaubnis** vorliegt. Diese kann sich auf das Datenschutzgesetz selbst beziehen, in dem eine Reihe von Gestattungsvorschriften aufgelistet sind, oder auf eine andere Rechtsvorschrift. Dabei kann es sich um ein anderes Gesetz, eine in einem Gesetz ausdrücklich zugelassene Verordnung oder eine in einem Gesetz ausdrücklich vorgesehene Satzung eines autonomen öffentlich-rechtlichen Verbandes (wie dies z.B. für Hochschulen vorgesehen ist) handeln. Die meisten Fälle aus der Praxis basieren datenschutzrechtlich auf dieser gesetzlichen Erlaubnisnorm.

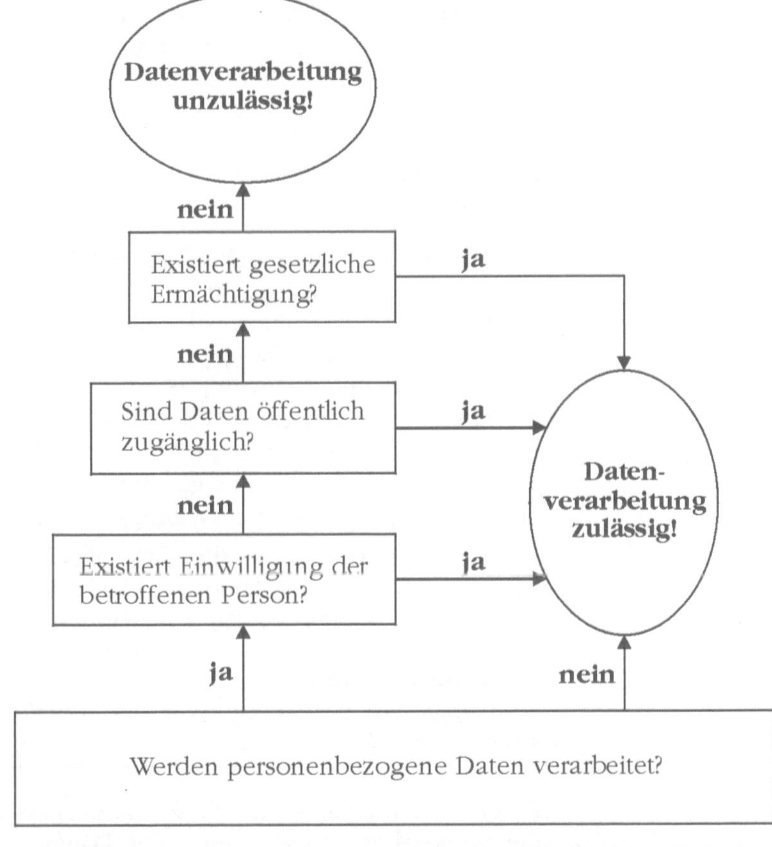

Abbildung 27: Schema zum Verbot mit Erlaubnisvorbehalt

Zu den entsprechenden Gestattungsvorschriften in den jeweiligen Gesetzen zählen im nicht-öffentlichen Bereich insbesondere rechtsgeschäftliche Schuldverhältnisse (Vertragsverhältnisse) oder rechtsgeschäftsähnliche Schuldverhältnisse (vertragsähnliche Vertrauensverhältnisse) sowie öffentlich gemachte Daten (im Einklang mit § 28 Abs. 1 BDSG). Dabei stellt die **Veröffentlichung** von personenbezogenen Daten ein besonders intensiver Eingriff in das informationelle Selbstbestimmungsrecht dar, der entweder erfolgt aufgrund einer gesetzlichen Vorschrift (etwa im Rahmen von Publizitätsvorschriften, die Eintragungen in öffentliche Register vorschreiben) oder aufgrund der entsprechenden Einwilligungserklärung des Betroffenen (etwa im Rahmen von zugriffsfreien Webpräsentationen oder durch Zustimmung der Auflistung in Adress- und Telefonbüchern).

Bei **besonderen Arten personenbezogener Daten** (wie z.B. Gesundheitsdaten oder Religionszugehörigkeiten) sind die Daten nur dann als öffentlich zugänglich angesehen, wenn sie offenkundig durch den Betroffenen selbst öffentlich gemacht wurden.

3.1.3 Prinzip der Zweckbindung

Damit eine automatisierte Verarbeitung die Anforderungen des Grundsatzes der Normenklarheit erfüllt, ist ein Verwendungszweck bereichsspezifisch und präzise zu bestimmen (siehe auch 2.1.2 Umfang des informationellen Selbstbestimmungsrechts). Dies bedeutet, dass der geplante **Zweck** bereits bei der Erhebung **festzulegen** (gemäß § 28 Abs. 1 Satz 2 BDSG) und dem Betroffenen mitzuteilen ist (nach § 4 Abs. 3 Nr. 2 BDSG, § 4a Abs. 1 Satz 2 BDSG sowie § 33 Abs. 1 Satz 1 BDSG). Der Zweck ist dabei abhängig von der geplanten Verwendung der erhobenen und gespeicherten personenbezogenen Daten.

Die Zweckfestlegung betrifft somit das komplette **Verfahren**. Unter einem Verfahren kann (im Einklang mit der Definition zur "procedure" aus der ISO 9000) verstanden werden:

> **Definition: Verfahren**
> Festgelegte Art und Weise, wie eine Tätigkeit bzw. ein Prozess auszuführen ist.

Datenschutzrechtlich sind diese Tätigkeiten und Prozesse über die vorgesehene Verwendung der Daten miteinander **verbunden**. Im Rahmen der Zweckfestlegung sind die datenschutzrelevanten Verfahren weder zu pauschalisiert festzulegen (etwa Lieferantendatenverwaltung, Kundendatenverwaltung und Personaldatenverwaltung), aber auch nicht zu feingliedrig (etwa Überweisung von Löhnen und Gehältern, Meldung von Löhnen und Gehältern gegenüber Finanzämter und Trägern der Sozialversicherung, Aufbereitung der Löhne und Gehälter für die Kostenkontrolle, Mitteilung von Lohn- und Gehaltsentwicklungen für die Mitarbeitervertretung etc. anstelle der Zusammenfassung als Lohn- und Gehaltsabrechnung). Entscheidend ist dabei, ob ein Verfahren als **eigenständige** Tätigkeit bzw. als eigenständiger Prozess angesehen werden kann.

Einige Verfahren sind ausdrücklich im Datenschutzrecht benannt und geben damit Hinweise, wie **konkret** die Zweckfestlegung zu erfolgen hat: Videoüberwachung, Chipkartenverwendung, automatisiertes Abrufverfahren, wissenschaftliche Forschung, Werbung / Marktforschung / Meinungsforschung, geschäftsmäßige Datenübermittlung, Gesundheitsvorsorge / medizinische Diagnostik / Gesundheitsversorgung / Behandlung / Verwaltung von Gesundheitsdiensten, Gefahrenabwehr, Straftatenverfolgung, Medienberichterstattung.

Entscheidend ist also, ob es für einzelne Prozesse bzw. Tätigkeiten eine spezialrechtliche Grundlage existiert, die die Durchführung im Sinne der Compliance (siehe auch 1.2.3 Gewährleistung der Compliance) weitgehend beeinflusst, der Ablauf eigenständige Vorgehensweisen mit **innerem Zusammenhang** aufweisen und ggf. besonders ausgewiesene Informations- und Kommunikationssysteme zum Einsatz kommen. Dabei können einzelne Verfahren selbstverständlich auf den Input anderer Verfahren (z.B. zur Erhebung personenbezogener Daten mittels Web-Portal) angewiesen sein. Selbst wenn es also eine gewisse Überschneidung bei der Datenverwendung gibt, resultiert daraus nicht ein einheitlicher Zweck: Personalstammdaten werden in diesem Sinne z.B. für eine Vielzahl verschiedener Verfahren verwendet.

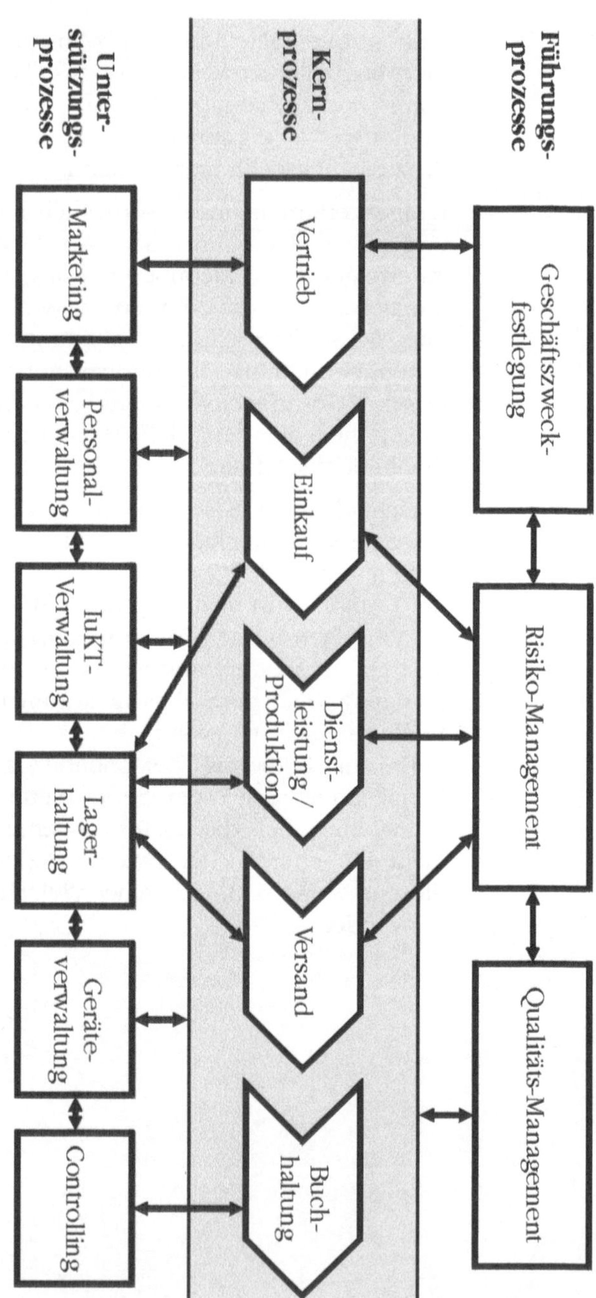

Abbildung 28: Beispielübersicht zu Unternehmensprozessen

Im Rahmen der **Personaldatenverwaltung** fallen z.B. typischerweise folgende Verfahren an:

- Bewerbungsverfahren
- Personalaktenführung
- Arbeitszeitüberwachung & Zutrittskontrolle [unter besonderer Berücksichtigung eingesetzter Chipkarten]
- Verwaltung des Personaleinsatzes [etwa im Rahmen eines Enterprise-Resource-Planning-Systems]
- Personalentwicklungsplanung
- Lohn- und Gehaltsabrechnung & Erfüllung sozialversicherungsrechtlicher und steuerrechtlicher Verpflichtungen
- (elektronische) Kommunikation

Im Bereich der **Kundendatenverwaltung** sind dagegen oft folgende Verfahren in der Praxis anzutreffen:

- Kundengewinnung
- Kundenbewerbung
- Vertragsabwicklung mit Versand [ggf. unter Einbeziehung eines Lagerverwaltungssystems] bzw. Dienstleistungserbringung und Verwaltung der Zahlungsströme
- Newsletterversand
- Customer Relationship Management
- Data Warehouse mit Aufbereitung und Analyse von Kundendaten
- Betrieb eines Web-Portals
- (elektronische) Kommunikation

Sämtliche Verarbeitungsschritte eines Verfahrens unterliegen der **Zweckbindung**. Nur bei berechtigtem Interesse und wenn eine Abwägung nachweislich durchgeführt wurde, kann bei nichtöffentlichen Stellen eine Zweckänderung abhängig vom Schutzgrad der gespeicherten personenbezogenen Daten zulässig sein (siehe auch § 28 Abs. 2 BDSG). So ist z.B. regelmäßig die Werbung von Bestandskunden datenschutzrechtlich und wettbewerbsrechtlich zulässig. Bei öffentlichen Stellen muss sich dagegen eine entsprechende Erlaubnis unmittelbar aus den gesetzlichen Vorschriften ergeben (siehe auch § 14 Abs. 2 Nr. 1 BDSG).

Zudem gibt es eine **besondere Zweckbindung** zur Datensicherung, zur Sicherstellung eines ordnungsgemäßen Betriebs einer

DV-Anlage oder zur Datenschutzkontrolle (§ 31 BDSG bzw. § 14 Abs. 4 BDSG).

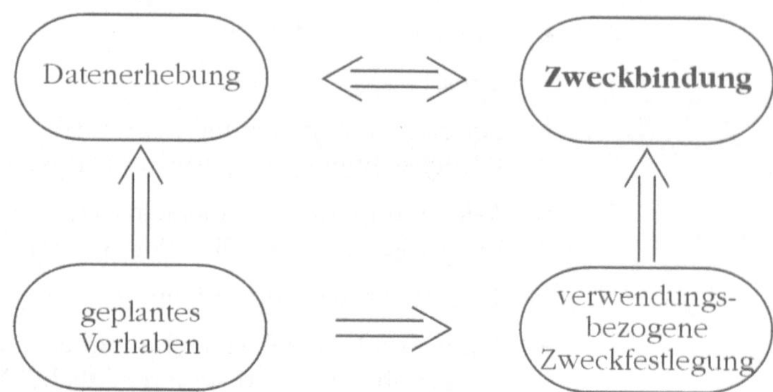

Abbildung 29: Zweckbindungsgrundsatz

3.1.4 Prinzip der Transparenz

Um das informationelle Selbstbestimmungsrecht überhaupt nutzen zu können, muss ein Betroffener ihn betreffende Verfahren kennen. Deshalb hat eine verantwortliche Stelle einige Vorschriften zur Nachvollziehbarkeit für Betroffene einzuhalten. Jede verantwortliche Stelle hat eine Übersicht über die durchgeführten Verfahren mit personenbezogenen Daten zu erstellen (Verfahrensverzeichnis). In das **Verfahrensverzeichnis** (nach § 4g Abs. 2 BDSG) sind bei nicht-öffentlichen Stellen (gleiches gilt auch für öffentliche Stellen des Bundes) die Angaben korrespondierend zu den Meldepflichten aufzulisten (mit der Ausnahme der Angaben zu den ergriffenen technischen und organisatorischen Maßnahmen).

Ein Verfahrensverzeichnis mit erheblichen Mängeln kann zur Unzulässigkeit der automatisierten Verarbeitung personenbezogener Daten führen (nach einem Beschluss des Verwaltungsgerichts Wiesbaden von 2005). In einem Verfahrensverzeichnis sind zudem die vergebenen **Auftragsdatenverarbeitungen** aufzuführen (nach einem Beschluss des Verwaltungsgerichts Wiesbaden von 2004). Jeder, nicht nur ein Betroffener, hat ein Einsichtsrecht in das Verfahrensverzeichnis. Es gehört zu den Aufgaben eines bestellten Datenschutzbeauftragten, hierzu Auskunft zu erteilen.

Aus der Rechtswegegarantie (Art. 19 Abs. 4 GG) ergibt sich unmittelbar ein **Auskunftsrecht** der Betroffenen über die Erhebung, Verarbeitung und Nutzung seiner personenbezogenen Daten durch die verantwortliche Stelle (umgesetzt in § 34 BDSG für den nicht-öffentlichen Bereich und in § 19 BDSG für öffentliche Stellen des Bundes). Dieses Recht stellt die notwendige Voraussetzung für die Inanspruchnahme weiterer Rechte der Betroffenen dar (siehe auch 3.2.1 Betroffenenrechte).

Wurde ein Betroffener nicht bereits im Zuge der Datenerhebung entsprechend informiert und ist die entsprechende Speicherung oder Übermittlung nicht ausdrücklich im Gesetz vorgesehen, ergibt sich bei der erstmaligen Speicherung seiner personenbezogenen Daten eine **Benachrichtigungspflicht** über die Art der gespeicherten Daten, die bestehende Zweckbestimmung und die Identität der verantwortlichen Stelle sowie von etwaigen Adressaten bei einer erstmaligen Übermittlung (§ 33 Abs. 1 BDSG bzw. § 19a Abs. 1 BDSG). In der Praxis entfällt eine entsprechende Benachrichtigungspflicht jedoch oft, da es unverhältnismäßig wäre, eine Vielzahl betroffener Personen über befugte, erstmalige Speicherungen oder Übermittlungen zu benachrichtigen (in Umsetzung von § 33 Abs. 2 Nr. 7 lit. a BDSG bzw. § 19a Abs. 2 Nr. 2 BDSG).

Für besondere Verfahren existieren darüber hinaus spezifische **Informationspflichten**, wie etwa zur Videoüberwachung (in § 6b Abs. 2 und 4 BDSG) oder zum Chipkarteneinsatz (in § 6c Abs. 1 BDSG). Seit 2009 schreibt § 42a BDSG (in allgemeiner Umsetzung der betreffenden Regelung für elektronische Kommunikationsdienste für die Öffentlichkeit entsprechend der EU-Richtlinie 2009/136/EG) eine Informationspflicht gegenüber der zuständigen Aufsichtsbehörde vor, sofern gespeicherte personenbezogene Daten unrechtmäßig Dritten zur Kenntnis gelangten (im Rahmen einer sog. "Datenschutzpanne") und daraus schwerwiegende Beeinträchtigungen für die Rechte und schutzwürdigen Interessen der Betroffenen drohen. Dies betrifft:

- besondere Arten personenbezogener Daten
- personenbezogene Daten, die einem Berufsgeheimnis unterliegen (siehe auch 1.5.4 Geheimhaltungsverpflichtungen)
- personenbezogene Daten mit Bezug zu strafbaren Handlungen oder Ordnungswidrigkeiten
- personenbezogene Daten zu Bank- und Kreditkartenkonten

Sobald nach Eintritt der **Datenschutzpanne** entsprechende Schutzvorkehrungen ergriffen wurden und eine etwaige Strafverfolgung nicht mehr gefährdet ist, ist zudem der Betroffene zu benachrichtigen. Dies kann auch durch das Schalten halbseitiger

Anzeigen in zwei bundesweit erscheinenden Tageszeitungen erfolgen.

3.1.5 Prinzip des Direkterhebungsvorrangs

Eine Beeinflussung der Datenerhebung im Sinne des Betroffenen und damit im Sinne dessen informationellen Selbstbestimmungsrechts lässt sich am besten erreichen, wenn die erforderlichen Daten direkt beim Betroffenen erhoben werden. Das **Transparenzprinzip** wird auf diese Weise umgesetzt (in § 4 Abs. 2 Satz 1 BDSG).

Ausnahmen vom Direkterhebungsvorrang sind nur zulässig, wenn die betreffenden Daten bereits vom Betroffenen veröffentlicht wurden oder aufgrund gesetzlicher Vorschriften einsehbar sind (z.B. aufgrund von **Publizitätspflichten** oder aufgrund von Einträgen in öffentlichen Registern).

Meist erfolgt die Direkterhebung auf der Grundlage einer **Einwilligungserklärung**, die i.d.R. schriftlich zu erfolgen hat, damit der Betroffene genau prüfen kann, ob er die gewünschten Angaben bzw. welche er davon preisgeben möchte (siehe auch 3.1.2 Verbot mit Erlaubnisvorbehalt).

3.1.6 Verhältnismäßigkeitsprinzip

Die Erhebung, Verarbeitung und Nutzung personenbezogener Daten darf nur dann erfolgen, wenn dies zur Aufgabenerledigung **erforderlich** ist (im Sinne einer notwendigen Bedingung), d.h., dass nur dadurch die vorliegende Aufgabe rechtmäßig, vollständig und in angemessener Zeit erfüllt werden kann. Ist die Erhebung, Verarbeitung oder Nutzung personenbezogener Daten sogar unerlässlich für die Aufgabenerfüllung (im Sinne einer notwendigen und hinreichenden Bedingung), wird von einer zwingenden Voraussetzung gesprochen. Entscheidend ist jeweils der konkrete Einzelfall. Eine verantwortliche Stelle ist zur Prüfung der Erforderlichkeit ausdrücklich aufgerufen (nach § 28 Abs. 1 Nr. 1 und 2 BDSG bei nicht-öffentlichen Stellen bzw. in § 13 Abs. 1 BDSG bei öffentlichen Stellen des Bundes).

Aufgrund des Verhältnismäßigkeitsprinzips ist es zwingend notwendig, dass die vorgesehene Weise der automatisierten Verarbeitung personenbezogener Daten für die vorgesehene Aufgabenbewältigung und dem damit verfolgten Zweck auch tatsächlich **geeignet** ist. Dadurch wird die Effektivität der geplanten Tätigkeiten erreicht (siehe auch 1.3.3 Effektivität und Effizienz).

Die entsprechende Umsetzung ist genau dann effizient, wenn erreicht wird, dass der vorgenommene Schutz nur mit **unverhältnismäßigem Aufwand** an Zeit, Personal, Geld oder Bestrafungsrisiko umgangen werden kann. Unter Berücksichtigung des hierbei geltenden Standes der Technik sind durch die verantwortliche Stelle die zumutbaren Schutzmaßnahmen zu ergreifen (siehe auch 1.3.1 Entwicklung der Informations- und Kommunikationstechnik). Der entsprechende Interessenausgleich berücksichtigt dabei insbesondere die Bedeutung des zu schützenden Gutes:

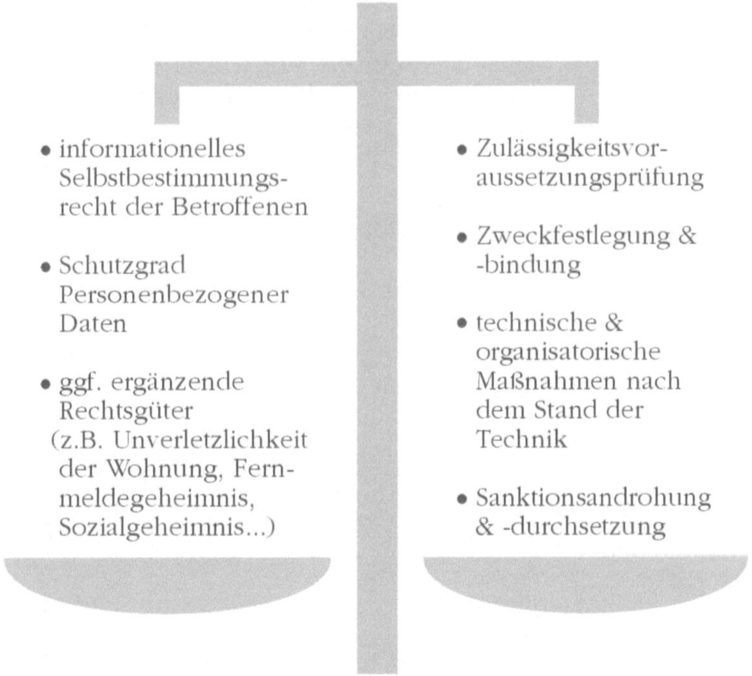

Abbildung 30: Verhältnismäßigkeitsabwägung

Kann zur Aufgabenbewältigung in das informationelle Selbstbestimmungsrecht der Betroffenen mit geringerer **Intensität** eingegriffen werden, so ist diesem datenschutzfreundlicheren Weg der Vorzug zu geben. Grundsätzlich können aber die Betroffenen davon ausgehen, dass die automatisierte Verarbeitung ihrer Daten nach dem Grundsatz von Treu und Glauben erfolgt (siehe auch 1.3.4 Europäische Dimension des Datenschutzes).

Eine öffentliche Stelle unterliegt üblicherweise strengeren Auflagen als eine nicht-öffentliche Stelle, da die öffentliche Stelle eine ausdrücklich im Gesetz vorgesehene Handlungserlaubnis benötigt (siehe auch die Ausführungen unter 2.3.2 Ausstrahlungswirkung auf das Privatrecht).

3.1.7 Prinzip der Datensparsamkeit

Als konkrete Anforderung an die **Gestaltung** der zur automatisierten Verarbeitung eingesetzten IT-Systeme dient schließlich das Prinzip der Datensparsamkeit. Dies unterscheidet sich vom Verhältnismäßigkeitsgrundsatz vor allem darin, dass es hierbei um die Ausrichtung der eingesetzten IT-Systeme geht. Insofern entspricht ein IT-System bereits dem Prinzip der Datensparsamkeit, wenn es die Möglichkeit eröffnet, mit möglichst wenig personenbezogenen Daten zu funktionieren, unabhängig davon, ob dies auch tatsächlich so erfolgt.

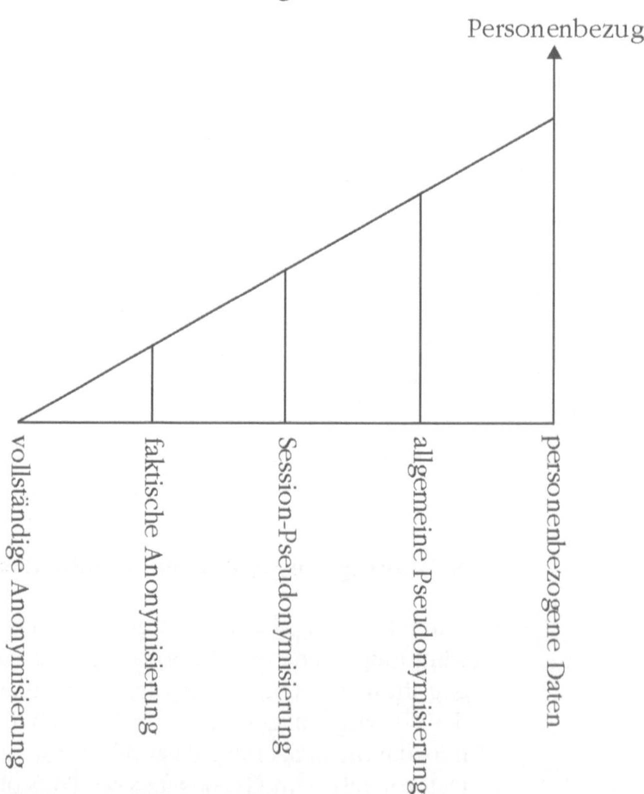

Abbildung 31: Anonymisierungsgrad und Personenbezug

Seit 2009 bezieht sich § 3a BDSG alle Phasen der datenschutzbezogenen automatisierten Verarbeitung ein (siehe auch 1.3.5 Weitere rechtliche Rahmenbedingungen). Das Prinzip der Datenvermeidung und Datensparsamkeit ist demnach anzuwenden, wenn dies nach dem Verwendungszweck möglich und keinen unverhältnismäßigen Aufwand im Verhältnis zum angestrebten Schutzzweck erfordert. Die Beachtung dieses Prinzips wird nunmehr explizit für Adresshandel und Werbung in § 28 Abs. 3 BDSG gefordert.

Ein Personenbezug sollte also nur dann vorgesehen sein, wenn dieses zur **Aufgabenbewältigung** unbedingt erforderlich ist (soweit im Einklang mit dem Erforderlichkeitsprinzip gemäß dem Grundsatz der Verhältnismäßigkeit). Personenbezogene Daten dürfen keinesfalls auf Vorrat gespeichert werden, sofern nicht ein erhebliches staatliches Interesse dieses rechtfertigt (siehe auch 2.1.3 Eingriffsschranken ins informationelle Selbstbestimmungsrecht).

Systembedingte Datenspeicherungen (etwa wegen fehlender Löschungsfunktion aufgrund der Gewährleistung einer hohen Datenqualität einer Datenbank) sind möglichst zu vermeiden. Dem Einsatz **datenschutzfreundlicher Techniken** ist daher der Vorzug zu geben (siehe auch 4.2.2 Beispiele für datenschutzfreundliche Techniken). Hierzu zählt insbesondere die anonyme oder wenigstens pseudonyme Nutzung von Telemedien, um eine möglichst unbeobachtete elektronische Kommunikation (im Einklang mit § 13 Abs. 6 TMG) zu ermöglichen. Dabei richtet sich der Grad des Personenbezugs nach dem erreichten Anonymisierungsgrad (siehe die vorangestellte Grafik).

Bei der Beurteilung über das Maß vorhandenen **Datenschutzniveaus** sind daher nicht nur das Vorliegen einer zulässigen automatisierten Verarbeitung, die tatsächlichen Umsetzungen der Betroffenenrechte und die Güte der ergriffenen technischen und organisatorischen Maßnahmen, sondern auch der Grad erreichter Datenvermeidung und Datensparsamkeit maßgeblich. Bei der Erstellung eines Datenschutzkonzepts ist daher insbesondere die Einhaltung des Prinzips der Datensparsamkeit zu prüfen.

3.1.8 Kontrollprinzip versus Lizenzprinzip

Die Einhaltung dieser Prinzipien ist in den einzelnen EU-Staaten unterschiedlich umgesetzt. Dies führt jeweils zu leichten Verschiebungen in einzelnen Detailfragen (z.B. einer Erlaubnis mit Verbotsvorbehalt statt einem Verbot mit Erlaubnisvorbehalt).

In den meisten EU-Staaten erfolgt die grundlegende Gestaltung in Form des **Lizenzprinzips**: Demnach ist eine automatisierte Verarbeitung personenbezogener Daten grundsätzlich verboten und kann nur durchgeführt werden, wenn das begehrte Verfahren von einer staatlichen Kontrollbehörde ggf. mit Auflagen genehmigt wurde. Entsprechende Verarbeitungsschritte sind daher ausschließlich im Rahmen der ausdrücklichen Gestattung möglich. Die Einhaltung entsprechender Vorgaben kann von der entsprechenden Aufsichtsbehörde kontrolliert werden.

Das Lizenzprinzip ist i.d.R. so in den nationalen Datenschutzgesetzen geregelt, dass entsprechende Verfahren (zu denen ggf. generelle Freigaben bereits im Gesetz erteilt werden) gegenüber der zuständigen Aufsichtsbehörde zu **melden** sind, **bevor** diese **produktiv** eingesetzt werden.

In den anderen EU-Staaten kommt dagegen das **Kontrollprinzip** zum Einsatz: Demnach ist eine automatisierte Verarbeitung personenbezogener Daten grundsätzlich zulässig, sofern dies nicht durch spezifische Rechtsnormen eingeschränkt wird. Entsprechende Verarbeitungsschritte dürfen nur im Rahmen der geltenden Rechtsnormen durchgeführt werden. Über die Einhaltung der Rechtsnormen wacht eine entsprechende Kontrollinstanz.

Die entsprechende Umsetzung des Kontrollprinzips erfolgt in nationalen Datenschutzgesetzen üblicherweise derart, dass ein **unabhängiger Datenschutzbeauftragter** für die Eigenkontrolle der verantwortlichen Stelle zuständig ist. I.d.R. besteht dann zugleich auch keine Meldepflicht zu einzelnen Verfahren gegenüber der zuständigen Aufsichtsbehörde.

Diese Prinzipien finden sich jedoch **nicht** notwendigerweise **in Reinform** in den jeweiligen EU-Staaten wieder. Beispielsweise wurden den betrieblichen bzw. behördlichen Datenschutzbeauftragten in Deutschland, Schweden, Ungarn und Luxemburg (innerhalb der EU) sowie in der Schweiz (außerhalb der EU) unterschiedliche Kompetenzen zugewiesen und bestehen vereinzelt Meldepflichten fort. Zum Zeitpunkt der Manuskripterstellung war auch in einzelnen Ländern mit Lizenzprinzip in der Diskussion, eine entsprechende Funktion vorzusehen.

Der deutsche Gesetzgeber hat sich beispielsweise zur Verwendung des Kontrollprinzips entschieden, weicht aber z.B. aufgrund des gewählten Prinzips des Verbots mit Erlaubnisvorbehalt (siehe 3.1.2 Verbot mit Erlaubnisvorbehalt) von der systematischen Vorlage ab. Als Kontrollinstanz ist hier ein mehrstufiges

Kontrollverfahren (in Form eines Datenschutzbeauftragten und einer Aufsichtsbehörde) im Einsatz:

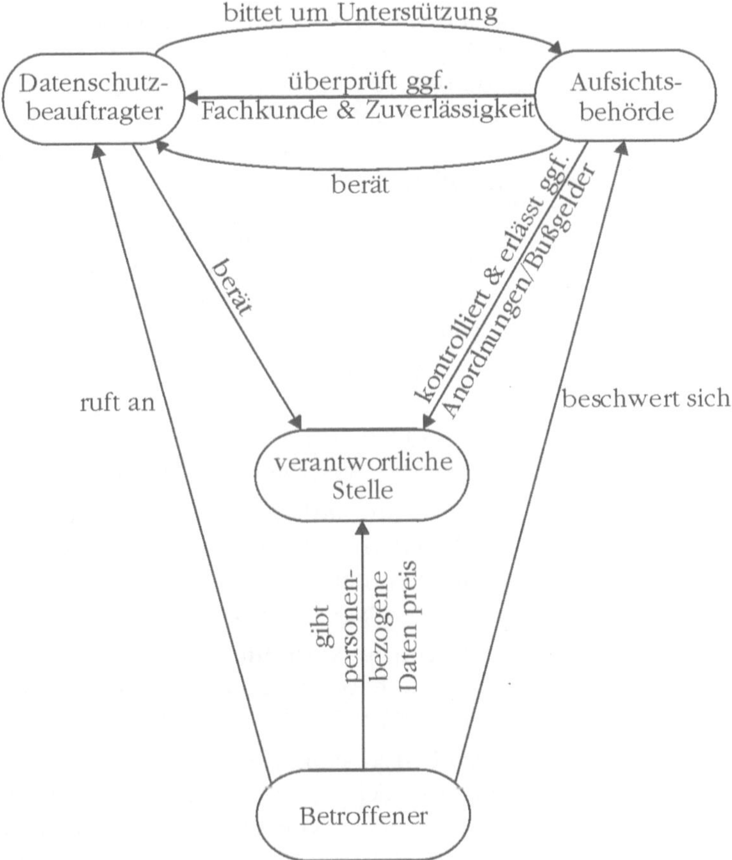

Abbildung 32: Checks & Balances der Datenschutzkontrolle

3.2 Allgemeine Datenschutzregelungen

Aus den vom Bundesverfassungsgericht in diversen Urteilen geforderten Schutzvorkehrungen lassen sich gleichfalls allgemein gültige Regelungen ableiten, die sich auch in den jeweiligen Datenschutzgesetzen bzw. dem anzuwendenden Bereichsrecht zu datenschutzrechtlichen Einzelfragen wiederfinden. Dennoch führte dies nicht dazu, dass auf der Ebene des Bereichsrechts auf die zumeist wortgleichen Formulierungen allgemeinerer Gesetze verwiesen wurde, sondern dass dort jeweils dem Subsidiaritätsprinzip folgend die entsprechenden Datenschutzregelungen im

Kontext der restlichen Bereichsspezifika abgebildet wurden. Teilweise wurden dabei leichte Anpassungen vorgenommen, die in der Praxis jedoch nur selten zu mehr Verständnis bei den Anwendern führen. Ziel dieses Unterkapitel ist es daher, die dahinter liegenden Strukturen deutlich herausarbeiten. Dabei wird aus Gründen einer besseren Lesbarkeit und Nachvollziehbarkeit nur auf die entsprechenden Regelungen des BDSG verwiesen.

3.2.1 Betroffenenrechte

Zu den verfahrensrechtlichen Schutzvorkehrungen gemäß dem Volkszählungsurteil des Bundesverfassungsgerichts zählen insbesondere (siehe auch 2.1.3 Eingriffsschranken ins informationelle Selbstbestimmungsrecht):

- **Aufklärungspflichten**, durch die vor allem das Transparenzgebot umgesetzt wird, so dass ein Betroffener jederzeit feststellen kann, ob er möglicherweise von einem entsprechenden Verfahren betroffen ist,
- **Auskunftspflichten**, so dass ein Betroffener auf direktem Wege erfahren kann, welche seiner personenbezogenen Daten von der entsprechenden verantwortlichen Stelle erhoben, verarbeitet oder genutzt werden, und
- **Löschungspflichten**, wodurch vor allem sichergestellt wird, dass erhobene personenbezogene Daten nicht länger gespeichert sind, als dies zur Aufgabenerfüllung erforderlich ist.

Diese Betroffenenrechte ergeben sich also **zwingend** aus verfassungsrechtlichen Erwägungen heraus und führen in der Novellierung der Datenschutzgesetze nach dem Volkszählungsurteil zur Aussage, dass zum Einen die Rechte der Betroffenen auf Auskunft, Berichtigung, Löschung oder Sperrung nicht durch Rechtsgeschäft ausgeschlossen oder beschränkt werden dürfen (§ 6 Abs. 1 BDSG) und zum Anderen von der verantwortlichen Stelle ein Verfahrensverzeichnis zu führen ist, aus dem hervorgeht, welche Verfahren zur automatisierten Verarbeitung konkret im Einsatz sind. Dies ist jedem, also nicht nur den Betroffenen, auf Anfrage mitzuteilen (§ 4g Abs. 2 BDSG).

Als **Betroffener** wird (aufgrund von § 3 abs. 1 BDSG) eine natürliche Person angesehen, deren personenbezogene bzw. personenbeziehbare Daten durch eine öffentliche oder nichtöffentliche Stelle erhoben, verarbeitet oder genutzt werden (siehe auch 1.2.2 Personenbezug beim Datenschutz). Zum Schutz des Persönlichkeitsrechts bzw. informationellen Selbstbestimmungsrechts jedes Betroffenen wurden die entsprechenden Datenschutzgesetze erlassen. Insofern bildet das Betroffeneninteresse die wesentliche Grundlage bei der Interpretation und Anwendung datenschutzrechtlicher Bestimmungen. Gleichwohl ist auch hier stets ein entsprechender Ausgleich mit anderen grundlegenden Rechten der verantwortlichen Stelle vorzunehmen.

Aus dem Rechtsstaatsprinzip folgt, dass niemand wegen der Geltendmachung seiner Rechte benachteiligt werden darf. Insofern darf die verantwortliche Stelle keine nachteiligen Schlüsse für die Betroffenen ziehen, die ihre Rechte in **Anspruch** nehmen. Dies gilt insbesondere für den Fall, wenn sich ein Betroffener bei der zuständigen Datenschutzkontrollinstanz beschwert, weshalb dessen Identität auch grundsätzlich verborgen bleibt (§ 4f Abs. 4 BDSG).

Die Datenschutzgesetze sehen üblicherweise folgende Betroffenenrechte vor:

- **Auskunftsrecht**, mit dessen Hilfe der Betroffene jederzeit und bedingungsfrei erfahren kann, welche personenbezogenen Daten über ihn von der verantwortlichen Stelle erhoben, verarbeitet oder genutzt werden und woher die entsprechenden Daten stammen, an wen die erhobenen bzw. gespeicherten Daten ggf. weitergeleitet werden und zu welchem Zweck die personenbezogenen Daten gespeichert werden (siehe § 34 BDSG im nicht-öffentlichen Bereich sowie § 19 BDSG für öffentliche Stellen des Bundes); hierzu muss der Betroffene einen formlosen Antrag stellen und die Art der Daten, zu denen er Auskunft begehrt (anhand der Angaben aus dem öffentlichen Verfahrensverzeichnis) näher bezeichnen; die Auskunft kann jedoch verweigert werden, wenn sie ihrem Wesen nach geheim zu halten ist (z.B. aus Gründen des Betriebs- und Geschäftsgeheimnisses oder im Zuge von Maßnahmen zur Mitarbeiterförderung),
- **Benachrichtigungsrecht**, sobald Daten ohne Kenntnis des Betroffenen (bei öffentlichen Stellen nach § 19a Abs. 1 BDSG) erhoben bzw. (bei nicht-öffentlichen Stellen nach § 33 Abs. 1 BDSG) erstmals gespeichert werden (dieses Recht stellt folglich eher eine Benachrichtigungspflicht der verantwortlichen Stelle dar und kein besonderes Recht des Betroffenen); der Betroffene ist dann von der Speicherung, der Zweckbestimmung und der Identität der verantwortlichen Stelle zu benachrichtigen, bei nicht-öffentlichen Stellen auch über die Art der gespeicherten Daten; über eine erstmalige

Übermittlung ist der Betroffene ebenfalls zu unterrichten, sofern er damit nicht zu rechnen hat (gemäß dem Grundsatz von Treu und Glauben); die zahlreichen Ausnahmen, wann die Benachrichtigung unterbleiben kann, führen in der Praxis dazu, dass dieses Betroffenenrecht außerhalb der erstmaligen Implementierung etwa von Vorkehrungen zur Verhaltens- oder Leistungskontrolle faktisch (trotz dessen Absicherung im Katalog der Ordnungswidrigkeiten nach § 43 Abs. 1 BDSG) nicht oder aufgrund der verwendeten Formblätter i.d.R. nur mittelbar zur Wirkung kommt, wobei die verantwortliche Stelle schriftlich festzulegen hat, unter welchen Voraussetzungen sie von einer Benachrichtigung absieht; der praktische Nutzen liegt daher vor allem in der daraus resultierenden Beschränkung von Einträgen in CRM-Systemen (siehe auch 5.2.3 Kundenbetreuung und Kundenbindung); seit 2009 besteht zudem eine Informationspflicht bei unrechtmäßiger Kenntniserlangung von Daten (nach § 42a BDSG), sofern bestimmte Datenarten von der Datenschutzpanne betroffen sind und schwerwiegende Beeinträchtigungen für die Rechte oder schutzwürdigen Interessen der Betroffenen drohen (siehe auch 3.1.4 Prinzip der Transparenz),

- **Berichtigungsrecht**, um Daten, die nicht oder nicht mehr den Tatsachen entsprechen, korrigieren zu können (gemäß § 35 Abs. 1 BDSG bzw. § 20 Abs. 1 BDSG), was im Sinne einer hohen Datenqualität auch unabhängig von Betroffenenanträgen durch die verantwortliche Stelle im eigenen Interesse vorgenommen wird; bei der Prüfung der Korrektheit sind insbesondere die entsprechenden Kontextinformationen (etwa die Beschreibung der Art des entsprechenden Datenfeldes) zu berücksichtigen,

- **Löschungsrecht**, wenn personenbezogene Daten gar nicht oder nicht mehr zu speichern sind, insbesondere weil die damit verbundenen Zwecke bereits erfüllt wurden oder nicht mehr erfüllbar sind (gemäß § 35 Abs. 2 BDSG bzw. § 20 Abs. 2 BDSG); eine Löschung bedeutet dabei die tatsächliche Unkenntlichmachung (unabhängig von der Beschaffenheit der verwendeten Datenträger), so dass die gelöschten Daten auch nicht außerhalb der Datensicherungsmaßnahmen zur Wiederherstellung von Datenbeständen im Katastrophenfall rekonstruierbar sind (z.B. durch mehrfaches Überschreiben des entsprechenden Speicherabschnitts mit Zufallsbits oder durch Zerstören von Datenträgern, wobei hierbei insbesondere die Sicherheitsstufe 3 der DIN 32757-1 nicht unterschritten werden darf),

- **Sperrungsrecht**, sofern personenbezogene Daten zwar nicht mehr aktiv benötigt werden oder vom Betroffenen ausdrücklich eine Sperrungsanforderung etwa im Rahmen seines Widerspruchsrechts gegen Werbemaßnahmen verlangt wurde, doch die gespeicherten Daten aufgrund bestehender Aufbewahrungspflichten weiterhin vorzuhalten sind oder eine separate Löschung (z.B. bei der Löschungsanforderung eines Datensatzes auf einem nur einfach beschreibbaren Datenträger) mit einem unverhältnismäßigem Aufwand verbunden wäre (gemäß § 35 Abs. 3 BDSG bzw. § 20 Abs. 3 BDSG); in diesem Fall dürfen die gesperrten Datensätze ausschließlich zum entsprechenden Nachweis im Sinne der Aufbewahrungspflichten weiter genutzt werden sowie zu den Fällen, zu denen der Betroffene ausdrücklich eingewilligt hat, bzw. wodurch eine anders nicht behebbare Beweisnot abgewendet werden soll oder wenn dies zur Durchsetzung eines überwiegenden Interesses der verantwortlichen Stelle bzw. eines berechtigten Dritten im Rahmen der Zweckbindung unerlässlich ist (beides erfordert damit einen entsprechenden Nachweis),
- **Anrufungsrecht**, so dass der Betroffene die zuständige Datenschutzkontrollinstanz auf eventuell vorhandene Mängel bei der datenschutzrechtlichen bzw. sicherheitstechnischen Umsetzung hinweisen kann, dem die entsprechende Datenschutzkontrollinstanz allerdings dergestalt nachzugehen hat, dass die verantwortliche Stelle (und natürlich auch jede Stelle außerhalb der verantwortlichen Stelle) nicht auf die Identität des Betroffenen zurückschließen kann (nach § 4f Abs. 4 BDSG); damit verfügt der Betroffene neben seiner Selbstkontrolle auch über einen Ansprechpartner, der entweder im Zuge der Eigenkontrolle (in der Funktion des Datenschutzbeauftragten) innerhalb der verantwortlichen Stelle tätig werden kann oder im Zuge der Fremdkontrolle (in der Funktion der Aufsichtsbehörde) außerhalb der verantwortlichen Stelle (siehe auch 3.2.2 Datenschutzkontrolle und 3.1.8 Kontrollprinzip versus Lizenzprinzip),
- **Schadensersatzrecht**, für den Fall, dass eine verantwortliche Stelle dem Betroffenen durch eine unzulässige oder fehlerhafte automatisierte Verarbeitung einen Schaden zufügt (siehe §§ 7 und 8 BDSG sowie 2.3.2Ausstrahlungswirkung auf

das Privatrecht); die verantwortliche Stelle kann eine Schadensersatzverpflichtung nur entgegenwirken, wenn sie den Nachweis der gebotenen Sorgfalt erbringen kann (siehe hierzu auch 1.2.3 Gewährleistung der Compliance und 1.3.1 Entwicklung der Informations- und Kommunikationstechnik).

Sind von den geltend gemachten Rechten gar besondere Arten personenbezogener Daten betroffen, sind von der verantwortlichen Stelle weitere Anforderungen zu erfüllen (z.B. im Zuge von spezifischen Informationspflichten), auf deren Einhaltung der Betroffene ein Anrecht hat (siehe auch 3.2.5 Umgang mit besonders riskanten Verfahren). Ein Betroffener kann seine Rechte allerdings lediglich geltend machen, wenn er seine **Identität** ausreichend nachweist (also etwa durch Unterschrift bei einem schriftlich eingereichten Begehren oder mündlich durch Angabe eines beiden Seiten bekannten Identifikationsmerkmals). Die Betroffenenrechte stellen damit die erste Säule der Datenschutzkontrolle im Sinne einer Selbstkontrolle dar.

Die verwendeten Verfahren und IT-Systeme sollten daher bereits so angelegt sein, dass die Betroffenenrechte auch in angemessener Weise erfüllt werden können, z.B. durch den Einsatz datenschutzfreundlicher Techniken (siehe auch 4.2 Datenschutzfreundliche Techniken).

3.2.2 Datenschutzkontrolle

Bei der Datenschutzkontrolle kann unterschieden werden in:

- **Selbstkontrolle** durch den Betroffenen im Rahmen der Betroffenenrechte (bereits ausführlich im vorangegangenen Abschnitt behandelt),
- **Eigenkontrolle** innerhalb der verantwortlichen Stelle durch verschiedene Instanzen (vor allem durch den Datenschutzbeauftragten, aber z.B. auch durch die interne Revision) und
- **Fremdkontrolle** außerhalb der verantwortlichen Stelle durch die zuständige Aufsichtsbehörde.

Die vorgesehene Instanz zur Eigenkontrolle ist der **Datenschutzbeauftragte**, der von einer nicht-öffentlichen Stelle (also z.B. einem Unternehmen oder einem Verein) zu bestellen ist. Seit 2006 ist dies vorgeschrieben, sobald mindestens zehn beschäftigte Personen (also Arbeitnehmer, leitende Angestellte, Geschäftsleitung sowie Auszubildende und Praktikanten ohne Berücksichtigung eines etwaigen Teilzeitstatus) ständig (d.h. nicht nur vorübergehend, z.B. zum Abbau einer Überlast oder zur Urlaubsvertretung) mit der automatisierten Verarbeitung personenbezogener Daten befasst sind (Quantitätskriterium) bzw. sobald wenigstens zwanzig Personen personenbezogener Daten manuell erheben, verarbeiten oder nutzen (§ 4f Abs. 1 BDSG). Sind Vor-abkontrollen durchzuführen oder liegt der Geschäftszweck in der Übermittlung personenbezogener Daten (unabhängig von einer Gewinnerzielungsabsicht), ist eine Bestellung unabhängig von der Anzahl beschäftigter Personen erforderlich (Qualitätskriterium). Bei öffentlichen Stellen (also den Behörden) ist die Pflicht zur Bestellung eines Datenschutzbeauftragten unterschiedlich in den entsprechend heranzuziehenden Datenschutzgesetzen geregelt.

Die **Bestellung** muss schriftlich erfolgen und setzt ein beiderseitiges Einverständnis (also zwischen verantwortlicher Stelle und der Person des Datenschutzbeauftragten) voraus. Die ggf. zusätzlich erfolgende Aufgabenzuweisung hat zugleich Auswirkungen auf die arbeitsrechtliche Beziehung des Datenschutzbeauftragten. Gleichwohl kann ein Datenschutzbeauftragter auch außerhalb der verantwortlichen Stelle stehen (externer Datenschutzbeauftragter), ist jedoch im Rahmen seiner Tätigkeit Teil der verantwortlichen Stelle.

Zu den **Aufgaben des Datenschutzbeauftragten** zählen:

- Hinwirken auf die Einhaltung datenschutzrechtlicher Vorschriften,
- Überwachen der automatisierten oder manuellen Datenverarbeitung, mit der personenbezogene Daten erhoben, verarbeitet oder genutzt werden,
- datenschutzrechtliche und –technische Schulung der Personen, die personenbezogene Daten erheben, verarbeiten oder nutzen (und i.d.R. vom Datenschutzbeauftragten in Vertretung für die verantwortliche Stelle auf das Datengeheimnis verpflichtet wurden),
- Ansprechpartner für Betroffene, um deren Anfragen und Beschwerden nachzugehen,
- Durchführung der Vorabkontrolle bei besonders riskanten automatisierten Verarbeitungen und

- aktive Pflege vor allem der internen Verzeichnisse der eingesetzten Verfahren automatisierter bzw. manueller Datenverarbeitungen von personenbezogenen Daten.

Der Datenschutzbeauftragte hat also beratende Funktionen, da zur datenschutzkonformen Umsetzung weiterhin die verantwortliche Stelle im Zuge ihrer Sorgfaltspflichten aufgefordert ist. Aus der täglichen Praxis eines Datenschutzbeauftragten können folgende **Tätigkeiten** als typisch für einen bestellten Datenschutzbeauftragten angesehen werden (ungewichtete Aufzählung):

- Durchführung und Dokumentation von Vor-Ort-Kontrollen (über die Einhaltung datenschutzrechtlicher und sicherheitstechnischer Vorgaben), von erforderlichen Vorabkontrollen und von Vertragskontrollen (insbesondere zur Abgrenzung einer Auftragsdatenverarbeitung gegenüber einer Funktionsübertragung)
- Erstellung von Stellungnahmen zu aktuellen Datenschutzfragen, von Entwürfen datenschutzrechtlich relevanter Teile in Betriebsvereinbarungen/Dienstvereinbarungen, Dienstanweisungen, Richtlinien oder Vertragsklauseln und von Vermerken zu ggf. angefallenen Datenschutzvorfällen
- Planung und Durchführung von Mitarbeiterschulungen und Sensibilisierung spezifischer Stellen (also auch innerhalb der Leitungsebene)
- Verpflichtung von Mitarbeitern (inkl. des Führungspersonals) auf das Datengeheimnis unter Durchführung entsprechender Belehrungen
- Erstellung und Begutachtung von Sicherheitskonzepten bzw. Datenschutzkonzepten
- Pflege von (vor allem internen) Verfahrensverzeichnissen
- Vorbereitung von und Teilnahme an sowie Protokollierung von Meetings (vor allem mit der Geschäftsführung/Behördenleitung, der IT-Leitung, dem Betriebsrat/Personalrat sowie jeweiligen Fachverantwortlichen)
- Erstellung von Tätigkeitsberichten
- Recherchen zur aktuellen Rechtslage
- Lesen und Auswerten von Fachartikeln
- Führen von Gesprächen mit Aufsichtsbehörden, Erfahrungsaustausch mit anderen Datenschutzbeauftragten und Teilnahme an spezifischen Fortbildungsangeboten

Der entsprechende Zeitaufwand für die Tätigkeit eines Datenschutzbeauftragten wurde in der aktuellen **GDD-Umfrage** zur Datenschutzpraxis und zur Stellung des Datenschutzbeauftragten von 2006, wie folgt ermittelt (die von den 425 antwortenden Datenschutzbeauftragten getätigten Angaben betreffen das Jahr 2004 in Personentagen):

Tätigkeit	Aufwand
Programmkontrollen	17,8
Zulässigkeitsüberprüfungen	17,0
Verfahrenseinführungsberatung	13,0
Fachbereichskontrollen	12,2
Verfahrensverzeichnisbetreuung	11,8
Mitarbeiterschulung	10,0
Vorabkontrollen	9,4
Vertragskontrollen	6,7
Informationspflichtendurchführung	6,0
Führungskräftesensibilisierung	5,8

Abbildung 33: Durchschnittlicher Aufwand eines Datenschutzbeauftragten

Die **Beratung** der jeweiligen Fachbereiche bei der Entwicklung und Umsetzung von technischen und organisatorischen Sicherheitsmaßnahmen erfolgt nach der aktuellen GDD-Umfrage im Vergleich zur entsprechenden GDD-Umfrage von 1996 (damals antworteten 479 Datenschutzbeauftragte) durch (unter Berücksichtigung von Mehrfachnennungen):

Beratungsinstanz	1996	2004
Datenschutzbeauftragter	63,5 %	70,1 %
DV-Abteilung	57,6 %	47,3 %
IT-Sicherheitsbeauftragter	15,9 %	37,9 %
externe Berater	16,1 %	21,7 %
interne Revision	19,4 %	20,9 %
sonstige Beratung	3,3 %	3,1 %
keine Beratung	10,7 %	7,8 %
keine Angaben	1,9 %	1,2 %

Abbildung 34: Beratung zu technischen & organisatorischen Maßnahmen

An den Datenschutzbeauftragten werden folgende **Anforderungen** in Abhängigkeit zum Umfang der vorhandenen Datenverarbeitung der verantwortlichen Stelle und zum Schutzgrad der erhobenen, verarbeiteten und genutzten personenbezogenen Daten gestellt:

- **Fachkunde**: Hierunter ist in Anlehnung an ein Urteil des Ulmer Landgerichts von 1990 die Ausgewiesenheit des Datenschutzbeauftragten in die Anwendung des Datenschutzrechts, in Informationstechnik, Organisationswesen, Didaktik und Psychologie (hier vor allem hinsichtlich des Umgangs mit Konflikten) zu verstehen
- **Zuverlässigkeit**: Hierunter ist gemäß den einschlägigen Kommentaren die Eignung des Datenschutzbeauftragten hinsichtlich der charakterlichen Eignung, der Einhaltung von Verschwiegenheitsverpflichtungen und der Vermeidung von Interessenkonflikten zu verstehen, so dass der Datenschutzbeauftragte sich nicht selbst in anderer verantwortlicher Funktion (etwa als Geschäftsführer, IT-Leiter, Personalchef oder Vertriebsleiter) kontrollieren muss und über genügend Zeit zur Erledigung seiner Aufgaben als Datenschutzbeauftragter verfügen muss.

Aufgrund dieser Anforderungen kann nur eine natürliche Person zum Datenschutzbeauftragten bestellt werden.

Damit der Datenschutzbeauftragte die zugewiesenen Aufgaben auch erfüllen kann, bedarf es einiger **Absicherungen**, die wie folgt vorgenommen wurden:

- der Datenschutzbeauftragte ist direkt der Geschäftsleitung bzw. Behördenleitung unterstellt,
- der Datenschutzbeauftragte ist in der Ausübung seiner Fachkunde weisungsfrei und somit lediglich den entsprechenden gesetzlichen Regelungen unterworfen,
- der Datenschutzbeauftragte darf nicht aufgrund seiner Tätigkeit benachteiligt werden, was insbesondere einen besonderen Kündigungsschutz für interne Datenschutzbeauftragte (seit 2009 sogar mit einem nachlaufenden Kündigungsschutz nach Beendigung einer Bestellung als zwingend zu bestellenden, internen Datenschutzbeauftragten gemäß § 4f Abs. 3 Sätze 5 und 6 BDSG) und eine ausreichende Vertragslaufzeit für externe Datenschutzbeauftragte zur Folge hat (mindestens drei Jahre), und
- der Datenschutzbeauftragte ist von der verantwortlichen Stelle in ausreichendem Maße zu unterstützen, was nicht nur eine möglichst frühzeitige Information von etwaigen datenschutzrelevanten Verfahrenseinführungen oder –änderungen bedeutet, sondern auch eine angemessene Ausstattung an Ressourcen (Personal, Zeit, Büroausstattung) erfordert.

Zur Eigenkontrolle zählt neben dem Datenschutzbeauftragten aber auch die **interne Revision**, die i.d.R. eher Aspekte der Wirtschaftlichkeit überprüft, hierbei aber auch die Einhaltung vertraglicher Verpflichtungen zum Datenschutz im Auftrag der Geschäftsführung bzw. Behördenleitung bzw. der Eigentümer oder des entsprechenden Aufsichtsgremiums überwacht. Die interne Revision darf sich dabei auch externer Expertise bedienen, um z.B. von dritter Stelle begutachten zu lassen, ob der Datenschutzbeauftragte den gestellten Anforderungen an Fachkunde und Zuverlässigkeit genügt und vorgeschlagene Maßnahmen dem Stand der Technik genügen.

Einen gegenüber dem Datenschutzbeauftragten abweichenden Fokus auf IT-Systeme und Daten in Richtung der Informationssicherheit liefert schließlich der **IT-Sicherheitsbeauftragte** im Rahmen der Eigenkontrolle. Dieser untersucht die Eignung bestehender Prozesse, bei denen eben auch personenbezogene Daten erhoben, verarbeitet oder genutzt werden, zum Informationsschutz. Bei seiner Tätigkeit kann der IT-Sicherheitsbeauftragte teilweise auf die Unterstützung durch ein IT-Sicherheitsteam als Computer Emergency Response Team (CERT) oder als Computer Security Incident Response Team (CSIRT) bauen.

Nach den <kes>-Sicherheitsstudien sind folgende **Funktionen** zur Eigenkontrolle besetzt, wobei 2004 zwischen einem zentralen Datenschutzbeauftragten (zu 60 %) und einem dezentralen Datenschutzbeauftragten (zu 10 %) unterschieden wurde:

Besetze Funktion	**1996**	**2000**	**2004**	**2008**
Datenschutzbeauftragter	75 %	82 %	70 %	78 %
zentr. IT-Sicherheitsbeauftragter	32 %	30 %	58 %	49 %
Revision f. Informationsverarb.	39 %	41 %	35 %	33 %
Ausschuss f. Informationssicherh.	16 %	16 %	13 %	23 %
dezentr.IT-Sicherheitsbeauftragter	18 %	17 %	12 %	-------
IT-Sicherheitsteam (CERT/CSIRT)	-------	-------	19 %	-------

Abbildung 35: Akteure zur Eigenkontrolle

Da ein Betriebsrat (nach § 80 Abs. 1 Nr. 1 BetrVG) bzw. ein Personalrat (nach § 68 Abs. 1 Nr. 2 BPersVG) die Einhaltung geltender Schutznormen zu überwachen hat, ist die **Mitarbeitervertretung** ebenfalls als Organ der Eigenkontrolle anzusehen. Allerdings ist hierbei die Kontrollbefugnis ausdrücklich nur auf die personenbezogenen Daten der Arbeitnehmer beschränkt. Zudem benötigt die verantwortliche Stelle z.B. für den Einsatz technischer Einrichtungen, die zur Leistungs- oder Verhaltenskontrolle bestimmt sind, die Zustimmung der Mitarbeitervertretung (nach § 87 Abs. 1 Nr. 6 BetrVG bzw. nach § 75 Abs. 3 Nr. 17 BPersVG). Dieses Kontrollorgan verfügt daher nicht nur über eine reine Beratungsfunktion, sondern kann sogar geltendes Datenschutzrecht durch die Verabschiedung von Betriebsvereinbarungen (nach § 77 BetrVG) bzw. Dienstvereinbarungen (nach § 73 BPersVG) erzeugen, die vorrangige Rechtsvorschriften darstellen (nach § 4 Abs. 1 BDSG).

Die Fremdkontrolle wird durch die **Aufsichtsbehörden** wahrgenommen. Dabei steht einem behördlichen Datenschutzbeauftragten je nach Zuständigkeit der Bundesbeauftragte für den Datenschutz und die Informationsfreiheit (im Falle einer Bundesbehörde) oder der entsprechende Landesdatenschutzbeauftragte (im Falle einer kommunalen oder Landesbehörde) als Kontrollinstanz gegenüber. Für einzelne Bereiche des öffentlichen Sektors bestehen darüberhinaus noch andere Aufsichtsbehörden (z.B. bei den gesetzlichen Krankenkassen in Form des Bundesversicherungsamtes oder den jeweiligen Landesversicherungsämtern), die sich auch mit Datenschutzfragen befassen. Im nicht-öffentlichen Bereich bildet die zuständige Aufsichtsbehörde entweder die gleiche Aufsichtsbehörde der öffentlichen Stellen des Landes oder eine gesonderte Instanz, i.d.R. angesiedelt beim Innenministerium.

Ob die jeweils gewählte Konstruktion der Aufsichtsbehörde der Anforderung einer **völlig unabhängigen Kontrollinstanz** genügt (im Sinne des Art. 28 Abs. 1 der EU-Datenschutz-Richtlinie), war zum Zeitpunkt der Manuskripterstellung noch nicht durch den Europäischen Gerichtshof (EuGH) entschieden.

Eine Aufsichtsbehörde kann sowohl vom Betroffenen angerufen werden, um daraufhin entsprechenden Beschwerden nachzugehen, als auch selbst i.d.R. stichprobenartig und anlassunabhängig Kontrollen über die Einhaltung datenschutzrechtlicher Vorschriften durchführen. Zur Beseitigung oder Ahndung von Mängeln bei der Umsetzung der technischen und organisatorischen Maßnahmen stehen der Aufsichtsbehörde verschiedene Mittel zur **Sanktion** zu, die von gezielten Anordnungen über die Verhängung von Bußgeldern bis hin zur Verbotserteilung der Durchführung einer automatisierten oder manuellen Datenverarbeitung reichen (§ 38 Abs. 5 BDSG). Auch ist die Aufsichtsbehörde dazu berechtigt, eine Abberufung des bestellten Datenschutzbeauftragten zu verlangen, wenn dieser nicht über die erforderliche Fachkunde oder Zuverlässigkeit verfügt.

Als weitere Aufgabe wurde den Aufsichtsbehörden die Genehmigung des **internationalen Datenverkehrs** außerhalb der EU zugewiesen, soweit von der verantwortlichen Stelle ausreichende Garantien zur Gewährleistung des Datenschutzes abgegeben werden (§ 4c Abs. 2 BDSG). Hierzu werden vor allem von international tätigen Konzernen entsprechende Codes of Conduct vorgelegt, die verbindlich sein müssen (Binding Corporate Rules).

In Ermangelung einer entsprechenden bundesweiten Umsetzung läuft ein anderes Konstrukt der Fremdkontrolle, das **Datenschutzaudit**, bisher ins Leere und findet nur in wenigen Bundesländern für die öffentlichen Stellen des Landes eine Anwendung, weil dort die Gesetzeslücke geschlossen wurde. Auf europäischer Ebene lief zum Zeitpunkt der Manuskripterstellung noch ein Pilotprojekt zum European Privacy Seal (EuroPriSe), allerdings ohne ausdrückliche Rechtsgrundlage auf rein freiwilliger Basis. Da dieses Gütesiegel bei international tätigen Unternehmen recht begehrt ist, ist eine entsprechende Rechtsetzung in absehbarer Zeit möglich.

3.2.3 Datensicherheit

Wie bereits im 1. Kapitel zu sehen war, setzt der Datenschutz auf der Gewährleistung der Datensicherheit auf (siehe vor allem die Definition der Datensicherheit in 1.2.1 Schutz der Daten oder Schutz vor Daten?). In den Datenschutzgesetzen korrespondiert dies mit den **Anforderungen** an die technischen und organisatorischen Maßnahmen. In der entsprechenden Anlage wurden daher im BDSG über alle Novellierungszyklen hinweg Anforderungen formuliert, die gemeinhin als "die 10 Gebote der Datensicherung" bzw. seit 2001 als "die 8 Gebote der Datensicherung" bezeichnet werden und sich teilweise in der Darstellung von entsprechenden Regelungen in neueren Landesdatenschutzgesetzen unterscheiden (siehe auch 4.1.2 Kontrollbereiche versus Schutzziele). Die in den Anforderungen beschriebenen Maßnahmen werden als Datensicherungsmaßnahmen angesehen. Der Begriff Datensicherung ist definiert als:

Definition: Datensicherung
Maßnahmen zur Erhaltung und Sicherung des Datenverarbeitungssystems, der Daten und Datenträger vor höherer Gewalt, Fehler und Missbrauch.

Die Datensicherungsmaßnahmen sind daher in erster Linie getroffene Vorkehrungen der verantwortlichen Stelle, die letztlich eine datenschutzkonforme automatisierte Verarbeitung erst ermöglichen. Die Datensicherung geschieht dabei mit einer vorgegebenen **Zielsetzung**, nämlich der Abwehr höherer Gewalt, menschlicher oder technischer Fehler und von etwaigem Missbrauch. Die Zielsetzung selbst wird als Datensicherheit bezeichnet. In der entsprechenden Anlage zum BDSG werden entsprechende Zielvorgaben in Form von Kontrollbereichen formuliert.

Bereits seit der ersten Fassung des BDSG wurde die Erforderlichkeit zu treffender Maßnahmen unter die Prämisse einer **Angemessenheitsanalyse** gestellt. Dabei soll sich ein angemessenes Verhältnis zwischen dem angestrebten Schutzzweck, der sich maßgeblich aus dem Schutzgrad der zu schützenden personenbezogenen Daten bestimmt und somit zumindest in gewissem

Umfang alleine schon aufgrund der Personenbezogenheit und dem damit verbundenen Grundrechtsschutz gegeben ist, und dem technischen, personellen und finanziellen Aufwand für eine entsprechende Umsetzung bilden (siehe auch 1.3.3 Effektivität und Effizienz). Dies überträgt insofern das verfassungsrechtlich gebotene Verhältnismäßigkeitsprinzip auf die verantwortliche Stelle, da von dem Adressat einer Rechtsnorm nur wirklich nötige Vorkehrungen verlangt werden können.

Bei der konkreten Beurteilung der **Erforderlichkeit** zu treffender Maßnahmen ist auf den näheren Umstand des jeweiligen Verfahrens zu achten. Insofern können weitreichende Vorkehrungen zugunsten eines Kontrollbereichs auch weniger strenge Vorkehrungen eines anderen Kontrollbereichs bzw. eine organisatorische Maßnahme eine technische u.U. ausgleichen. Allerdings ist vorzugsweise eine technische Lösung anzustreben, sofern dies der verantwortlichen Stelle wirtschaftlich zumutbar ist, da deren Einhaltung i.d.R. leichter kontrolliert werden kann.

Die getroffene Abwägung muss aber im Zweifel nachvollziehbar getroffen werden, was daher vorzugsweise in Form eines entsprechenden **Risikomanagements** erfolgen sollte. Dabei ist auf die besondere Bedeutung des Datenschutzes und dem Schutzgrad der erhobenen, verarbeiteten und genutzten Daten abzuzielen. Der potentielle Schaden bemisst sich dabei sowohl anhand des Schutzgrades als auch an dem Verlust des jeweiligen Schutzzieles. Unter einem Risiko ist allgemein zu verstehen:

Definition: Risiko
Nach Häufigkeit und Auswirkung bewertete (negative) Abweichung eines zielorientierten Systems.

Übertragen auf den Datenschutz kann aus der gängigen Gleichung zur Ermittlung des Risikos aus dem Produkt der Eintrittswahrscheinlichkeit mit dem verursachten Schaden – unter Berücksichtigung der beim Risikomanagement (etwa nach ISO/IEC 27005) üblichen 3- bzw. 5-Teilung – folgende Formel zur Ermittlung des **Datenschutz-Risikos** verwendet werden:

Datenschutz-Risiko = Eintrittsstufe * Schutzgrad

Beim **Schutzgrad** ist folgende 5-Teilung sinnvoll, wobei

- Schutzgrad 1 bedeutet, dass die Daten keinen Personenbezug aufweisen (kein Schutzbedarf)
- Schutzgrad 2 bedeutet, dass ein Personenbezug nur mit erheblichem Aufwand hergestellt werden kann (niedriger Schutzbedarf)
- Schutzgrad 3 bedeutet, dass die Daten mit vertretbarem Aufwand repersonalisierbar sind oder bereits einen Personenbezug aufweisen und aus allgemein zugänglichen Quellen stammen bzw. als bekannt oder nur gering schutzwürdig anzusehen sind (mittlerer Schutzbedarf)
- Schutzgrad 4 bedeutet, dass die Daten personenbezogen sind, nicht aus allgemein zugänglichen Quellen stammen und deren Vertraulichkeitsverlust bereits, etwa aufgrund der Verknüpfbarkeit mit Zusatzinformationen, einen Schaden für den Betroffenen erzeugen kann (hoher Schutzbedarf)
- Schutzgrad 5 bedeutet, dass die Daten nicht nur personenbezogen sind, sondern auch noch als besonders sensible Daten anzusehen sind, etwa aufgrund einer besonderen Schutzverpflichtung wie ein Amtsgeheimnis, des Bezugs zur Leistungs- oder Verhaltenskontrolle bzw. der Zuordnung zu besonderen Arten personenbezogener Daten (sehr hoher Schutzbedarf)

Diese Aufteilung erfolgt im bewussten Gegensatz zum **BSI-Standard 100-2**, in dem z.B. Beihilfedaten, die allerdings auch Hinweise auf Gesundheitsdaten enthalten können, lediglich der Kategorie eines hohen Schutzbedarfes wie alle anderen personenbezogenen Daten zugewiesen werden. Der Grundschutz im Sinne der IT-Grundschutz-Kataloge des BSI deckt jedoch lediglich den mittleren Schutzbedarf ab, weshalb für personenbezogene Daten i.d.R. ein höherer Aufwand zu Reduzierung des Datenschutz-Risikos zur Gewährleistung der Compliance erforderlich ist.

Beim Schutzgrad kann (ggf. zusätzlich zur pauschalen 5-Teilung) eine differenzierte Analyse derart durchgeführt werden, dass einzelne Zielvorgaben gesondert betrachtet werden, wie z.B. die Vertraulichkeit (Schutz vor unbefugter Kenntnisnahme), Integrität (Schutz vor unbefugter Manipulation) oder Verfügbarkeit (Schutz vor Verlust oder Unbrauchbarmachung), um etwaige Maßnahmen zielgenauer planen zu können. Neben diesen klassischen Sicherheitszielen können dabei natürlich auch die Ziele der Beherrschbarkeit von IT-Systemen im Sinne einer **mehrseitigen IT-Sicherheit** betrachtet werden (siehe auch 4.1.2 Kontrollbereiche versus Schutzziele).

Damit im Zuge des Datenschutz-Risikomanagements vergleichbare Werte miteinander verglichen und in Beziehung zueinander gestellt werden, sollte daher auch die Eintrittswahrscheinlichkeit in Form einer 5-teiligen **Eintrittsstufe** betrachtet werden, wobei

- Eintrittsstufe 1 bedeutet, dass mit einer an Sicherheit grenzenden Wahrscheinlichkeit aufgrund der ergriffenen technischen und organisatorischen Maßnahmen bzw. aufgrund des ausgewiesen hohen Aufwandes nicht davon auszugehen ist, dass eine Kompromittierung stattfinden wird
- Eintrittsstufe 2 bedeutet, dass ein Störer oder Angreifer über erhebliche Ressourcen oder Kenntnisse verfügen muss, um eine Kompromittierung erreichen zu können
- Eintrittsstufe 3 bedeutet, dass ein Störer oder Angreifer über begrenzte Ressourcen oder Kenntnisse verfügen muss, um eine Kompromittierung erreichen zu können
- Eintrittsstufe 4 bedeutet, dass für eine Kompromittierung keine Ressourcen oder Kenntnisse erforderlich sind, die nicht leicht zu beschaffen sind
- Eintrittsstufe 5 bedeutet, dass für eine Kompromittierung bereits aufgrund üblicher Basisausstattungen bzw. aufgrund der unbeschränkten Aufbereitung stattfinden kann

Die zugehörige **Risikomatrix** (in Form einer Risk Map) sähe dann hinsichtlich der Handlungsoptionen im Bereich der technischen und organisatorischen Maßnahmen entsprechend der Grafik auf der nächsten Seite aus.

Dabei erfordern Einträge von Datenschutz-Risiken in den weißen Flächen eine entsprechende Abwägung. Bei Einträgen in den Aktivitätsfeldern (schwarzes Feld) sind dagegen geeignete technische bzw. organisatorische Maßnahmen zu ergreifen, um das ursprüngliche Risiko auf ein **Restrisiko** reduzieren zu können, das entweder problemlos (graues Feld) oder nach sorgfältiger Abwägung (weißes Feld) akzeptiert werden kann (siehe auch 3.2.5 Umgang mit besonders riskanten Verfahren).

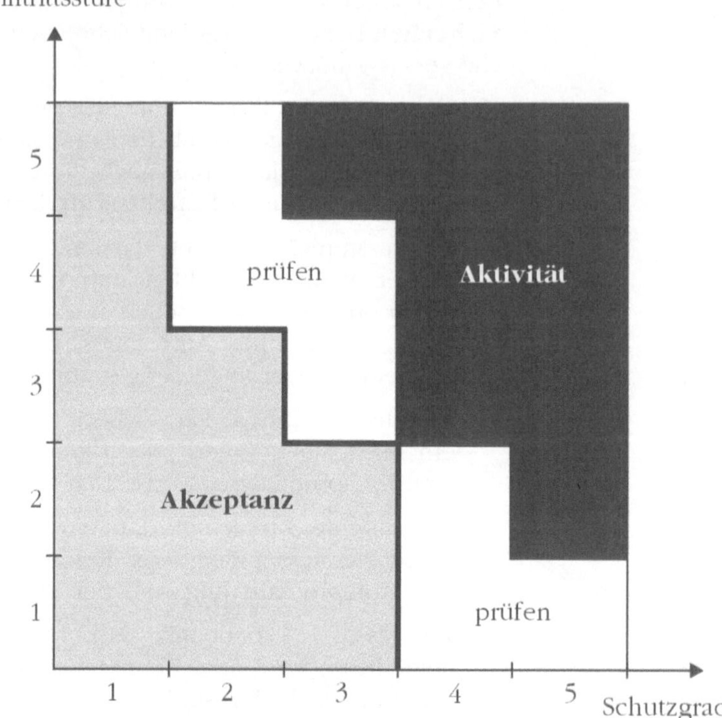

Abbildung 36: Risk-Map zum Datenschutz

Entsprechend der ISO/IEC 27005 können im Rahmen der Risiko-Bewertung die **Gesamt-Risiken** rechnerisch bezogen auf einzelne Verfahren auf der Grundlage der detaillierten Angaben ihrer jeweiligen Komponenten (bestehend aus den eingesetzten IT-Systemen und ggf. manuellen Vorgängen) ermittelt werden: Für jeden betrachteten Vermögenswert werden dabei die Eintrittsstufen flexibel anhand der jeweils in drei Stufen (niedrig, mittel, hoch) gegliederten Bedrohungs- und Verwundbarkeitsgraden berechnet. Der Wert des Risikos kann dann aufgrund der Einzelwerte der Eintrittsstufe und der Einordnung des zu betrachtenden Vermögenswertes (z.B. auf der Grundlage der vorgestellten Schutzgrade) abgelesen werden. Für das gesamte Verfahren sind diese Einzelwerte schließlich zu addieren, so dass auf diese Weise eine Rangfolge entsteht, aus der zu sehen ist, welches Verfahren einer höheren Aufmerksamkeit bedarf. Auf diese Weise erhalten im Vergleich komplexe Verfahren i.d.R. automatisch einen höherwertigen Rang als einfache Verfahren und damit eine höhere Aufmerksamkeit.

Um allerdings bereits bei der Datensicherung selbst die erforderliche **Sorgfaltspflicht** erfüllen zu können, hat täglich eine Differenzsicherung und mindestens einmal wöchentlich eine Vollsicherung zu erfolgen (nach einem Urteil des Oberlandesgerichts Hamm von 2003). Es ist regelmäßig zu überprüfen, ob die Datensicherung tatsächlich erfolgreich verlief und Sicherungsdaten wieder ins Produktivsystem eingespielt werden können (nach einem Urteil des Oberlandesgerichts Karlsruhe von 1995). Bei einer Datensicherung muss die Wiederherstellbarkeit der gesicherten Daten auch bei einem Hardwareaustausch überprüft werden (nach einem Urteil des Landegerichts Stuttgart von 2002). Selbst bei manuellen Datensicherungen sind Vorkehrungen zur Vermeidung von Bedienfehlern zu treffen (nach einem Urteil des Oberlandesgerichts Oldenburg von 2003). Schließlich ist zu beachten, dass Backups räumlich getrennt von den Produktivsystemen in einem gesonderten Brandabschnitt und mit entsprechenden Zugriffsbeschränkungen zu lagern sind.

Die Datensicherung erfüllt zudem die Aufgabe, die Datenbestände im Katastrophenfall wiederherzustellen (**disaster recovery**). Dabei ist auch der Fall zu betrachten, dass nicht nur die aktuellen Datenbestände verloren gehen können, sondern auch das Produktivsystem ggf. auf neuer Hardware neu aufgesetzt werden muss. Dies erfordert somit ein umfassendes Notfall-Vorsorge-Konzept, das sowohl die Verfügbarkeit als auch die Integrität der Daten gewährleistet und als Teil eines entsprechenden Sicherheitskonzepts bzw. Datenschutzkonzepts ist (siehe auch 4.1.5 Datenschutzkonzept und Sicherheitskonzept), und stellt ebenfalls Anforderungen an die Lesbarkeit älterer Datenbestände trotz informationstechnischer Fortentwicklungen und etwaiger Migrationen auf aktuellere IT-Systeme. Die erfolgreiche Zurückeinspeisung gesicherter Backups ist daher in regelmäßigen Abständen zu testen.

Zur Absicherung wird insbesondere auf die **Redundanz** von Technik bzw. Daten zurückgegriffen. Die technische Redundanz erhöht in erheblichem Umfang die Verfügbarkeit eines IT-Systems und damit der dort abgelegten Daten in Abhängigkeit von der Anzahl der redundant ausgelegten IT-Komponenten:

$$\text{Redundanz-Verfügbarkeit} = 1 - (1 - \text{Normal-Verfügbarkeit})^{\text{Anzahl}}$$

Der Zusammenhang zum **Business Continuity Management** und den damit verbundenen Tätigkeiten stellt sich bei der Absicherung der Geschäftskontinuität daher wie folgt dar:

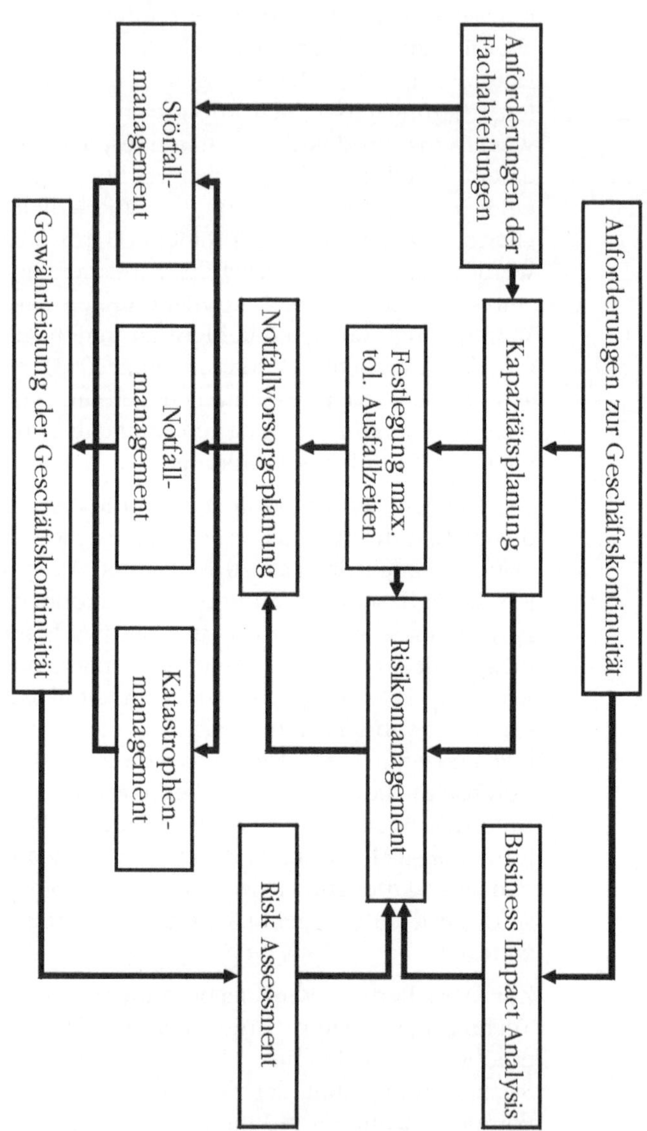

Abbildung 37: Absicherung der Geschäftskontinuität

Eine Notfallvorsorgeplanung ist beispielsweise auch aus Gründen der Verfügbarkeitskontrolle geboten (siehe auch 4.1.2 Kontrollbereiche versus Schutzziele). Im Rahmen der durchzuführenden Business Impact Analysis (BIA) werden wiederum kritische und für den Fortbestand der Einrichtung hinsichtlich der Verfügbarkeit bedrohliche Prozesse der gesamten Wertschöpfungskette identifiziert, um Priorisierungen für den Wiederanlauf nach Eintritt eines Notfalls bestimmen zu können. Dabei sind faktisch auch Auswirkungen von Verstößen gegen die Compliance mit datenschutzrechtlichen Vorgaben relevant, zumal häufig (in Abhängigkeit zu den zugrunde liegenden Geschäftszwecken) solche IT-Systeme bzw. Prozesse als besonders kritisch angesehen werden, die mit personenbezogenen Daten umgehen. Entsprechende Datenverluste, sofern ein Wiederanlauf nicht in der vorgesehenen Weise klappen würde, können empfindliche Konsequenzen zur Folge haben.

Zu den zwingenden **Einzelmaßnahmen** zur Absicherung der Verfügbarkeit gehört ebenfalls die Einrichtung einer unterbrechungsfreien Stromversorgung (USV), mit der ein Stromausfall für eine genügend lange Zeit überbrückt werden kann, so dass die zu schützenden Datenbestände noch gesichert werden können. Die DV-Anlagen benötigen darüber hinaus zwingend eine entsprechende Kühlung, die sicherstellt, dass die Betriebstemperatur etwa auf 22 ° C gehalten werden kann. Als grob fahrlässig wäre z.B. zu werten, wenn wasserführende Leitungen durch Serverräume führen würden. Serverräume sind zudem mit Rauchmeldern auszustatten. Zur Gewährleistung der Verfügbarkeit und Integrität der Datenbestände sollte zudem keine Änderung am Produktivsystem durchgeführt werden, die nicht erfolgreich auf einem identisch (allerdings nur mit Testdaten versehenen) konfigurierten Testsystem zuvor erprobt wurde. Zu unterschiedlichem Zweck gespeicherte Datenbestände sind zumindest logisch getrennt abzulegen und zu verwenden.

Um die Datenbestände der automatisierten Verarbeitung und die entsprechenden IT-Systeme wirksam vor Beeinträchtigungen schützen zu können, ist die Ausweisung gezielter **Schutzzonen** (sowohl für das Rechenzentrum als auch für Archive) in Abhängigkeit der Kritikalität der IT-Systeme bzw. Aktenordnungssysteme und Sensibilität der Daten gefordert. Dieses Schutzzonenkonzept lässt sich auch auf die Netzwerke übertragen und erfordert dort die Separation sinnvoll aufgeteilter Teilnetzwerke mittels geeigneter Firewall-Architekturen (sog. Perimeterschutz). Die Anforderungen an die Passwort-Komplexität und an die Gewährung nur ausdrücklich benötigter Rechte bei der Zugriffs- und Zugangskontrolle (und die damit verbundene Vermeidung der Vergabe unnötiger Administrationsrechte) sowie die Vorgabe zur entsprechend dem Stand der Technik verschlüsselten Datenübertragung schützenswerter Daten ist ebenfalls dem Konzept der Schutzzonen und damit dem jeweils zu betrachtenden Schutzgrad entlehnt.

Ein besonderer Fall des Zugriffsschutzes stellt die Gewährleistung eines zumindest tagesaktuellen Virenscanners dar. Im Rahmen des wirtschaftlich Zumutbaren hat eine verantwortliche Stelle auch gegenüber Dritten Vorkehrungen zu treffen, die eine Schädigung des Dritten verhindern helfen. Dies zählt zu den sogenannten **Verkehrssicherungspflichten**. Während die Vermeidung von Computerviren, Computerwürmern oder Trojanischen Pferden bei eingehenden E-Mails einem unbefugten Zugriff eigener Datenbestände entgegenwirkt, ist eine entsprechende "Verseuchung" auch bei ausgehenden E-Mails zu verhindern (nach einem Urteil des Landgerichts Hamburg von 2001). Diesem steht nicht das Fernmeldegeheimnis entgegen, da insbesondere der Schutz der Telekommunikations- und Datenverarbeitungssysteme gegen unerlaubte Zugriffe (§ 109 Abs. 1 Nr. 2 TKG) bzw. die Vermeidung von Fehlübermittlungen und unbefugtem Offenbaren (§ 107 Abs. 2 TKG) ausdrücklich im Kommunikationsrecht vorgesehen ist. Da Virenscanner jeweils mit Zeitverzug arbeiten, sind vorzugsweise verschiedene Virenscanner an Firewall, Mail-Server und Clients zu verwenden, so dass eine höhere Chance besteht, dass wenigstens einer davon die betreffende Schadenssoftware erkennt. Die eingesetzten Virenscanner sollten sich dabei automatisiert ihre Updates holen.

3.2.4 Regelungen für Outsourcing und Konzerne

Neben der Erhebung personenbezogener Daten stellt deren Übermittlung einen weiteren intensiven Eingriff in das informationelle Selbstbestimmungsrecht der Betroffenen dar, vor allem, wenn die Übermittlung ungerichtet (also nicht an eine bestimmte verantwortliche Stelle) im Sinne einer Veröffentlichung erfolgt. Kennzeichen einer Übermittlung ist daher, ob die **Verfügungsgewalt** über die entsprechenden personenbezogenen Daten bei einer anderen verantwortlichen Stelle als der die Datenerhebung anordnenden Stelle liegt. Diese Unterscheidung ist vor allem wichtig bei der Betrachtung von Outsourcing sowie von Unternehmensverbünden (Konzernen).

Bei der Auslagerung von Datenverarbeitungstätigkeiten ist maßgeblich, welche Datenverarbeitungsform vorliegt: entweder als Auftragsdatenverarbeitung oder als Funktionsübertragung.

Datenschutzrechtlich privilegiert ist die **Auftragsdatenverarbeitung**, die eine schriftliche Vereinbarung zwingend voraussetzt, aus der sowohl die Eignung des Auftragnehmers aus Datenschutzsicht ersichtlich zu sein hat als auch die Auftragstätigkeit selbst so klar beschrieben ist, so dass der Auftragnehmer keine grundlegenden Entscheidungen zum Inhalt der Aufgabenerledigung selbst treffen darf (siehe auch § 11 Abs. 2 BDSG). Die Eignung des Auftragnehmers aus Datenschutzsicht kann z.B. dadurch nachgewiesen werden, dass zumindest spezifische Anforderungen (z.B. zur Verpflichtung der tätig werdenden Mitarbeiter auf das Datengeheimnis, zur Einhaltung von Weisungen des Auftraggebers und zur Ergreifung ausreichender technischer und organisatorischer Maßnahmen) vom Auftragnehmer verbindlich zugesichert werden (verifiziert im Rahmen der Vertragsprüfung). Die Einhaltung dieser Vorgaben ist im Rahmen durchgeführter Vor-Ort-Kontrollen regelmäßig zu bestätigen und anschließend zu dokumentieren. Hierzu wurde der Auftraggeber 2009 ausdrücklich im neuen § 11 Abs. 2 Satz 4 BDSG verpflichtet. Eine fehlende Überzeugung vor Beginn der Datenverarbeitung ist seither strafbewährt (nach § 43 Abs. 1 Nr. 2b BDSG).

Die Tätigkeit als Auftragnehmer fällt datenschutzrechtlich unter den Begriff des **Nutzens** personenbezogener Daten, so dass der Auftraggeber weiterhin als verantwortliche Stelle entscheidet, was mit den jeweiligen personenbezogenen Daten im Rahmen der gesetzlichen Vorgaben gemacht werden darf (gemäß § 11 Abs. 1 Satz 1 BDSG).

Dies setzt daher auch voraus, dass die Auftragstätigkeit nicht an einen Auftragnehmer weitergegeben werden darf, der nicht mindestens ein gleich hohes **Datenschutzniveau** wie die verantwortliche Stelle selbst gewährleisten kann. Hiervon hat sich der Auftraggeber vorab zu überzeugen (insofern wirkt die Verpflichtung zur Überzeugung transitiv). Im öffentlichen Bereich ist daher die Auslagerung hoheitlicher Aufgaben mit strengen Auflagen versehen. Der Auftraggeber bleibt stets weiterhin für die Gewährleistung der Betroffenenrechte zuständig (gemäß § 11 Abs. 1 Satz 2 BDSG).

Die Vereinbarung eines **Unterauftragsverhältnisses** zur Erledigung von Teilaufgaben bedarf daher auch notwendigerweise der Zustimmung des Auftraggebers, zumal sonst i.A. das Recht zur fristlosen Aufkündigung des Vertrags gegeben ist (nach § 314 Abs. 1 BGB). Keinesfalls darf der Kern der vereinbarten Auftragstätigkeit auf einen Unterauftragnehmer übertragen werden, da dies wahlweise als Störung der Geschäftsgrundlage (nach § 313 Abs. 2 BGB) oder mindestens als Nichterfüllung einer Vertragsleistung (nach § 323 Abs. 1 BGB) anzusehen ist.

Im schriftlichen Auftrag sind seit 2009 insbesondere **im Einzelnen** festzulegen:

- Gegenstand und Dauer des Auftrags
- Umfang, Art und Zweck der vorgesehenen Erhebung, Verarbeitung oder Nutzung von Daten, Angabe der zugehörigen Datenarten (also detaillierter als beim Verfahrensverzeichnis, das lediglich Datenkategorien beinhalten darf) und des Betroffenenkreises
- die nach § 9 zu treffenden technischen und organisatorischen Maßnahmen
- die Berichtigung, Löschung und Sperrung von Daten
- die bestehenden Pflichten des Auftragnehmers, die gesetzlichen Vorgaben aus den §§ 5, 9, 43 Abs. 1, Nr. 2, 10 und 11, Abs. 2, Nr. 1 bis 3 und Abs. 3 bzw. § 44 sowie hinsichtlich der Datenschutzkontrolle (aus §§ 4f, 4g und 38) einzuhalten und entsprechende Kontrollen vorzunehmen
- die etwaige Berechtigung zur Begründung von Unterauftragsverhältnissen
- Kontrollrechte des Auftraggebers (und der daraus resultierenden Duldungs- und Mitwirkungspflichten des Auftragnehmers)
- mitzuteilende Verstöße des Auftragnehmers oder der bei ihm beschäftigten Personen gegen Vorschriften zum Schutz personenbezogener Daten oder gegen die im Auftrag getroffenen Festlegungen
- der Umfang der Weisungsbefugnisse, die sich der Auftraggeber gegenüber dem Auftragnehmer vorbehält
- und die Pflicht zur Rückgabe überlassener Datenträger bzw. zur Löschung der beim Auftragnehmer gespeicherten Daten nach Beendigung des Auftrags

Eine unzureichende Auftragsdatenverarbeitung führt i.d.R. automatisch zur Einstufung als Funktionsübertragung und kann dann für beide Parteien empfindliche **Geldbußen** nach sich ziehen, zumal die entsprechenden Sätze ebenfalls 2009 angehoben wurden: Sofern auf diese Weise eine unbefugte Erhebung oder Verarbeitung (und damit insbesondere auch Übermittlung) personenbezogener Daten erfolgt, kann dies nunmehr mit bis zu 300.000 € Geldbuße geahndet werden (§ 43 Abs. 3 BDSG).

Bei einer **Funktionsübertragung** wird im Gegensatz zur Auftragsdatenverarbeitung die an einen Dritten übergebene Aufgabe, die hinreichend eigenständig und inhaltlich abgrenzbar sein muss, durch den Auftragnehmer eigenverantwortlich und unter Ausnutzung inhaltlicher Entscheidungsspielräume erledigt. Dabei wird der auftragnehmende Dritte selbst zur verantwortlichen Stelle und hat entsprechend den gesetzlichen Anforderungen eigenständig die nötigen Maßnahmen zur Gewährleistung des Datenschutzes zu ergreifen. Dies gilt auch gegenüber den Betroffenen, denen damit im Zuge der Funktionsübertragung ausdrücklich mitzuteilen ist, welche Stelle im konkreten Fall zuständig ist. Andernfalls wird die Benachrichtigungspflicht verletzt (siehe auch 3.2.1 Betroffenenrechte).

Insofern ist die Funktionsübertragung datenschutzrechtlich als **Übermittlung** personenbezogener Daten einzuordnen. Sämtliche Schranken des Datenschutzrechts im Rahmen einer Übermittlung greifen folglich in diesem Fall, zumal kaum ein überwiegendes Interesse an der Weiterleitung im Sinne von § 28 Abs. 1 Nr. 2 BDSG konstruierbar ist. Bei öffentlichen Stellen muss damit eine ausdrückliche Übermittlungsbefugnis für die übermittelnde Stelle vorliegen und beim Datenempfänger eine ausdrückliche Erhebungsbefugnis. Bei der Funktionsübertragung von einer öffentlichen Stelle zu einer nicht-öffentlichen Stelle ist zu berücksichtigen, dass hier in der gesetzestechnischen Konstruktion deutliche Unterschiede bestehen, die im Interesse der Betroffenen im Zuge der Funktionsübertragung auszugleichen sind: Die empfangende Stelle wird zur "beliehenen" Stelle (wie z.B. der TÜV), die damit Datenschutz im Sinne des öffentlichen Rechts zu erfüllen hat.

Kennzeichnend für eine Funktionsübertragung ist damit, dass der Datenempfänger im Rahmen der gesetzlichen Vorgaben (und dabei insbesondere der Zweckbindung nach § 28 Abs. 5 BDSG) eigene Zwecke mit den übermittelten personenbezogenen Daten verfolgen, inhaltliche Entscheidungen über den Umgang mit den Daten treffen darf und eigenständig über die zur Aufgabenbewältigung benötigten Datenarten befinden darf. Dem Auftraggeber stehen dabei keine Weisungsbefugnisse zu. Werden besondere

Arten personenbezogener Daten weitergeleitet, so sind von der empfangenden Stelle entsprechend verschärfte Anforderungen zu erfüllen und ist eine Übermittlung i.d.R. nur mit Zustimmung des Betroffenen (siehe auch 3.1.2 Verbot mit Erlaubnisvorbehalt) bzw. auf der Grundlage einer ausdrücklichen vertraglichen Vereinbarung der datenweiterleitenden Stelle mit dem Betroffenen zulässig, in der die Datenübermittlung unter Benennung der empfangenden Stelle aufgeführt sein muss.

Aus dieser Abgrenzung zwischen Auftragsdatenverarbeitung und Funktionsübertragung kann entschieden werden, zu welcher Datenverarbeitungsform eine innerhalb eines Unternehmensverbundes bzw. eines Konzerns übliche Aufgabenteilung zu betrachten ist. Das Datenschutzrecht kennt **kein Konzernprivileg**. Daher ist eine Datenweitergabe an verbundene, aber rechtlich eigenständige Unternehmen eines Konzerns bzw. Unternehmensverbundes als Übermittlung im Sinne einer Funktionsübertragung einzustufen, sofern die Aufgabenerledigung nicht eindeutig vertraglich im Sinne einer Auftragsdatenverarbeitung untereinander vereinbart wurde. Ist der Auftragnehmer außerhalb der EU angesiedelt, gelten in jedem Falle die Voraussetzungen der Übermittlung (nach § 11 BDSG i.V.m. § 3 Abs. 8 Satz 3 BDSG).

Eine zentralisierte Datensicherung, Datenentsorgung, Bereitstellung des Internetzugangs oder des Webseitenspeicherplatzes, Personalaktenführung, Gehaltsabrechnung, Inbound-Telefonie bzw. reglementierte Outbound-Telefonie, wird im Regelfall als Auftragsdatenverarbeitung einzustufen sein, da hier dem Auftragnehmer keine **inhaltlichen Entscheidungsspielräume** verbleiben (insoweit ist dem baden-württembergischen Innenministerium zu widersprechen, das 1994 in ihrem Hinweis zum BDSG Nr. 32 die Ausgliederung der Gehaltsabrechnung der Funktionsübertragung zugeordnet hat, ohne zu berücksichtigen, dass in diesem Fall faktisch kein Ermessensspielraum bleibt). Erfolgt hingegen zentralisiert z.B. ein Bewerbungsmanagement, Personalentwicklungsmanagement, Outplacement oder Forderungseinzug bzw. eine Kundendatenanalyse oder unreglementierte Outbound-Telefonie liegt im Regelfall eine Funktionsübertragung vor.

Auftragsdatenverarbeitung		Funktionsübertragung
□ schriftliche Vereinbarung		□ hinreichend eigenständige Aufgabe
□ klare Beschreibung der Tätigkeiten		□ eigenverantwortliche Tätigkeit des Auftragnehmers
□ keine grundlegenden Entscheidungen zum Inhalt durch Auftragnehmer	VS	□ Mitteilung an Betroffenen
□ Weisungsrecht des Auftraggebers		□ Übermittlungsbefugnis des Auftraggebers
□ keine hoheitliche Tätigkeit		□ Erhebungsbefugnis des Auftragnehmers
		□ Verfolgung eigener Zwecke möglich
		□ inhaltliche Entscheidungen durch Auftragnehmer
		□ kein Weisungsrecht des Auftraggebers

Abbildung 38: Auftragsdatenverarbeitung versus Funktionsübertragung

Diese Aufteilung betrifft dagegen nicht eine bloße Bereitstellung von DV-Anlagen (**Housing**), da die eigentlichen personenbezogenen Daten erst durch den Nutzer verantwortlich erhoben, verarbeitet oder genutzt werden. Gleichwohl sind dabei vor allem geeignete Vorkehrungen zur Datentrennung und natürlich zu den weiteren technischen und organisatorischen Maßnahmen zu treffen, sofern die betriebenen IT-Systeme auch für andere Konzernteile verwendbar sein sollen.

Die neuen Anforderungen aus § 11 BDSG wirken sich auch auf zunehmend anzutreffende und betriebswirtschaftlich interessante Formen der Bereitstellung von Infrastruktur (Hardware, physische Speichersysteme etc.), Plattformen (wie z.B. Datenbanksysteme und Run-Time Environments) bzw. Software (Applikationen, ERP-Systeme, CRM-Systeme etc.) via **Cloud Computing** aus, da die "in der Wolke" zur Verfügung gestellten Ressourcen ggf. nicht per se eindeutig einem entsprechenden Auftragnehmer zugeordnet werden können bzw. mittels entsprechender Weisungen kontrollierbar sind. Hier hängt sehr viel von der Gestaltung der entsprechenden Service Level Agreements (SLAs) ab. Zudem können unter Umständen verschiedene rechtliche Rahmenbedingungen gelten, je nach Standort der geteilten Ressource.

3.2.5 Umgang mit besonders riskanten Verfahren

Sobald entweder besondere Arten personenbezogener Daten oder Daten, die einem besonderen Amtsgeheimnis unterliegen oder der Leistungs- bzw. Verhaltenskontrolle dienen, erhoben, verarbeitet oder genutzt werden, liegt ein **besonders riskantes Verfahren** vor. Gleiches gilt, wenn eine neue Informations- bzw. Kommunikationstechnik eingesetzt wird, deren Wirkungsweise noch nicht ausreichend im Sinne einer Technikfolgenabschätzung untersucht wurde, oder die Tragweite des Verfahrens für den Betroffenen weitreichend ist.

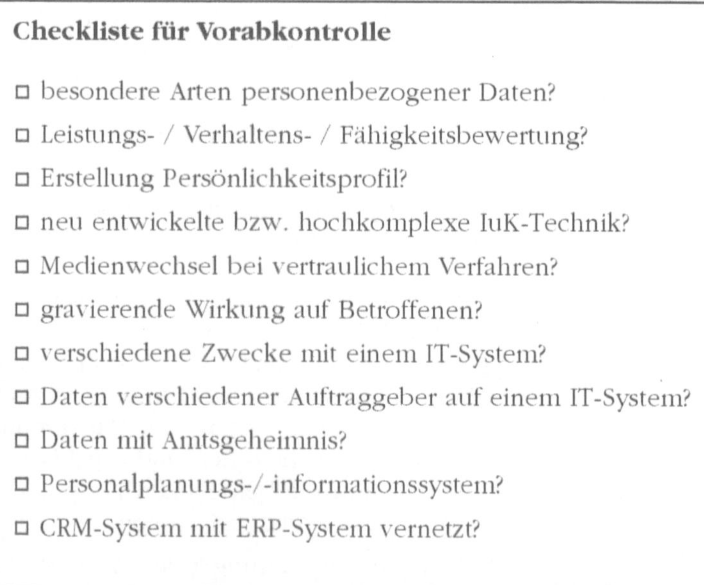

Abbildung 39: Vorabkontrollenerfordernis aufgrund besonderer Risiken

Bei der Verwendung der in den Datenschutzgesetzen herausgehobenen Verfahren, wie z.B. der automatisierten Einzelentscheidung, Videoüberwachung, Chipkarteneinführung, automatisierten Abrufeinrichtung oder Scoring ist von der Zuordnung zu besonders riskanten Verfahren auszugehen. Dies wird auch dann gelten, wenn ein bisher manuell durchgeführtes Verfahren digitalisiert wird (z.B. bei der Umstellung der Personalakte auf eine eAkte), da in diesem Zuge das Bündel der erforderlichen technischen und organisatorischen Maßnahmen neu zu **bewerten** ist.

Bei besonders riskanten Verfahren ist die Durchführung einer **Vorabkontrolle** erforderlich (nach § 4d Abs. 5 BDSG), die durch den Datenschutzbeauftragten vor Produktivschaltung des entsprechenden Verfahrens durchzuführen ist (nach § 4d Abs. 6 BDSG). Dem Datenschutzbeauftragten steht allerdings kein Vetorecht zu, denn die Entscheidung über die unveränderte bzw. anhand der Ergebnisse ggf. modifizierte Inbetriebsetzung des Verfahrens hat weiterhin die verantwortliche Stelle selbst zu treffen.

Im Rahmen der Vorabkontrolle wird in erster Linie die **Rechtmäßigkeit** der geplanten automatisierten Verarbeitung überprüft. Dabei sind insbesondere die Rechtsgrundlage der geplanten automatisierten Verarbeitung, die geplanten oder bereits getroffenen technischen und organisatorischen Maßnahmen, die Berücksichtigung der Grundsätze der Datensparsamkeit und Datenvermeidung, die Gewährleistung der Betroffenenrechte und die Beachtung von Transparenzregeln zu prüfen.

Zielsetzung der Vorabkontrolle ist, dass nach deren Abschluss im Sinne eines Datenschutz-Risikomanagements keine besonderen Risiken verbleiben, die nicht von dem Betroffenen akzeptierbar sind (siehe auch 3.2.3 Datensicherheit). Daher wird das hinnehmbare Restrisiko dabei festgelegt.

Als Ergebnis einer Vorabkontrolle entsteht folglich oftmals ein spezifisches Datenschutz- bzw. Sicherheitskonzept (siehe auch 4.1.5 Datenschutzkonzept und Sicherheitskonzept), da ausdrücklich festgehalten wird, welche Maßnahmen bereits ergriffen wurden und welche noch nötig sind, damit das Datenschutzrisiko entsprechend reduziert ist.

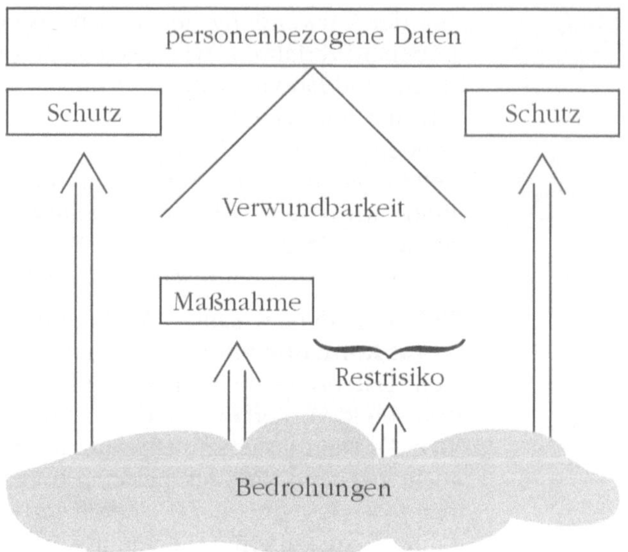

Abbildung 40: Reduzierung von Datenschutz-Risiken

Auf die Durchführung einer Vorabkontrolle kann nur in ausgewiesenen **Ausnahmefällen** verzichtet werden, wenn entweder eine gesetzliche Regelung dieses Verfahren ausdrücklich vorschreibt oder der Betroffene bereits vorab ausdrücklich über das besondere Risiko informiert wurde und dennoch sein Einverständnis im Sinne einer Einwilligung oder einer Zustimmung zum Abschluss eines entsprechenden Vertrags erklärt hat. Gemäß dem Grundsatz von Treu und Glauben muss ein Betroffener nicht davon ausgehen, dass ein zur Anwendung kommendes Verfahren ein besonderes Risiko in sich birgt.

Die **Nichtdurchführung** einer Vorabkontrolle ist als Missachtung der "im Verkehr erforderlichen Sorgfalt" (nach § 276 Abs. 2 BGB) zu beurteilen und berechtigt zur Einforderung eines Schadensersatzes. Eine fehlende Vorabkontrolle kann zudem zur Unzulässigkeit der durchgeführten automatisierten Verarbeitung (nach einem Beschluss des Verwaltungsgerichts Gießen von 2004) und damit zu entsprechenden Bußgeldern oder Strafen führen. Bereits die Nichtbeachtung der Hinweise des Datenschutzbeauftragten auf gravierende Mängel und der daraus resultierenden unverzüglichen Mängelbeseitigung ist als Verstoß gegen die Sorgfaltspflicht zu werten. Schon zur Gewährleistung geforderter Nachweispflichten im Rahmen der Compliance sollten daher die Erkenntnisse der Vorabkontrolle wie auch der ggf. ergriffenen Mängelbeseitigung schriftlich dokumentiert werden.

3.3 Regelungen zum Mediendatenschutz

Einen besonderen Stellenwert nehmen, alleine aufgrund der weit verbreiteten Nutzung, die elektronischen Kommunikationsmedien (Web, E-Mail, VoIP etc.) ein. Insofern lohnt sich hier ein detaillierter Blick, zumal im Kommunikations- und Telemedienrecht grundlegende und zugleich eigenständige Datenschutzregelungen erlassen wurden, die konzeptionellen Charakter haben.

3.3.1 Schichtenmodell

Bei den elektronischen Medien ist juristisch und damit auch datenschutzrechtlich bedeutsam, auf welcher **Ebene** entsprechende Kommunikationsaspekte betrachtet werden, wobei eine Kommunikation i.d.R. alle drei Ebenen betrifft. Diese Ebenen unterscheiden sich von einer technisch motivierten Unterteilung, etwa nach dem ISO/OSI-Referenzmodell (ISO/IEC 7498-1), und werden im Kontext des Mediendatenschutzes gemäß den entsprechenden Gesetzen wie folgt differenziert:

- auf der Ebene des **Transfers** wird die technische Kommunikation abgewickelt, wobei die gesetzliche Regelung gemäß der Aufgabenzuweisung des Grundgesetzes (Art. 73 Nr. 7 GG) in der alleinigen Zuständigkeit des Bundes liegt,
- auf der Ebene des jeweiligen **Dienstes** ist maßgeblich, welche Art der Kommunikation genutzt wird, wozu zum Teil unterschiedliche Gesetzeszuständigkeiten bestehen, und
- auf der Ebene des **Inhalts** der Kommunikation greifen dagegen entsprechende Bestimmungen aus dem Datenschutzrecht oder jeweiligem Spezialrecht.

Aus dieser Überlegung heraus, entwickelte sich folgendes juristische **Schichtenmodell** des Mediendatenschutzes:

Inhalt:	Datenschutzgesetze bzw. Spezialrecht
Dienst:	Telemediengesetz bzw. Rundfunk-Staatsvertrag bzw. Telekommunikationsgesetz
Transfer:	Telekommunikationsgesetz

Abbildung 41: Schichtenmodell des Mediendatenschutzes

Auf der Ebene des Transfers (teilweise auch Netz oder Netzwerk genannt) angesiedelt ist daher z.B. der Transport von Signalen, mit deren Hilfe über einen bestimmten Dienst, der die Kommunikationsart bestimmt, entsprechende Nachrichten übertragen werden. Die **Transportebene** ist im TKG geregelt.

Ebenfalls im TKG wurden die Bestimmungen zum **Telekommunikationsdienst** getroffen, zu dem vor allem die klassische Telefonie zu zählen ist. Aus diesem Grund sind z.B. die Verbindungsdaten einer Telekommunikation neben dem eigentlichen Kommunikationsinhalt ausdrücklich durch das Fernmeldegeheimnis geschützt (nach § 88 Abs. 1 TKG). Für Telemediendienste gilt dies analog (nach § 7 Abs. 2 Satz 3 TMG). Sofern das Fernmeldegeheimnis anzuwenden ist (z.B. aufgrund einer gestatteter bzw. geduldeter Privatnutzbarkeit), bedarf (aufgrund von § 99 Abs. 1 TKG) eine vollständige Auflistung angewählter Rufnummern (Einzelverbindungsnachweis) der Einwilligung durch den betreffenden Nutzer bzw. dessen Interessenvertretung (Betriebsrat bzw. Personalrat).

Im Rahmen der geltenden **Legaldefinition** wird eine Telekommunikation als technischer Vorgang des Aussendens, Übermittelns und Empfangens von Signalen mittels Telekommunikationsanlagen verstanden (§ 3 Nr. 22 TKG). Dabei sind Telekommunikationsanlagen wiederum technische Einrichtungen oder Systeme, die als Nachrichten identifizierbare elektromagnetische oder optische Signale senden, übertragen, vermitteln, empfangen, steuern oder kontrollieren können (§ 3 Nr. 23 TKG). Alle bestehenden Dienste nutzen im Rahmen der elektronischen Kommunikation nachweislich diese Transportebene. Doch wird diese nicht immer von Telekommunikationsdiensteanbietern im Sinne des TKG betrieben, da z.B. eine rein dienstliche Nutzung der entsprechenden Dienste davon nicht darunter fällt.

Die analoge Kommunikationstechnik wurde über feste Verbindungsleitungen abgewickelt, was für digitale Kommunikationstechniken nicht gilt. Daher gibt es neue **Abgrenzungsschwierigkeiten** aufgrund der Aufhebung der gewohnten Trennlinien zwischen der Informationstechnik einerseits und der Kommunikationstechnik andererseits im Zuge der zunehmenden technischen Konvergenz, etwa bei der Kommunikation via Voice over Internet Protocol (VoIP).

Da **VoIP** unter Ausnutzung eines verbindungslosen Netzwerkprotokolls betrieben wird, so dass der VoIP-Anbieter keine Kontrollmöglichkeit über die eigentliche Übertragung besitzt, ist derzeit strittig, ob VoIP als Telekommunikationsdienst (nach § 3 Nr. 24 TKG) oder als Telemediendienst einzuordnen ist. Innerhalb eines Firmen- oder Behördennetzes wird bei VoIP i.d.R. ein eigenes Netz aufgebaut bzw. genutzt, das daher dem analogen Netz weitgehend entspricht (z.B. in Form des sog. Next Generation Networks). Für diesen Fall liegt (bei gestatteter oder geduldeter Privatnutzungsbefugnis) ein Telekommunikationsdienst vor. Diese Voraussetzung gilt jedoch keineswegs automatisch bei der Kommunikation zwischen verschiedenen Institutionen oder zwischen Institutionen und Einzelpersonen. In den einschlägigen Kommentaren ist die Zuordnung zumindest noch umstritten.

Aufgrund ähnlicher Definitionsprobleme wurde 2007 die Abgrenzung zwischen Telediensten (auf die Individualkommunikation ausgerichtet) und Mediendiensten (mittels elektro-magnetischer Schwingungen) im Zuge der Verabschiedung des TMG und der gleichzeitigen Aufhebung von TDG, TDDSG und MDStV aufgegeben. Hier wurde die entsprechende Zuordnung auf der **Diensteebene** wesentlich vereinfacht. Geblieben ist aber die Schwierigkeit, zwischen Telekommunikationsdiensten (nach TKG), Telemediendiensten (nach TMG) und – inzwischen allerdings in deutlich reduzierter Form – Rundfunkdiensten (nach RStV) zu unterscheiden. Die Kommunikation mittels E-Mail wurde aufgrund der Zuordnung zu einer Individualkommunikation bis 2007 als Teledienst bezeichnet und stellt nunmehr ein Telemediendienst dar (auch wenn hier, wie übrigens auch beim Web-Dienst, aufgrund der technischen Eigenschaften die Zuordnung als Telekommunikationsdienst durchaus plausibel wäre...).

Da alle drei aufgeführten Kommunikationsarten (neben vielen weiteren, die an dieser Stelle aus Gründen der Übersichtlichkeit bewusst ausgespart wurden) über das **Internet** angesprochen werden, ist offensichtlich, dass eine präzise Zuordnung nach wie vor einen detaillierten Blick auf den tatsächlichen Kommunikationsumstand erfordert. Allerdings brachten die letzten rechtlichen Änderungen tatsächlich eine Vereinfachung. Für dieses Lehrbuch werden ganz spezifische, klassische Fälle zur Verdeutlichung der Systematik behandelt:

- VoIP wurde im Sinne des **funktionsbezogenen Verwendungszwecks** (teleologisch) dem Telekommunikationsdienst zugeordnet, da dies unabhängig von der mehr oder minder passenden Übereinstimmung mit der entsprechenden Legaldefinition der Zweck ist, den der Nutzer mit dieser Technik verbindet,

- der E-Mail-Dienst wurde aufgrund dessen, dass dieser nicht isoliert in Richtung eines technischen Datenaustauschs zu betrachten ist, zumal i.d.R. eine umfangreichere **Kommunikationsumgebung** benötigt wird, um E-Mails schreiben, darstellen oder sortieren zu können, und der ausdrücklichen Verankerung des Begriffs der "elektronischen Post" im TMG dem Telemediendienst zugeordnet und
- beim Web-Dienst ist seit der Verabschiedung des TMG und der gleichzeitigen Anpassung auch des RStV datenschutzrechtlich nicht mehr zu unterscheiden, in welcher **Form** die entsprechenden Seiten genutzt werden (nach § 47 Abs. 1 RStV gelten auch für den Rundfunk die entsprechenden Datenschutzvorschriften des TMG), also ob diese für die Allgemeinheit ohne besonderen Zugriffsschutz abgelegt wurden (Rundfunk) oder sonst als elektronischer Informations- und Kommunikationsdienst (Telemedien) anzusehen ist.

Anhand dieser drei Dienste, ggf. mit leichter Modifikation, werden in den beiden folgenden Abschnitten die spezifischen Aspekte zum Datenschutz im Internet wie auch zum Datenschutz im Intranet dargestellt.

3.3.2 Datenschutz im Internet

Der Grad der Datenschutzrelevanz hängt bei der Nutzung elektronischer Kommunikationsmedien in Behörden bzw. Unternehmen ganz entscheidend davon ab, ob die **Privatnutzung** von der verantwortlichen Stelle gestattet wurde oder zumindest geduldet wird. So greifen z.B. nicht die Spezialvorschriften zum Fernmeldegeheimnis im TKG (aufgrund von § 3 Nr. 10 TKG) und die zum Datenschutz im TMG bei Telemedien (und damit auch beim Rundfunk), wenn diese ausschließlich im Dienst- bzw. Arbeitsverhältnis zu dienstlichen bzw. beruflichen Zwecken (§ 11 Abs. 1 Nr. 1 TMG) oder ausschließlich zur Steuerung von Arbeits- bzw. Geschäftsprozessen verwendet werden (§ 11 Abs. 1 Nr. 2 TMG).

Grundsätzlich ist aber davon auszugehen, dass der Dienstherr bzw. Arbeitgeber keine Privatnutzung gestattet hat. Wenn dieses doch der Fall z.B. in Form einer Duldung sein sollte, darf die private Nutzung der bereitgestellten Arbeitsmittel lediglich in einem angemessenen zeitlichen **Umfang** erfolgen (nach einem Urteil des Bundesarbeitsgerichts von 2005). Es kann jedoch von einer Duldung im Sinne einer sog. "betrieblichen Übung" ausgegangen werden, wenn ein geltendes Verbot nicht regelmäßig unter Androhung von Konsequenzen (stichprobenartig) kontrolliert wird und diese Duldung dauerhaft erfolgt. Eine Duldung liegt jedoch nicht schon vor, wenn während der Arbeitszeit private Angelegenheiten erledigt werden müssen, wie etwa bei der Vereinbarung von Arztterminen, dem Kontakt zu öffentlichen Stellen oder der Mitteilung einer Verspätung aufgrund von Überstunden. Eine Verweigerung einer entsprechenden Nutzung würde eine unbillige Härte darstellen, weshalb diese Nutzung als dienstlich bedingt angesehen wird.

Abruf und Verbreitung beleidigender, rassistischer, sexistischer, gewaltverherrlichender oder pornographischer Inhalte ist unabhängig von Verbot oder Gestattung / Duldung ebenso untersagt, wie ein Verstoß gegen persönlichkeitsrechtliche, urheberrechtliche oder strafrechtliche Bestimmungen. Hier darf der Dienstherr bzw. Arbeitgeber in jedem Fall entsprechende **Grenzen** ziehen und die Einhaltung im Rahmen seiner Fürsorgepflicht auch kontrollieren. Ebenso darf sogar in das Fernmeldegeheimnis eingegriffen werden, wenn ein begründeter Verdacht für strafbare Handlungen vorliegt.

Die bereits bekannten **Prinzipien des Datenschutzes** gelten auch für den Datenschutz bei der Nutzung von Telemedien und wurden in einigen Fällen hinsichtlich der Telemedien präzisiert. So dürfen auch hier nur personenbezogene Daten erhoben oder verwendet (also verarbeitet oder genutzt) werden, soweit eine telemedienrechtliche Gestattung oder eine Einwilligung dies erlaubt (§ 12 Abs. 1 TMG). Im Regelfall hat ein Diensteanbieter die Zweckbindung zu beachten, die nur in ausgewiesenen Fällen durchbrochen werden darf (§ 12 Abs. 2 TMG). Die Transparenzverpflichtung wird durch die Angabe einer Datenschutzerklärung in allgemein verständlicher Form verlangt (§ 13 Abs. 1 Satz 1 TMG). Die Datensparsamkeit wird durch die Möglichkeit zur anonymen Nutzung bzw. Bezahlung von Telemedien gefördert (§ 13 Abs. 6 TMG).

Eine **E-Mail** weist i.d.R. unmittelbare personenbezogene Daten auf, etwa im Rahmen einer angehängten Signatur oder der angegebenen Absender- und Empfänger-Adressen (sofern es sich nicht um aggregierte Gruppen-Adressen handelt). Zumindest beim Provider, bei dem es sich auch um eine Behörde oder ein Unternehmen handeln kann, bei der bzw. dem der Nutzer beschäftigt ist, ist i.d.R. mit vertretbarem Aufwand an Zeit, Kosten oder Personaleinsatz selbst eine pseudonyme Adresse oder die angegebene IP-Adresse einer realen Person (nämlich dem eigenen Beschäftigten) zuordenbar. Gerade im Zusammenspiel mit anderen gespeicherten personenbezogenen Daten, etwa im Rahmen der Zutritts- und Zugangskontrolle, der Arbeitszeiterfassung und der Firewall-/Proxy-Protokollierung können insofern selbst dynamisch vergebene IP-Adressen einer Person zugeordnet werden (siehe auch 1.5.1 Schutz des Fernmeldegeheimnisses).

Dient eine E-Mail der Anbahnung, dem Abschluss oder der Verwerfung eines Handelsgeschäftes bzw. der Mitteilung zu einer bestehenden Geschäftsbeziehung, so ist die E-Mail als **Geschäftsbrief** anzusehen und unterliegt damit der Archivierungspflicht. Dies führt i.d.R. dazu, dass diese sechs Jahre lang aufzubewahren ist, sofern sie keine Abschlussrelevanz hat und damit eine zehnjährige Aufbewahrungsfrist gilt. Die Aufbewahrungsverpflichtungen (handelsrechtlich nach § 257 HGB, steuerrechtlich nach §§ 145-147 AO) gelten vorrangig. In der Praxis werden daher meist die E-Mails von und nach außen, sowie die E-Mails an die und von der Finanzbuchhaltung automatisiert in entsprechende Archivierungssysteme einbezogen, die im Rahmen der Grundsätze zum Datenzugriff und zur Prüfbarkeit digitaler Unterlagen (GDPdU) vorzuhalten sind. Über die Verwendung solcher automatisierten Archivierungssysteme sind die Betroffenen zu informieren.

Infolge einer rein automatisierten **Archivierung** wird selbst bei gestatteter bzw. geduldeter Privatnutzung die Vorgaben des Fernmeldegeheimnisses (aufgrund von § 88 Abs. 3 TKG) eingehalten. Teilweise lösen Unternehmen bzw. Behörden den potenziellen Konflikt mit dem Fernmeldegeheimnis dadurch, dass es einen privaten Ordner im Mail-Verzeichnis jedes Mitarbeiters gibt, in den der Beschäftigte private Mails verschieben soll, die anschließend weder archiviert noch betrieblich bzw. behördlich ausgewertet werden, sofern es keinen konkret begründeten Anfangsverdacht gegen einzelne Beschäftigte gibt.

Bei längerer Abwesenheit eines Mitarbeiters besteht berechtigterweise eine behördliche oder betriebliche Notwendigkeit (nach § 28 Abs. 1 Nr. 2 BDSG), selbst bei einer vorliegenden Gestattung oder Duldung der Privatnutzung Einblick in E-Mails oder Dateien auf Netzwerklaufwerken zu nehmen. Allerdings unterliegt eine entsprechende **Einsichtnahme** einer strikten Zweckbindung. Um die Begründung für die Einsichtnahme nachweisbar dokumentieren zu können, ist der Grund und damit der Zweck schriftlich, präzise, eindeutig und überprüfbar anzugeben.

Der Betroffene ist über die erfolgte Einsichtnahme unverzüglich zu benachrichtigen. Eine entsprechende Einsichtnahme sollte im Interesse des Betroffenen keinesfalls ohne Einschaltung des Datenschutzbeauftragten vorgenommen werden.

Auf eine E-Mail wirken also eine Reihe von Gesetzen bzw. Grundsätzen ein:

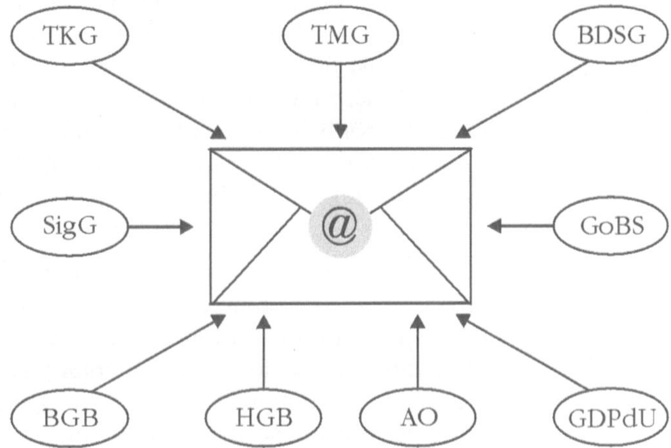

Abbildung 42: Rechtseinflüsse auf E-Mails

An den Firewalls und auf den eingesetzten Servern fallen etliche personenbeziehbare **Log-Daten** an. Da diese i.d.R. keine Abrechnungsdaten sind, da meist eine Flatrate besteht und nur selten den Mitarbeitern die Nutzung der Telemedien in Rechnung gestellt wird, sind diese unmittelbar nach Beendigung der Telemediennutzung zu löschen, sofern diese nicht zur Erfüllung gesetzlich, satzungsmäßig oder vertraglich vorgeschriebener Zwecke aufbewahrt werden müssen (§ 15 Abs. 4 TMG i.V.m. § 13 Abs. 4 Nr. 2 TMG hinsichtlich der Telemedien und § 96 Abs. 2 TKG i.V.m. § 88 Abs. 3 TKG hinsichtlich der technischen Kommunikation). Unabhängig vom Abrechnungszweck sind diese Daten jedoch nur dann sechs Monate lang zu archivieren, wenn die Telekommunikationsdienste für Endnutzer erbracht werden und öffentlich zugänglich sind (§ 113a Abs. 1 TKG), weshalb diese Speicherfrist i.d.R. für betriebliche bzw. behördliche Kommunikationen nicht mal bei gestatteter bzw. geduldeter Privatnutzung greift. In jedem Fall unterliegen aber entsprechende Verbindungsdaten einer strengen Zweckbindung und einem strikten Zugriffsschutz.

Bei jedem Aufruf einer **Web**-Seite werden ebenfalls zumindest personenbeziehbare Daten (IP-Adressen des aufrufenden Rechners) mitprotokolliert. Meist wird zudem die Webadresse gespeichert, von der aus auf die angewählte Web-Seite aus zugegriffen wird (Referrer) und ggf. weitere auswertbare Daten (wie Typ und Version des verwendeten Browsers sowie des benutzten Betriebssystems). Bei einzelnen Web-Seiten wird ein Cookie lokal gespeichert und damit gesteuert, ob das Nutzungsprofil nur für die aktuelle Session oder für weitere Aufrufe zur Verfügung stehen soll. Die Funktion eines Cookies liegt damit in der Bildung eines Persönlichkeitsprofils. Je nach der Gestaltung dieses Cookies bestehen differenzierte Möglichkeiten, Nutzerprofile zusammen zu stellen, weshalb ein Nutzer zu Beginn des Cookie-Setzens zu unterrichten ist (nach § 13 Abs. 1 Satz 2 TMG).

Insofern verlangt bereits die Fürsorgepflicht für die eigenen Mitarbeiter die Einrichtung eines (transparenten) **Proxy**, über den die elektronische Kommunikation nach und von außen geleitet wird unter Verschleierung der internen IP-Adressen – unabhängig von den identischen Anforderungen der IT-Sicherheit. Dies gilt nicht nur für Web-Seiten-Aufrufe, sondern auch für die Preisgabe von Informationen in den Header-Daten von E-Mails. Dies stellt zugleich eine gebotene Form der Anonymisierung personenbezogener Daten dar, da entsprechend vereinheitlichte IP-Adressen bei Dritten nicht mehr als personenbeziehbar anzusehen sind. Insofern ist die Konfiguration eines Secure-Proxies gefordert (mit network address translation) und nicht die (zur beschleunigten Datenübertragung) oft anzutreffende Konfiguration eines Cache-Proxies, die aufgrund der vorliegenden Informationen sogar zu einem Sicherheitsrisiko führt.

Ferner sind entsprechende Server gegen unbefugten Zugriff im Rahmen des **Schutzzonenkonzepts** abzuschotten, etwa durch Einrichtung einer Demilitarisierten Zone (DMZ). Das Sicherheitsniveau hängt in diesem Fall wesentlich von der Schutzwürdigkeit des Netzwerkes, der hierzu eingesetzten IT-Systeme und der darauf gelagerten bzw. damit übertragenen Daten sowie der Stellung der Zugriffsberechtigten zum Netzwerk entsprechend der ISO/IEC 18028-1 ab. Eine DMZ ist dabei als gezielt eingerichtete Unsicherheitszone anzusehen, durch die ein Eindringen eines erfolgreichen Angreifers ins LAN verhindert werden soll.

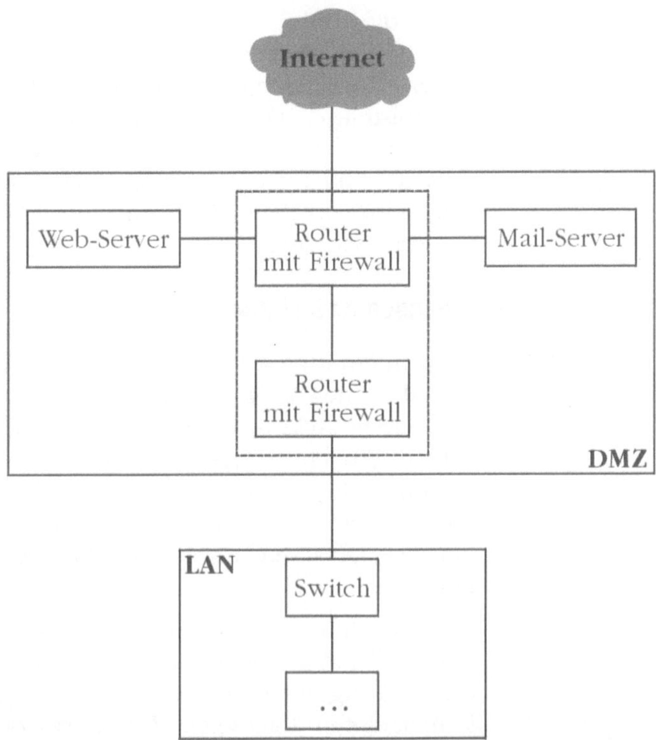

Abbildung 43: Beispiel für einen schematischen Aufbau einer DMZ

Bei **VoIP** tritt ergänzend zu den fernmelderechtlichen und datenschutzrechtlichen Bestimmungen ein Aspekt des informationellen Selbstbestimmungsrechts hinzu: das Recht am eigenen Wort (nach einem Beschluss des Bundesverfassungsgerichts von 1991). Das vollständige Mitprotokollieren von Telefonaten stellt einen besonders schweren Eingriff in das informationelle Selbstbestimmungsrecht der Gesprächspartner dar, der nur gestattet ist, wenn ein überwiegendes schutzwürdige Interesse geltend gemacht werden kann. Doch gerade bei VoIP besteht die grundsätzliche Gefahr, dass aufgrund der Nutzung des Internet Protokolls alle Datenpakete mit den zugehörigen Sprachpaketen systemseitig (und schlimmstenfalls durch Unbefugte) aufgezeichnet werden. Die vorbeugende Maßnahme der Transportverschlüsselung gemäß dem IEEE-Standard 802.11i führt jedoch oft aufgrund der Zeitverzögerung zu Einbußen bei der Quality of Service.

Die vorhandenen Gefahren für das informationelle Selbstbestimmungsrecht bei der Nutzung elektronischer Kommunikationsmedien führt zur Auflage von **Auswertungsverboten** entsprechender Datensätze und verlangt die Einrichtung wirkungsvoller Zugriffsschutzmaßnahmen durch die zuständige IT-Administration. Die Auswertung darf nur im Vier-Augen-Prinzip und unter Beteiligung entweder des Datenschutzbeauftragten oder der Mitarbeitervertretung (oder beider im Sinne eines Sechs-Augen-Prinzips) im Rahmen erforderlicher Kontrollen vorgenommen werden.

3.3.3 Datenschutz im Intranet

Vom Internet zu unterscheiden ist das Intranet, das lediglich innerhalb eines **LAN**, zu dem auch via VPN-verbundene Clients und Server außerhalb eines rein räumlich beschränkten Gebietes zählen, erreicht werden kann. Dadurch wird fremder unbefugter Zugriff i.d.R. erfolgreich verhindert. Die meisten Anforderungen an den Datenschutz im Internet können übertragen werden. Für einzelne Detailfragen gibt es jedoch letztlich weniger Beschränkungen.

Da beim Intranet kein Angebot von Telekommunikationsdiensten für Dritte erbracht wird (im Sinne von § 3 Nr. 10 TKG), weil die Nutzung auf rein dienstliche Belange und damit auf die zugriffsbefugten Mitarbeiter der verantwortlichen Stelle beschränkt ist, ist für die Nutzung des Intranet unabhängig vom jeweils verwendeten Dienst **kein Fernmeldegeheimnis** zu beachten. Insofern greifen nur die Vorschriften über Telemedien, sofern das Intranet nicht ausschließlich zu beruflichen oder dienstlichen Zwecken bzw. zur Steuerung von Arbeits- oder Geschäftsprozessen bereitgestellt wird (gemäß § 11 Abs. 1 TMG – siehe auch die entsprechenden Ausführung unter 3.3.2 Datenschutz im Internet). Sofern also beispielsweise ebenfalls eine Organisation von Fahrgemeinschaften oder etwa ein Angebot zur privaten Schenkung bzw. zum privaten Tausch von Gegenständen im Privatbesitz der Mitarbeiter im Intranet zugelassen ist, sind die TMG-Vorschriften einschlägig. Auf der Inhaltsebene sind darüber hinaus in jedem Fall natürlich entsprechende Vorschriften und damit insbesondere der Datenschutz zu beachten.

Datenschutzrechtlich unbedenklich ist z.B. die lediglich im Intranet erfolgende Veröffentlichung **behörden- bzw. betriebsnotwendiger Angaben**, wie Name, Vorname, Abteilungszugehörigkeit und Funktionsbezeichnungen sowie die Daten zur innerbehördlichen bzw. innerbetrieblichen Erreichbarkeit (dienstliche E-Mail-Adresse, dienstliche Telefonnummer bzw. dienstliche

Handynummer). Dies dient entweder der Zweckbestimmung des Anstellungsvertrags oder ist zur Wahrung berechtigter Interessen der behörden- bzw. betriebsinternen Kommunikation erforderlich (im Sinne von § 28 Abs. 1 BDSG, dies gilt sowohl für öffentliche Stellen des Bundes als auch für nicht-öffentliche Stellen – für die Landesbehörden bestehen teilweise detaillierte, spezifische Vorgaben zu solchen Verzeichnisdiensten, doch weichen diese allenfalls unwesentlich davon ab). Für weitere Daten, wie z.B. die Veröffentlichung digitaler Fotos, wird dagegen bei jeder Behörde bzw. bei jedem Unternehmen zwingend die informierte Einwilligung der Betroffenen benötigt.

Eine Veröffentlichung personenbezogener Mitarbeiterdaten im Intranet zählt datenschutzrechtlich zur Nutzung personenbezogener Daten, während eine entsprechende Veröffentlichung im Internet dagegen datenschutzrechtlich als Übermittlung personenbezogener Daten einzustufen ist. Voraussetzung für diese datenschutzrechtliche **Verwendungsprivilegierung** von Mitarbeiterdaten im Intranet ist daher, dass das Intranet wirksam gegen einen unbefugten Zugriff außerhalb der Behörde bzw. des Unternehmens (z.B. durch eine entsprechende Einstellung in der Firewall) geschützt ist. Das setzt insbesondere eine dem Serverraum entsprechende Schutzzone für die dezentralen Verteilerkästen voraus.

Während beim Internet der Download von Dateien problematisch aufgrund einer potentiell vorhandenen Virenverseuchung oder rechtswidrigen Nutzung (z.B. hinsichtlich Urheberrechten) sein kann, kann dagegen beim Intranet der Upload von Dateien u.U. problematisch sein, sofern keine entsprechenden **Prüfungen** durchgeführt wurden. Auch bei der Ablage von Kundendaten, die durch deren Betriebs- und Geschäftsgeheimnis bzw. Datengeheimnis geschützt sind, bzw. von Bürgerdaten, die durch ein Amtsgeheimnis bzw. Datengeheimnis geschützt sind, ist sicherzustellen, dass selbst innerhalb des LAN kein unbefugter Zugriff erfolgen kann.

3.4 Zusammenfassung

Die datenschutzrechtlichen und datenschutztechnischen Konzepte basieren entscheidend auf den Prinzipien des Datenschutzes und allgemeinen Datenschutzregelungen. Für die elektronische Kommunikation bestehen zudem weitere grundlegende Vorgaben, die als Mediendatenschutz bezeichnet werden können.

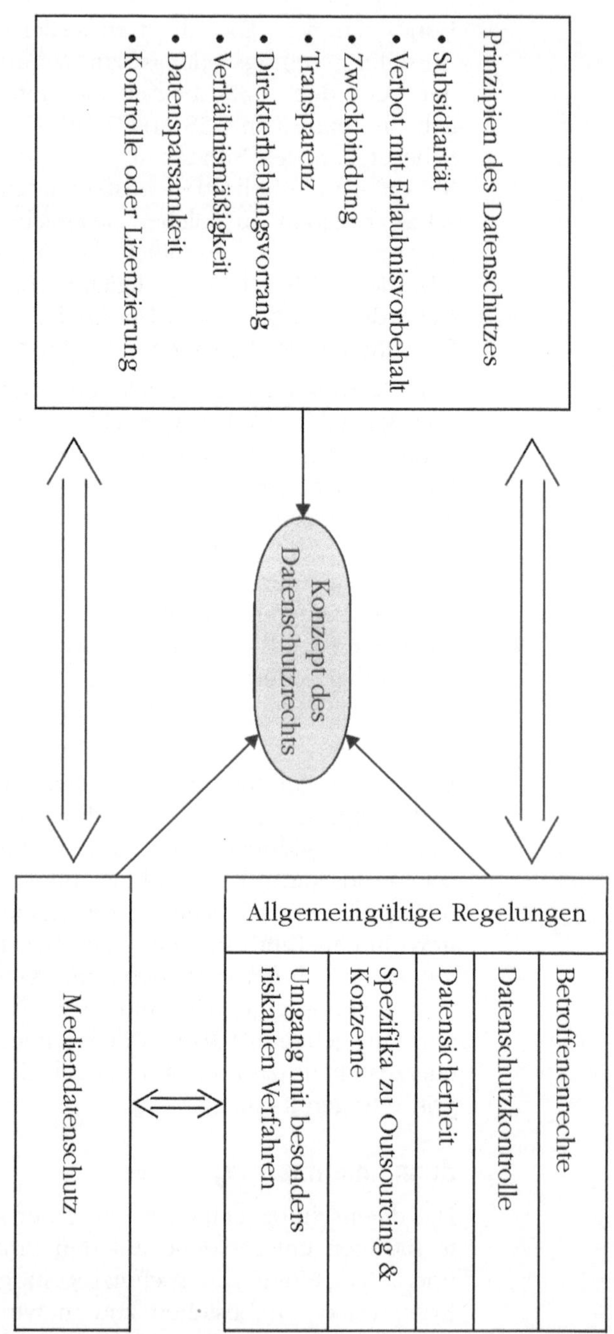

Abbildung 44: Einflüsse auf die Datenschutzkonzeption

3.4.1 Zusammenfassung: Prinzipien des Datenschutzes

Je spezifischer eine datenschutzrechtliche Regelung ausfällt, desto vorrangiger ist diese anzuwenden. Die automatisierte Verarbeitung personenbezogener Daten ist grundsätzlich verboten und nur zulässig, wenn eine ausdrückliche Gestattung in Form einer gesetzlichen Vorschrift oder einer Einwilligungserklärung des Betroffenen vorliegt. In Abhängigkeit von den konkreten Verwendungsvorhaben ist für ein Verfahren zur Erhebung, Verarbeitung oder Nutzung personenbezogener Daten ein konkreter Zweck zu bestimmen, an dem die verantwortliche Stelle gebunden ist.

Ein Betroffener muss über bestehende Verfahren zur automatisierten Verarbeitung seiner personenbezogenen Daten informiert sein, um sein informationelles Selbstbestimmungsrecht wahrnehmen zu können. Personenbezogene Daten sind vorzugsweise beim Betroffenen direkt zu erheben.

Jedes Verfahren darf jedoch nur in der Weise durchgeführt werden, dass kein unverhältnismäßiger Eingriff in das informationelle Selbstbestimmungsrecht der Betroffenen erfolgt. Soweit dies im Rahmen der konkreten Gestaltung der IT-Systeme möglich ist, sollte ein Personenbezug frühzeitig vermieden werden. In Deutschland wird die Einhaltung der Prinzipien durch Kontrollinstanzen überprüft.

3.4.2 Zusammenfassung: Allgemeine Datenschutzregelungen

Zu den zweifellos wichtigsten Schutzvorkehrungen, die das Bundesverfassungsgericht im Volkszählungsurteil gefordert hat, zählen die Pflichten zur Gewährleistung der Betroffenenrechte. Niemand darf aufgrund der Geltendmachung seiner Rechte benachteiligt werden. Dem Auskunftsrecht kommt eine zentrale Bedeutung für alle anderen Betroffenenrechte zu. Unzulässige oder grob fehlerhafte automatisierte Verarbeitungen personenbezogener Daten begründen ein Recht auf Schadensersatz, der nur durch einen entsprechenden Nachweis der erforderlichen Sorgfaltspflicht abgewendet werden kann.

Die Datenschutzkontrolle fußt auf drei Säulen: der Selbstkontrolle durch den Betroffenen, der Eigenkontrolle vor allem durch den Datenschutzbeauftragten und der Fremdkontrolle durch die zuständige Aufsichtsbehörde. Dem Datenschutzbeauftragten wurden hierzu vornehmlich Beratungs- und Überwachungsaufgaben zugewiesen. Die Umsetzung etwaiger Maßnahmen obliegt immer der verantwortlichen Stelle. Unterstützt wird der Datenschutzbeauftragte durch die interne Revision, die Aspekte der Wirtschaftlichkeit überprüft, den IT-Sicherheitsbeauftragten, der zur technischen Gewährleistung der Informationssicherheit beiträgt, und die Mitarbeitervertretung, die in besonders ausgewiesenen Fällen sogar über ein gestalterisches Mitbestimmungsrecht verfügt.

Mithilfe der vorgeschriebenen technischen und organisatorischen Maßnahmen wird vor allem die Erhaltung und Sicherung des DV-Systems, der Daten und Datenträger vor höherer Gewalt, vor menschlichen oder technischen Fehlern und vor Missbrauch erreicht (Datensicherung). Dies geschieht auf der Grundlage einer Angemessenheitsanalyse. Dabei kann unter Einbeziehung eines Datenschutz-Risiko-Managements für jedes Verfahren und jede Schutzzone festgestellt werden, welche technischen und organisatorischen Maßnahmen angemessen sind. Dieses Ergebnis kann als Datenschutzkonzept aufgefasst werden:

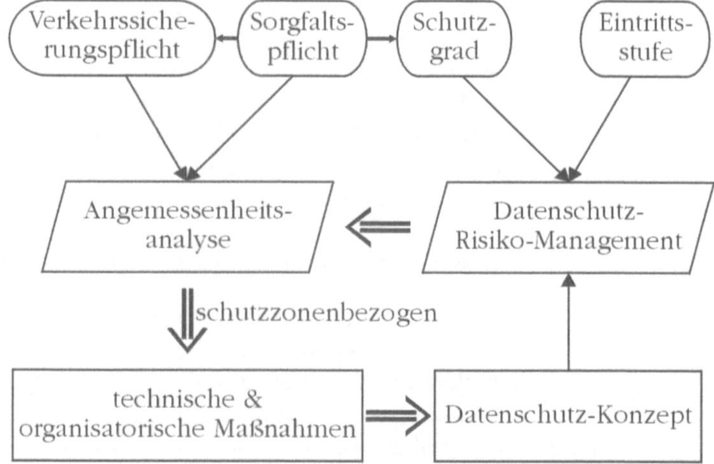

Abbildung 45: Von der Datensicherheit zum Datenschutzkonzept

Zur Datensicherung selbst gibt es mittlerweile eine ganze Reihe von Vorgaben, wie die Sorgfaltspflicht erfüllt werden kann. Die Einrichtung von Schutzzonen ist stark abhängig von der Kritikalität der IT-Systeme bzw. Aktenordnungssysteme und der Sensibilität der zu schützenden Daten. Ergänzt werden die Anforderungen durch Verkehrssicherungspflichten vor allem zum Virenschutz.

Entscheidend ist, welche Stelle die Verfügungsgewalt über die jeweiligen personenbezogenen Daten inne hat. Wird eine Stelle außerhalb der verantwortlichen Stelle im Zuge des Outsourcing einbezogen, kann zwischen einer Auftragsdatenverarbeitung und einer Funktionsübertragung unterschieden werden. Bei einer Auftragsdatenverarbeitung muss das genauere Vorgehen näher in der schriftlichen Vereinbarung dargestellt sein und der Auftragnehmer an Weisungen des Auftraggebers gebunden werden, während bei einer Funktionsübertragung der datenempfangenden Stelle ein inhaltlicher Entscheidungsspielraum bleibt, ohne dass die datenweiterleitende Stelle dies weiter beeinflussen kann. Die Auftragsdatenverarbeitung zählt zur Nutzung personenbezogener Daten, die Funktionsübertragung dagegen zur Übermittlung. Diese Grundsätze sind auch für den konzerninternen Datenaustausch heranzuziehen, da es kein Konzernprivileg gibt.

Werden besondere Arten personenbezogener Daten, Leistungs- oder Verhaltenskontrolldaten bzw. Daten, die einem besonderen Amtsgeheimnis unterliegen, erhoben, verarbeitet oder genutzt oder wird eine noch nicht näher abgesicherte Informations- und Kommunikationstechnik eingesetzt bzw. eine bisher manuell durchgeführte Vorgehensweise durch eine digitale ersetzt, so ist eine Vorabkontrolle erforderlich. Dabei ist sicherzustellen, dass von dem betreffenden Verfahren keine besonderen Risiken für die Rechte und Freiheiten der Betroffenen ausgehen. Wird diese Anforderung ignoriert, liegt eine Verletzung der nötigen Sorgfaltspflicht vor.

3.4.3 Zusammenfassung: Regelungen zum Mediendatenschutz

Bei der Nutzung elektronischer Kommunikationsmedien wird medienrechtlich ein Schichtenmodell angewandt, das auf der Ebene des Transfers die technische Kommunikation ansiedelt, auf der Ebene der Dienste die Art der Kommunikation und auf der Ebene des Inhalts die Kommunikationsinhalte. Im Regelfall durchläuft jede elektronische Kommunikation diese drei Ebenen. Die technische Konvergenz und neue Formen digitaler Kommunikation erschweren vor allem die medienrechtliche Zuordnung auf der Diensteebene trotz der erfolgten Vereinfachung durch Inkrafttreten des Telemediengesetzes.

Beim Datenschutz im Internet greifen auch fernmelderechtliche Bestimmungen im Rahmen der dienstlich bereitgestellten Kommunikationsmedien, sofern eine Privatnutzung der elektronischen Kommunikationsmedien gestattet oder zumindest dauerhaft geduldet wird. Die Prinzipien des Datenschutzes greifen auch im Rahmen der Telemedien. Bei E-Mails bestehen allerdings spezifische Eingriffsnormen für den Fall, dass diese der Anbahnung, dem Abschluss oder der Verwerfung eines Handelsgeschäftes bzw. der Mitteilung zu einer bestehenden Geschäftsbeziehung dienen (Geschäftsbrief), die insbesondere eine Einsichtnahme in elektronische Postfächer durch Dienstvorgesetzte gestattet.

Auf den Servern und den Firewalls bedürfen Log-Daten über die elektronische Kommunikation eines strikten Zugriffsschutzes, der Beachtung der Löschungsvorschriften und der strengen Zweckbindung. Gefordert ist zudem die Einrichtung eines Secure-Proxies, über den die elektronische Kommunikation von und nach außen unter Verschleierung interner IP-Adressen geleitet wird. Genutzte Kommunikationsserver sind in ein Schutzzonenkonzept einzubinden. Bei Voice over IP fordert das Recht am eigenen Wort weitere Sicherheitsvorkehrungen. Für die elektronische Kommunikation sind eine Reihe von Auswertungsverboten zu beachten.

Für die interne Kommunikation innerhalb des LAN greifen einige medienrechtliche Vorschriften nicht. So gilt für das Intranet das Fernmeldegeheimnis nicht und für die interne Veröffentlichung von Mitarbeiterdaten, die der Erreichbarkeit der betreffenden Mitarbeiter gewidmet sind, kann ein berechtigtes Interesse der verantwortlichen Stelle nachgewiesen werden. Voraussetzung ist aber, dass ein effektiver Zugriffsschutz gewährleistet ist. Unter Umständen kann im Intranet der Upload von Daten kritisch sein.

4 Verhältnis zur IT-Sicherheit

Die technischen und organisatorischen Maßnahmen des Datenschutzes haben vielfach einen engen Bezug zu den korrespondierenden Maßnahmen zur Gewährleistung der IT-Sicherheit.

4.1 Abgleich von Datenschutz und IT-Sicherheit

Datenschutz und IT-Sicherheit verfolgen grundsätzlich eine unterschiedliche Zielsetzung. Die Wirkung der jeweiligen Maßnahmen zur Gewährleistung der entsprechenden Schutzziele sind jedoch meist vergleichbar, wenn auch nicht deckungsgleich. Insofern lohnt sich ein detaillierter Blick auf etwaige Gemeinsamkeiten und auf Trennendes, das in erster Linie mit den verschiedenen Sichtweisen begründet werden kann.

4.1.1 Technische und organisatorische Maßnahmen

Gleich mehrere **Gesetze** schreiben die Gewährleistung angemessener technischer und organisatorischer Maßnahmen vor, die i.d.R. einen hohen Bezug zur IT-Sicherheit aufweisen:

- § 9 BDSG zum Schutz personenbezogener Daten,
- § 78a SGB X zum Schutz personenbezogener Sozialdaten,
- §§ 107 und 109 TKG zum Schutz von (nicht nur personenbezogenen) Fernmeldedaten und
- § 13 TMG zum Schutz von personenbezogenen Nutzerinteressen von Telemediendiensten.

Zahlreiche weitere Gesetze erfordern **implizit** entsprechende Maßnahmen. So gilt z.B. der Straftatbestand des Ausspähens von Daten (§ 202a StGB) nur, wenn geschützte Daten gegen unberechtigten Zugang besonders gesichert worden sind. Die Verwendung technischer Aufzeichnungen als Beweismittel setzt deren erheblich erschwerte Manipulierbarkeit voraus, damit der entsprechende Straftatbestand greifen kann (§§ 268 und 269 StGB). Eine Behörde bzw. ein Unternehmen ist also gut beraten, auch zur Abwehr potentieller Straftaten geeignete Maßnahmen zu ergreifen. Dies kann auch als besondere Ausprägung der Fürsorgepflicht angesehen werden.

Ziel der meisten technischen und organisatorischen Maßnahmen ist vor allem die Verhinderung unzulässiger Informationsverarbeitung. Dies erfordert in jedem Fall eine geeignete Implementation der Datensicherung und die entsprechende Protokollierung von Zugriffen. Dabei ist die Datensicherheit als **Zielsetzung** entsprechender Maßnahmen von den Maßnahmen selbst abzugrenzen (siehe auch die Definition zur Datensicherheit in 1.2.1 Schutz der Daten oder Schutz vor Daten? und die Definition zur Datensicherung in 3.2.3 Datensicherheit).

Im Wesentlichen zielt die Datensicherung also auf die Ausfallsicherheit (**Safety**) ab. Da die Datenträger nur bedingt eine Funktionseinheit mit der DV-Anlage bilden (siehe auch 1.3.1 Entwicklung der Informations- und Kommunikationstechnik), sind gerade extern gelagerte Backup-Sicherungen hier eine notwendige Voraussetzung zur Gewährleistung der Ausfallsicherheit. Die darüber hinaus ergriffenen technischen und organisatorischen Maßnahmen dienen dagegen eher der Abwehr unberechtigter Zugriffe und damit der **Security**.

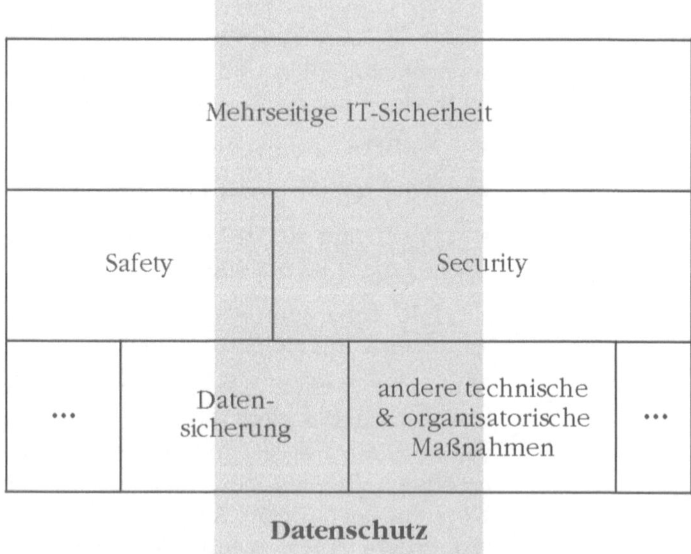

Abbildung 46: Maßnahmen zu IT-Sicherheit und Datenschutz

Dabei werden die Begriffe Safety und Security wie folgt unterschieden:

Definition: Safety
Schutz vor unbeabsichtigten Ereignissen.

Zu den unbeabsichtigten Ereignissen zählen sowohl zufällige Ereignisse als auch unabsichtliche Fehler. Bei der Security spielt dagegen der **Vorsatz** eine entscheidende Rolle und führte gerade beim Datenschutzrecht zu entsprechend wirksamen Straftatbeständen.

Definition: Security
Schutz vor beabsichtigten Angriffen.

IT-Sicherheit wird zunehmend als Teil eines Informationssicherheitsmanagements bzw. eines **IT Governance, Risk and Compliance Managements** betrachtet. Die danach zu ergreifenden technischen und organisatorischen Maßnahmen sind insofern oftmals ausdrücklich durch datenschutzrechtliche Anforderungen motiviert bzw. zugleich für datenschutzrechtliche Belange verwendbar. Datenschutz (im Sinne von Privacy, was somit auch Aspekte des Fernmeldegeheimnisses beinhaltet) wird in diesem Zusammenhang als Teilaspekt der Compliance angesehen.

Im Rahmen eines **Informationssicherheitsmanagements** nach der ISO/IEC 27002 ist insbesondere zu regeln:

- Leitlinie zur Informationssicherheit, die die Bedeutung der Informationssicherheit, die einzuhaltenden Ziele, die mit der Umsetzung betrauten Verantwortlichen und Konsequenzen von Verstößen beschreibt; dabei sind Datenschutzanforderungen ein wichtiger Bestandteil
- Aufbau der mit der Informationssicherheit beauftragten Organisationseinheiten, wozu insbesondere auch der Datenschutzbeauftragte sowie der IT-Sicherheitsbeauftragte zählen, unter Einbeziehung bestehenden Outsourcings
- Bestimmung der zu schützenden Vermögenswerte, darunter insbesondere der Datenbestände personenbezogener Daten
- Gewährleistung der Informationssicherheit bereits im Rahmen des Personalwesens, was gerade bei durchaus üblichen Screenings neuer Mitarbeiter bzw. bei der Sensibilisierung von Mitarbeitern die Beteiligung des Datenschutzbeauftragten erfordert

- Festlegung der Schutzzonen, Netzwerksicherheit und des Datensicherungskonzepts (siehe auch 3.2.3 Datensicherheit)
- Steuerung von Zutritt, Zugang und Zugriff (im Einklang mit den entsprechenden Kontrollbereichen aus der Anlage zu § 9 BDSG)
- Maßnahmen zur Absicherung der Betriebsbereitschaft und zum Umgang mit eventuell bestehenden Verwundbarkeiten eingesetzer IT-Systeme
- Regelungen zum Management von Störfällen und Angriffen
- Maßnahmen zur Gewährleistung eines kontinuierlichen Geschäftsbetriebs
- und schließlich eine Auflistung der einzuhaltenden Verpflichtungen aus rechtlichen und internen Anforderungen, wobei der Datenschutz erneut eine wichtige Stelle einnimmt

4.1.2 Kontrollbereiche versus Schutzziele

Die technischen und organisatorischen Maßnahmen nach § 9 BDSG werden auch als Datensicherheitsmaßnahmen bezeichnet (siehe auch 3.2.3 Datensicherheit). In der Anlage zu § 9 BDSG werden folgende **Kontrollbereiche** für technische und organisatorische Maßnahmen bestimmt:

- Organisationskontrolle: die innerbetriebliche **Organisation** ist so zu gestalten, dass sie den besonderen Anforderungen des Datenschutzes gerecht wird – dies gilt insbesondere für die nachfolgenden Kontrollbereiche, da dieser Bereich vor der expliziten Auflistung der anderen Bereiche gesetzt wurde;
- Zutrittskontrolle: Unbefugten ist der Zutritt zu Datenverarbeitungsanlagen zu verwehren, mit denen personenbezogene Daten verarbeitet oder genutzt werden – dies dient also in erster Linie dem Schutz von **Gebäuden** und Serverräumen;
- Zugangskontrolle: Die Nutzung von Datenverarbeitungssystemen durch Unbefugte ist zu verhindern – dies dient dagegen dem Schutz des jeweiligen **IT-Systems** (auch vor Angriffen);
- Zugriffskontrolle: Die zur Benutzung eines Datenverarbeitungssystems Berechtigten dürfen ausschließlich auf die ihrer Zugriffsberechtigung unterliegenden Daten zugreifen, so dass personenbezogene Daten bei der Verarbeitung, Nutzung

oder Speicherung nicht unbefugt gelesen, kopiert, verändert oder entfernt werden können – dies betrifft die eigentlichen **Anwendungen** und **Applikationen**, mit denen personenbezogene Daten erhoben, verarbeitet oder genutzt werden;

- Weitergabekontrolle: Bei der elektronischen Übertragung oder während des Transports oder ihrer Speicherung auf Datenträger dürfen personenbezogene Daten nicht unbefugt gelesen, kopiert, verändert oder entfernt werden, weshalb es überprüfbar und feststellbar sein muss, an welchen Stellen eine Übermittlung personenbezogener Daten durch Einrichtungen zur Datenübertragung vorgesehen ist – dies kann deshalb vor allem als Schutz des **Netzwerks** angesehen werden;
- Eingabekontrolle: Nachträglich muss es überprüfbar und feststellbar sein, ob und von wem personenbezogene Daten in Datenverarbeitungssystemen eingegeben, verändert oder entfernt worden sind – dies dient vor allem der **Zurechenbarkeit**;
- Auftragskontrolle: Personenbezogene Daten, die im Auftrag verarbeitet werden, dürfen nur entsprechend den Weisungen des Auftraggebers verarbeitet werden – dies dient damit der Absicherung der **Rechtsverbindlichkeit**;
- Verfügbarkeitskontrolle: Personenbezogene Daten sind gegen zufällige Zerstörung oder Verlust zu schützen – dies stellt die ausdrückliche Aufforderung zur **Ausfallsicherheit** dar;
- Datentrennungskontrolle: Zu unterschiedlichen Zwecken erhobene Daten müssen getrennt verarbeitet werden – dies unterstützt die Gewährleistung von **Zurechenbarkeit** und **Rechtsverbindlichkeit**.

Im Bereich der IT-Sicherheit werden dagegen üblicherweise Sicherheitsziele bestimmt, an denen sich ein Betrieb von IT-Systemen orientieren soll. Bei **mehrseitiger IT-Sicherheit** wird nicht nur die technische Dimension der IT-Sicherheit betrachtet, sondern auch die Interessen aller beteiligten Interessengruppen. Insofern weist diese eine starke Affinität zum Datenschutz auf, da hier insbesondere die Betroffenen mitberücksichtigt werden.

Die an einem IT-System von der Entstehung bis zum Einsatz beteiligten Personen handeln dabei ihre unterschiedlichen **Sicherheitsinteressen** miteinander in einem Prozess aus, bei dem jeder Beteiligte möglichst wenig Vertrauen in die jeweils Anderen setzen müssen. Das bekannteste Ergebnis einer solchen (allerdings stark verkürzten und ohne direkte Beteiligung der Betroffenen erfolgenden) Aushandlung stellt z.B. ein Pflichtenheft dar.

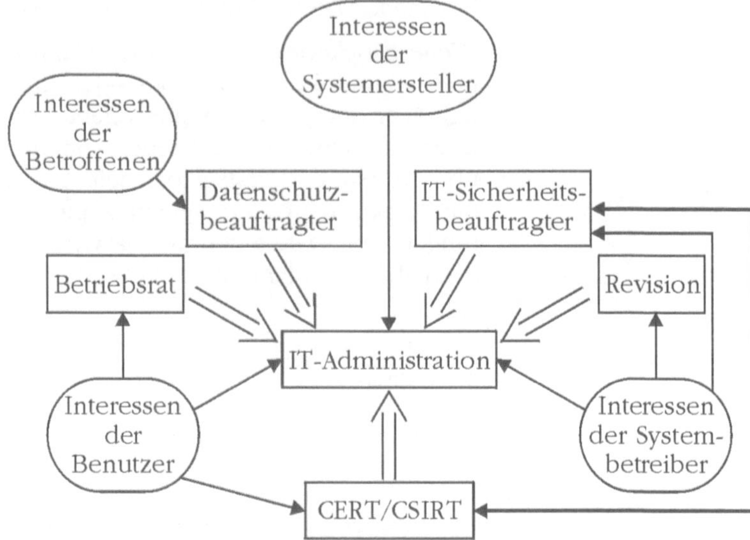

Abbildung 47: Zusammenspiel zum Interessenausgleich

Die verschiedenen Interessen werden dabei von unterschiedlichen **Akteuren** institutionell vertreten (siehe unter 3.2.2 Datenschutzkontrolle). Deren Zusammenspiel fokussiert sich letztlich auf die konkrete Tätigkeit der IT-Administration:

Unter mehrseitiger IT-Sicherheit wird üblicherweise verstanden:

Definition: Mehrseitige IT-Sicherheit

Schutz von Hardware, Software und Daten vor Gefährdungen vereinbarter Verfügbarkeit, Integrität, Vertraulichkeit, Zurechenbarkeit und Rechtsverbindlichkeit.

Die hierzu betrachteten IT-Systeme sollen in diesem Sinne:

- nur für befugte Nutzer zugänglich und funktionsfähig sein (Gewährleistung der Verfügbarkeit),
- Daten nur durch befugte Nutzer ändern lassen (Gewährleistung der Integrität),
- Daten nur durch befugte Nutzer interpretieren lassen (Gewährleistung der Vertraulichkeit),

- nachvollziehbar dokumentieren, welcher Nutzer einen Prozess ausgelöst hat (Gewährleistung der Zurechenbarkeit) und
- gegenüber Dritten die Übereinstimmung von Daten und Vorgängen mit rechtlichen Vorgaben nachweisen (Gewährleistung der Rechtsverbindlichkeit).

In mehreren Landesdatenschutzgesetzen werden in Anlehnung an diese Definition daher anstelle der Kontrollbereiche inzwischen **Schutzziele** formuliert, die sehr nah an denen mehrseitiger IT-Sicherheit liegen.

	Verfügbarkeit	**Integrität**	**Vertraulichkeit**	**Zurechenbarkeit**	**Rechtsverbindlichkeit**
Organisationskontrolle	X	X	X	X	X
Zutrittskontrolle	X		X		
Zugangskontrolle	X	X	X		
Zugriffskontrolle	X	X	X	X	X
Weitergabekontrolle	X	X	X	X	X
Eingabekontrolle		X		X	
Auftragskontrolle					X
Verfügbarkeitskontrolle	X				
Datentrennungskontrolle		X	X	X	X

Abbildung 48: Vergleich von Kontrollbereichen und Sicherheitszielen

Meist wird in den betreffenden Landesdatenschutzgesetzen die Rechtsverbindlichkeit in Revisionsfähigkeit und Transparenz unterteilt. Auch wird vereinzelt eine Risikoanalyse und ein Sicherheitskonzept vorgeschrieben.

Aspekte der Datensicherheit weisen also (zunehmend) eine hohe **Schnittmenge** mit Aspekten mehrseitiger IT-Sicherheit auf. Die

Übereinstimmung lässt sich aus vorstehendem schematischen Vergleich ablesen.

4.1.3 Protokollierungsvorschriften

Beim Datenschutz ist für die Zutrittskontrolle, Zugangskontrolle, Zugriffskontrolle, Weitergabekontrolle und Eingabekontrolle eine **Protokollierung** personenbezogener Daten vorgeschrieben. Diese unterliegt einer strengen Zweckbindung, dem Grundsatz der Datensparsamkeit und der Löschungspflicht nach Ablauf der Aufbewahrungsfrist.

Im Rahmen der IT-Sicherheit wird teilweise eine umfassende (auch personenbezogene) Protokollierung von Tätigkeiten und Aktionen gefordert, um insbesondere feststellen zu können, von was oder wem eine Gefährdung der eingesetzten IT-Systeme ausgeht. Ziel der Protokollierung ist damit neben der anonymisiert durchführbaren **Risikoanalyse** ebenfalls die durch die Sorgfaltspflicht motivierte Überwachung sicherheitsrelevanter Aktivitäten.

Anomalien lassen sich nur anhand protokollierter Werte feststellen und sind teilweise nicht so zielgenau feststellbar, wie dies beispielsweise bei der Missbrauchsanalyse hinsichtlich der Verletzung von Datenschutzbestimmungen der Fall ist. Hier werden aus Sicht der IT-Sicherheit unter Umständen längere Zeitreihenanalysen benötigt, die zwar größtenteils anonymisiert erfolgen können, doch vielleicht gerade durch die Verknüpfung mit den entsprechenden Verbindungsdaten (insbesondere der IP-Adressen) eine höhere Aussagekraft entfalten würden. Für die Festlegung der Abwehrstrategien reichen jedoch die anonymisiert ermittelten Erkenntnisse zweifellos aus.

Anforderungen für **revisionssichere Protokolle** sind:

- Protokolleinträge müssen auf automatisiert auswertbaren Datenträgern verfügbar sein,
- ein Protokolleintrag darf nicht nachträglich verändert werden, sonst kann der Nachweis der Zugriffs-, Eingabe- und Weitergabekontrolle nicht sicher erfolgen,
- Protokolleinträge dürfen nicht durch Unberechtigte ausgelesen oder weiterverarbeitet werden,
- Protokolle mit Personenbezug unterliegen einer strengen Zweckbindung und Datenschutzkontrolle, und

- Protokolldaten sollten möglichst nicht auf den Produktivsystemen gespeichert werden.

4.1.4 Datenschutzbeauftragter und IT-Sicherheitsbeauftragter

Ergriffene Datensicherheitsmaßnahmen werden sowohl vom Datenschutzbeauftragten als auch vom IT-Sicherheitsbeauftragten überprüft, sofern diese Funktionen jeweils besetzt wurden. Die Anforderungen an die Person, die die **Funktion** eines Datenschutzbeauftragten oder eines IT-Sicherheitsbeauftragten (bzw. Chief Information Security Officers) ausfüllt, sind vergleichbar und unterscheiden sich in erster Linie nur aufgrund der jeweiligen Sichtweise. Auch die Funktion des IT-Sicherheitsbeauftragten ist sinnvollerweise direkt der Behördenleitung bzw. Geschäftsführung zu unterstellen.

Die Bestellung eines **Datenschutzbeauftragten** ist im Gegensatz zur Bestellung eines IT-Sicherheitsbeauftragten gesetzlich vorgeschrieben: Bei Unternehmen ("nicht-öffentliche Stellen") ist ein Datenschutzbeauftragter zu bestellen, sobald mindestens zehn beschäftigte Personen (bis Ende 2006 waren es noch mindestens fünf beschäftigte Arbeitnehmer, jetzt wird auch das leitende Personal mitgezählt) ständig mit der automatisierten Verarbeitung personenbezogener Daten befasst sind bzw. mindestens zwanzig Personen mit der manuellen Erhebung, Verarbeitung oder Nutzung (siehe auch 3.2.2 Datenschutzkontrolle). Insoweit verfügt der Datenschutzbeauftragte auch über spezifische Schutzrechte (im Gegensatz zu einem IT-Sicherheitsbeauftragten). Der Datenschutzbeauftragte wirkt schließlich auf die Einhaltung datenschutzrechtlicher Vorschriften hin und besitzt hierzu ein umfassendes Kontrollrecht.

Die gesetzlich bestimmten **Anforderungen** an den Datenschutzbeauftragten sind die nötige Fachkunde (in Abhängigkeit des Schutzgrades der automatisiert verarbeiteten personenbezogenen Daten) und die Zuverlässigkeit. Was unter der erforderlichen Fachkunde zu verstehen ist, ist durch Gerichtsentscheide näher bestimmt worden, dies soll für den nachfolgenden Vergleich die Richtschnur bilden.

Unter dem Aspekt der **Zuverlässigkeit** werden gemeinhin beim Datenschutzbeauftragten die Fähigkeit zur Verschwiegenheit, die charakterliche Eignung und die Vermeidung von Interessenkonflikten verstanden. In den juristischen Kommentaren wird beispielsweise eine Interessenkollision mit der Funktion als Datenschutzbeauftragter bei Mitarbeitern der IT-Administration oder

Mitgliedern der Geschäftsleitung gesehen. Da ein IT-Sicherheitsbeauftragter ebenfalls eigene administrative Tätigkeiten nur schwerlich selbst unvoreingenommen kontrollieren kann, wird diese Funktion i.d.R. nicht nebenbei durch einen aktiven IT-Administrator bzw. IT-Leiter ausgeführt werden können.

Ein **Datenschutzbeauftragter** muss nach dem Urteil des Landgerichts Ulm folgende Kenntnisse und Fähigkeiten vorweisen:

- Anwendung rechtlicher Vorschriften aus dem Bereich des Datenschutzes, um zur Erfüllung der Sorgfaltspflicht und Compliance beitragen zu können;
- Kenntnisse der betrieblichen Organisation, da die Einhaltung datenschutzrechtlicher Vorschriften in der innerbetrieblichen Organisation durchzusetzen sind;
- Ausgewiesenheit in der Informationstechnik ("Computerexperte"), da der Umgang mit automatisierten Verarbeitungen personenbezogener Daten den Schwerpunkt der beruflichen Tätigkeit ausmacht;
- didaktische Fähigkeiten, um Schulungen zur Steigerung des datenschutzrechtlichen Bewusstseins halten zu können;
- psychologisches Einfühlungsvermögen und Konfliktmanagement, weil der Datenschutzbeauftragte geschickt den Betroffeneninteressen nachgehen muss und dabei oft zwischen IT-Administration und Geschäftsführung vermitteln muss;
- Organisationstalent, um den erforderlichen Prozess zur Umsetzung datenschutzrechtlicher Anforderungen managen zu können.

Ein **IT-Sicherheitsbeauftragter** muss vergleichbare Kenntnisse und Fähigkeiten vorweisen:

- Anwendung rechtlicher Vorschriften aus dem Bereich der IT-Sicherheit, um zur Erfüllung der Sorgfaltspflicht und Compliance beitragen zu können;
- Kenntnisse der betrieblichen Organisation, da einige Schwachpunkte im Sicherheitskonzept in der innerbetrieblichen Organisation zu suchen sind;
- Ausgewiesenheit in der Informationstechnik ("Computerexperte"), da die Herausforderungen der Informationstechnik zu den Hauptaufgaben eines IT-Sicherheitsbeauftragten zählen;

- didaktische Fähigkeiten, um Schulungen zur Steigerung des Sicherheitsbewusstseins halten zu können;
- psychologisches Einfühlungsvermögen und Konfliktmanagement, weil der IT-Sicherheitsbeauftragte zwischen IT-Administration und Geschäftsführung sitzt und vermitteln muss;
- Organisationstalent, um den erforderlichen Prozess mehrseitiger IT-Sicherheit und des IT-Risikomanagements managen zu können.

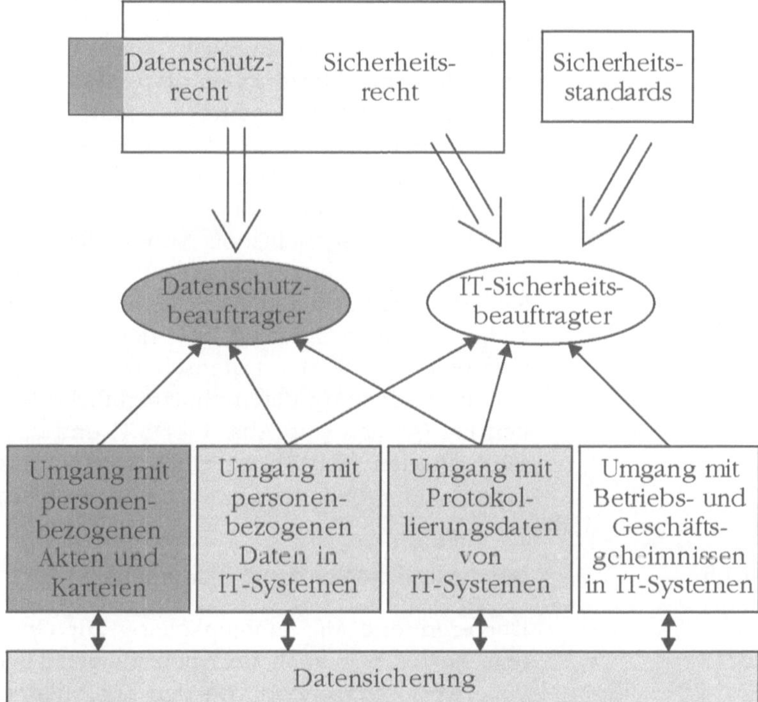

Abbildung 49: Vergleich der Beauftragten für Datenschutz und IT-Sicherheit

Sicherlich sind die Anforderungen mehrseitiger IT-Sicherheit im Bereich der Informationstechnik umfassender als beim Datenschutzbeauftragten, denn der **IT-Sicherheitsbeauftragte** muss alle relevanten Standards kennen und umsetzen können, eine Sicherheitsarchitektur selbst entwerfen können und sich etwas umfassender in Kryptographie, Betriebssicherheit, Netzwerksicherheit und Systemsicherheit auskennen. Dabei hat er auch die

IT-Systeme miteinzubeziehen, die keine personenbezogenen Daten automatisiert verarbeiten.

Dafür kümmert sich der **Datenschutzbeauftragte** zusätzlich um die Datenschutzkonformität manueller Datenverarbeitung, die den IT-Sicherheitsbeauftragten eher selten interessieren. Außerdem ist der Datenschutzbeauftragte in der Ausübung seiner Fachkunde weisungsfrei, darf nicht benachteiligt werden und ist durch die Behörde bzw. das Unternehmen geeignet zu unterstützen. Auf diese wichtigen Schutzrechte kann sich ein IT-Sicherheitsbeauftragter derzeit nicht berufen.

Sofern eine Person innerhalb eines Unternehmens bzw. einer Behörde eine "**Sonderverantwortlichkeit**" übernommen hat, zu deren Aufgaben ausdrücklich gehört, dass von der betreffenden Einrichtung ausgehende Rechtsverstöße zu beanstanden oder zu unterbinden sind, nimmt diese Person eine sog. "Garantenstellung" im Sinne von § 13 Abs. 1 StGB ein (nach einem Urteil des Bundesgerichtshofs von 2009). Entsprechende Überwachungs- und Schutzpflichten obliegen daher oftmals dem IT-Sicherheitsbeauftragten, vor allem, wenn dieser als Chief Information Security Officer (CISO) der Führungsebene (C-Level) angesiedelt ist. Da der Datenschutzbeauftragte dagegen lediglich auf die Einhaltung datenschutzrechtlicher Vorschriften hinzuwirken hat (gemäß § 4g Abs. 1 BDSG) und das Ergebnis seiner Vorabkontrollen nicht durch ein Vetorecht absichern kann, obliegt diesem keine entsprechende "Garantenstellung".

4.1.5 Datenschutzkonzept und Sicherheitskonzept

Der ergriffene Maßnahmenkatalog zur Gewährleistung des Datenschutzes wie auch der mehrseitigen IT-Sicherheit wird sinnvollerweise ausgehend von den Ergebnissen eines durchgeführten **IT-Risikomanagements** in eine konzeptuelle Darstellung überführt: dem Datenschutzkonzept bzw. dem Sicherheitskonzept. Das jeweilige Konzept beschreibt also näher, wie eine verantwortliche Stelle die bestehenden datenschutz- und ggf. fernmelderechtlichen sowie sicherheitstechnischen Anforderungen zu erfüllen gedenkt. Die Einbeziehung eines durchgeführten IT-Risikomanagements gewährleistet, dass vorhandene Risiken auf ein akzeptables Maß reduziert wurden. Beim Datenschutz ist dieser Vorgang für besonders riskante Verfahren durch die Verpflichtung zur Vorabkontrolle vorgeschrieben (siehe auch 1.3.4 Europäische Dimension des Datenschutzes).

Anhand des jeweiligen Konzepts muss **überprüfbar** sein, ob vorhandene Auflagen an die Compliance in Abhängigkeit des Schutzgrades der zu schützenden Daten und IT-Systeme einerseits und die Abwehr bestehender Bedrohungen unter Berücksichtigung bestehender Schwachstellen andererseits erreicht wird. Dies setzt voraus, dass die beschriebenen Maßnahmen präzise aufgeführt sind und eine Übereinstimmung der Ist-Werte mit Soll-Werten eindeutig bestimmbar ist. Die zugrunde liegenden Zielsetzungen sind explizit in dem jeweiligen Konzept anzugeben.

Beim **Datenschutzkonzept** liegt der Fokus dabei auf der Erhebung, Verarbeitung oder Nutzung personenbezogener Daten. Insofern spielt hier die Einhaltung der Datenschutzprinzipien (siehe hierzu auch 3.1 Prinzipien des Datenschutzes) und darunter vor allem die Berücksichtigung des Grundsatzes der Datensparsamkeit eine wichtige Rolle. Die beschriebenen Zielsetzungen ergeben sich beim Datenschutzkonzept unmittelbar aus den entsprechenden Vorschriften zu den technischen und organisatorischen Maßnahmen (siehe auch 3.2.3 Datensicherheit und 4.1.1 Technische und organisatorische Maßnahmen).

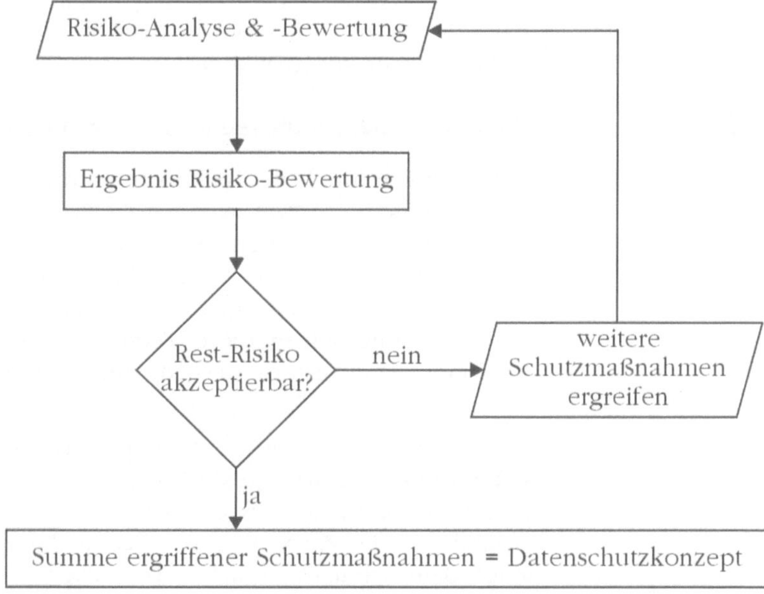

Abbildung 50: Vom Risiko-Management zum Datenschutzkonzept

Die vorstehende Grafik beschreibt den entsprechenden **Prozess** zur Reduzierung von Datenschutz-Risiken durch geeignete Wahl technischer bzw. organisatorischer Maßnahmen. Als Ergebnis dieses Prozesses ergibt sich die Gesamtzahl der ergriffenen Maßnahmen und daher ein überprüfbares Datenschutzkonzept.

Beim **Sicherheitskonzept** ist dagegen vor allem näher zu bestimmen, wie mit Störungen im laufenden Betrieb umgegangen werden soll, was sinnvollerweise mit einem Notfallvorsorgekonzept zur Gewährleistung der Geschäftskontinuität flankiert wird, so dass vor allem Handlungsanweisungen für einen potentiell eintretenden Katastrophenfall existieren. Die im Sicherheitskonzept beschriebenen Zielsetzungen leiten sich unmittelbar aus den Schutzzielen der mehrseitigen IT-Sicherheit ab.

Bei den jeweiligen Konzepten kann zwischen einer allgemeinen Darstellung und der spezifischen Darstellung für einzelne Verfahren bzw. IT-Systeme unterschieden werden.

4.2 Datenschutzfreundliche Techniken

Für die Umsetzung einer verlässlichen und beherrschbaren Informationstechnik existieren bereits einige Techniken, die sowohl den Ansprüchen mehrseitiger IT-Sicherheit als auch denen des Datenschutzes genügen.

4.2.1 Prinzipien datenschutzfreundlicher Techniken

Datenschutzfreundliche Techniken (privacy enhancing technologies) verfolgen das **Ziel**, weniger Risiken für die Privatsphäre der Betroffenen zu erreichen, indem eingesetzte Informations- und Kommunikationstechnik bei gleichzeitiger Reduzierung erforderlichen Personenbezugs genutzt werden. Durch frühzeitige Datenvermeidung setzen diese Techniken bereits im Vorfeld der Erhebung, Verarbeitung und Nutzung personenbezogener Daten an.

Datenschutzfreundliche Techniken können damit der **vorausschauenden Technikgestaltung** zugeordnet werden, und wirken sich auf den Stand der Technik aus, weshalb diese auch plakativ als "Datenschutz durch Technik" bezeichnet werden. Im Zuge datenschutzfreundlicher Techniken werden Konzepte des Systemdatenschutzes umgesetzt, der auf eine strukturelle und systemanalytische Ergänzung des individuellen Rechtsschutzes der Betroffenen aufsetzt.

Der Verwaltungsjurist Adalbert Podlech formulierte 1982 folgende **Prinzipien des Systemdatenschutzes**:

- Transparenz des Informationsverhaltens,
- Beschreibbarkeit der Erforderlichkeitsrelation,
- Verbot hyperkomplexer Verwaltungstätigkeit,
- Gebot der Validität und Verbot der Kontextveränderung und
- Sicherung der Rechtspositionen von Betroffenen.

Insofern spiegeln sich darunter die Prinzipien der Zweckbindung, Transparenz, Verhältnismäßigkeit, Datensparsamkeit und des Direkterhebungsvorrangs wider (siehe auch 3.1 Prinzipien des Datenschutzes).

4.2.2 Beispiele für datenschutzfreundliche Techniken

Grundlegend ist hierbei, dass sich Informationstechnik weitgehend unbeschränkt anwenden lässt, desto weniger personenbezogene Daten von Betroffenen herausgegeben werden (müssen). Daher dürfen nur erforderliche Daten erhoben, verarbeitet und genutzt werden. Personenbezogene Daten sind frühzeitig zu anonymisieren oder wenigstens zu pseudonymisieren und frühestmöglich zu löschen. Die Kommunikation hat vorzugsweise verschlüsselt zu erfolgen. Typische Beispiele zur Umsetzung stellen prepaid-Funktionen, ein Mix-Netz oder die Verwendung von Transaktionspseudonymen bei eCash-Anwendungen dar.

Zugleich ist die Selbstbestimmung und -steuerung des Nutzers durch datenschutzfreundliche Technik zu unterstützen. Deshalb entscheidet der Nutzer selbst, wie anonym er Dienste in Anspruch nehmen will. Jeder Verarbeitungsschritt ist verständlich und überprüfbar offen zu legen, so dass dem Nutzer ein Identitätsmanagement ermöglicht wird. Hierzu formuliert der Nutzer eigene Schutzziele und nutzt vertrauenswürdige Institutionen (Trust Center). Ein typisches Beispiel zur Umsetzung dieses Prinzips stellt die Platform for Privacy Preferences auf www.w3.org/P3P/ dar.

Bei einem **Mix-Netz** wird sichergestellt, dass die Existenz von Kommunikationsbeziehungen zwischen verschiedenen Instanzen nicht durch Unbefugte im Zuge einer Verkehrsflussanalyse nachvollzogen werden kann. Hierbei wird über eine vertrauenswürdige Instanz kommuniziert, die als Proxy fungiert, dabei aber die eingehenden und ausgehenden Ursprungsadressen umkodiert, so dass nicht durch Unbefugte nachvollzogen werden kann, welche eingehende Nachricht zu welcher ausgehenden Nachricht zuzuordnen ist. Dies setzt damit asymmetrisch verschlüsselte Übertragungsdaten und eine Ansammlung mehrerer Nachrichten von verschiedenen Nutzern bzw. die Erstellung künstlich erzeugter Nachrichten bei einer Remailer-Station eines Mix-Netzes voraus, bevor die umkodierten Nachrichten weitergeleitet werden. Ein Mix-Netz arbeitet deshalb mit Zeitverzögerung. In der folgenden Grafik wurde der mathematische Umkodierungsalgorithmus aus Gründen der Anschaulichkeit durch grafische Symbole ersetzt.

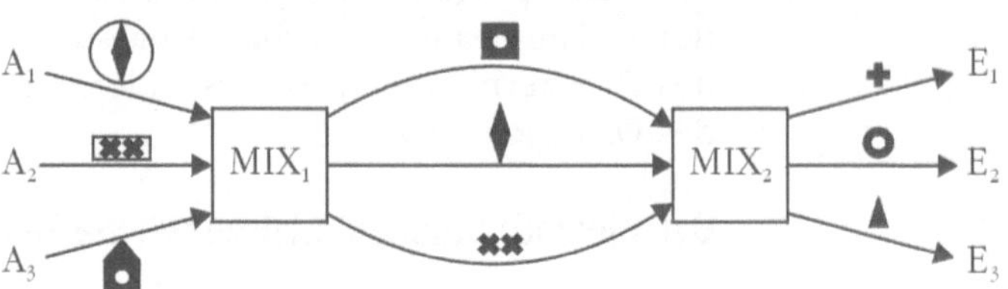

Abbildung 51: Schema eines MIX-Netzes

Ein **DC-Netz** (Dining Cryptographers Network nach David Chaum) ist dagegen ein synchronisiertes Verfahren, das durch die Verwendung paarweiser, symmetrischer Verschlüsselung mittels Vernam-Chiffre die Anonymität des Senders gewährleistet.

4.3 Zusammenfassung

In der Praxis finden sich oftmals Ansätze, Datenschutz und IT-Sicherheit als grundverschieden zu betrachten, da für den erstgenannten Aspekt gesetzliche Bestimmungen existieren und der zweite Aspekt scheinbar nur durch betriebliches Eigeninteresse motiviert zu sein scheint. Ein detaillierter Abgleich ergibt jedoch mehr Gemeinsamkeiten.

4.3.1 Zusammenfassung: Abgleich von Datenschutz und IT-Sicherheit

Angemessene technische und organisatorische Maßnahmen werden zur Einhaltung der Compliance in mehreren Gesetzen gefordert und sind daher durch eine Behörde bzw. ein Unternehmen zu ergreifen. Ziel der meisten Maßnahmen ist die Datensicherung, so dass Datenverarbeitungssysteme, Daten und Datenträger vor höherer Gewalt, Fehler und Missbrauch gesichert werden. Der Schwerpunkt liegt daher auf der Gewährleistung von Safety.

Die im BDSG formulierten Kontrollbereiche sind für die Einhaltung der Ziele mehrseitiger IT-Sicherheit geeignet, auch wenn zunehmend zentrale Rechenzentren bzw. Serverräume flexibleren Infrastrukturen weichen. In einigen Landesdatenschutzgesetzen werden daher bereits ausdrücklich die Sicherheitsziele mehrseitiger IT-Sicherheit (Verfügbarkeit, Integrität, Vertraulichkeit, Zurechenbarkeit und Rechtsverbindlichkeit) vorgeschrieben.

Die größten Unterschiede zwischen Datenschutz und IT-Sicherheit finden sich in der zugrunde liegenden Sichtweise, die ausschlaggebend für die jeweiligen Anforderungen an die Protokollierung ist. Während der Datenschutz personenbezogene Daten im Interesse der Betroffenen schützt, sichert IT-Sicherheit alle Daten aufgrund der Interessen der Systembetreiber ab. Doch auch diese Gegensätze lassen sich unter der übergeordneten Sicht mehrseitiger IT-Sicherheit auflösen.

Die Funktion des Datenschutzbeauftragten wie auch des IT-Sicherheitsbeauftragten erfordert letztlich ein vergleichbares Profil. In Abhängigkeit des Schutzgrades der zu schützenden Daten und IT-Systemen sind an beide vergleichbare Anforderungen an Fachkunde und Zuverlässigkeit zu stellen. Der IT-Sicherheitsbeauftragte muss jedoch zusätzlich alle relevanten Standards beherrschen und über ein fundiertes Basiswissen verfügen, um eine Sicherheitsarchitektur geeignet aufbauen zu können. Er verfügt nicht über die gesetzlichen Schutzrechte eines Datenschutzbeauftragten. Im Gegensatz zum Datenschutzbeauftragten wird aber ein IT-Sicherheitsbeauftragter in der Praxis oftmals eine strafrechtlich besonders herausgehobene "Garantenstellung" einnehmen.

Für beide Sichtweisen wird zur Gewährleistung der Compliance die Erstellung einer konzeptuellen Darstellung empfohlen: Einerseits ein Datenschutzkonzept auf der Grundlage der vorgeschriebenen technischen und organisatorischen Maßnahmen und andererseits ein Sicherheitskonzept auf der Grundlage der Schutzziele mehrseitiger IT-Sicherheit. In beiden Fällen wird darin ein konkret abprüfbarer Maßnahmenkatalog aufgeführt.

4.3.2 Zusammenfassung: Datenschutzfreundliche Techniken

Mehrseitige IT-Sicherheit und Datenschutz konvergieren beim Einsatz datenschutzfreundlicher Techniken. Diese verfolgen das Ziel der Risikoreduzierung durch frühzeitige Entfernung des Personenbezugs bei der Nutzung von Informations- und Kommunikationstechniken.

Datenschutzfreundliche Techniken werden einerseits durch das Prinzip der Datensparsamkeit und des Systemdatenschutzes geprägt, um frühzeit auf etwaigen Personenbezug verzichten zu können. Andererseits zeichnen sich datenschutzfreundliche Techniken durch das Prinzip des Selbstdatenschutzes und der Transparenz aus, die die Selbstbestimmung des Nutzers im Sinne eines Identitätsmanagements fördern.

5 Datenschutz in ausgewählten Bereichen

Eine umfassende Darstellung aller bereichsspezifischen Datenschutzbestimmungen würde die Grenzen dieses Lehrbuches sprengen. Die Grundlinien, wie die bereits kennen gelernten Konzepte in der Praxis umgesetzt werden, können jedoch anhand von drei besonders aussagekräftigen Beispielen nachgezeichnet werden:

- Der Mitarbeiterdatenschutz, der von der verantwortlichen Stelle sowohl im öffentlichen, als auch im nicht-öffentlichen Bereich zu beachten ist, und dabei in weiten Teilen einheitlich greift,
- der Kundendatenschutz, der in nicht-öffentlichen Stellen ebenfalls große Bedeutung hat, und
- der Sozialdatenschutz, stellvertretend für den Datenschutz in öffentlichen Stellen, bei dem zugleich spezifische Anforderungen besonders schützenswerter Daten aufgezeigt werden können.

5.1 Mitarbeiterdatenschutz

Beim Mitarbeiterdatenschutz können generell drei Phasen voneinander unterschieden werden:

- Die Bewerbung und der Eintritt der Mitarbeiter in die Behörde bzw. in das Unternehmen (im Zuge des Recruiting),
- Vorgänge während der Beschäftigung hinsichtlich Verwaltung und Kontrolle (im Zuge des Personalmanagements) und
- das Ausscheiden der Beschäftigten aus der Behörde bzw. aus dem Unternehmen.

Da beim Ausscheiden ausschließlich Archivierungspflichten und Löschungspflichten zum Tragen kommen, wird dieser Teil im Rahmen der Personalverwaltung dargestellt. Im Rahmen der so betrachteten Phasen werden zugleich die bereits vorgestellten Verfahren im Bereich des Mitarbeiterdatenschutzes (siehe 3.1.3 Prinzip der Zweckbindung) näher untersucht.

5.1.1 Grundsätze des Mitarbeiterdatenschutzes

Beim Mitarbeiterdatenschutz gibt es nach Peter Gola und Georg Wronka folgende **Grundsätze** der Personalaktenführung, die sich unmittelbar aus den Prinzipien des Datenschutzes ableiten lassen und letztlich in allen Phasen der Personaldatenverarbeitung greifen und zu beachten sind:

- Grundsatz der **Vertraulichkeit**: Die Vertraulichkeit der Unterlagen und Datensätze ist oberste Maxime; daher ist ein funktionstüchtiger Zugriffsschutz zwingend, zumal auch besondere Arten personenbezogener Daten erhoben, verarbeitet oder genutzt werden (z.B. die Zugehörigkeit zu einer öffentlich-rechtlichen Religionsgesellschaft, für die eine Kirchensteuer abzuführen ist, sowie die Angabe der Staatsangehörigkeit oder die Berücksichtigung von Krankmeldungen bzw. Gehaltspfändungen) bzw. da die Erhebung, Verarbeitung oder Nutzung der Leistungs- oder Verhaltenskontrolle (z.B. im Rahmen der Arbeitszeitüberwachung) dient.
- Grundsatz der **Richtigkeit**: Die Datensätze über die Mitarbeiter (inkl. etwaiger Reiter einer papiernen Personalakte) müssen korrekt sein und sind deshalb nach entsprechender Meldung des Mitarbeiters zu aktualisieren bzw. nach Ablauf der Aufbewahrungsfristen unverzüglich zu löschen, sofern der Mitarbeiter kein Interesse an einer längerfristigen Speicherung hat.
- Grundsatz der **Transparenz**: Die Datenverarbeitung muss nachvollziehbar dokumentiert sein und das Einsichtsrecht der Betroffenen in seine (ggf. digitalisierte) Personalakte ist zu gewähren.
- Grundsatz der **Zulässigkeit**: Die Erhebung, Verarbeitung oder Nutzung personenbezogener Daten darf nur auf der Grundlage einer gesetzlichen Vorschrift, einer kollektivrechtlichen Regelung (Dienstvereinbarung bzw. Betriebsvereinbarung), des Anstellungsvertrags oder auf der Grundlage einer Einwilligung des Mitarbeiters erfolgen, wobei die Zweckbindung zu beachten ist.

Für die einzelnen Bereiche der Personaldatenverarbeitung bestehen darüber hinaus bereichsspezifische Vorschriften.

Für die Personalabteilung ist aufgrund des hohen Schutzbedarfs eine eigene **Schutzzone** einzurichten. Die entsprechend genutzten Räumlichkeiten sind mit einer separaten Schließung zu versehen. Dabei ist der Kreis der Zutrittsberechtigten auf das absolute Minimum zu beschränken. Vor Verlassen der Räumlichkeiten sind sämtliche personenbezogene Unterlagen der Personalabteilung zu verschließen (im Sinne eines aufgeräumten Arbeitsplatzes). Digitale Unterlagen sind mit einem wirkungsvollen Zugriffsschutz zu versehen, so dass die gebotene Vertraulichkeit jederzeit gewährleistet ist.

Abbildung 52: Anforderung zur Schutzzone der Personalabteilung

Bundesbehörden werden auf der Grundlage von § 12 Abs. 4 BDSG auf die gleichen Datenschutzrechtsbestimmungen zum Mitarbeiterdatenschutz verpflichtet, der für nicht-öffentliche Stellen gilt. Daher kann an dieser Stelle von einem weitgehend einheitlichen Datenschutzrecht gesprochen werden. Es gibt allerdings für bestimmte Berufsgruppen, wie Beamte, eigene Datenschutzbestimmungen. In den einzelnen Bundesländern wurden davon abweichende Bestimmungen erlassen. Im Folgenden gibt es aus Gründen der Übersichtlichkeit eine Beschränkung auf eine bundesweit tätige Behörde bzw. einer nicht-öffentlichen Stelle.

Seit 2009 ist der Umgang mit Mitarbeiterdaten für Zwecke des **Beschäftigungsverhältnisses** im neuen § 32 BDSG geregelt und nur innerhalb des Erforderlichkeitsprinzips zulässig. Der Plural ("Zwecke") weist bereits darauf hin, dass es verschiedene Zwecke im Rahmen eines Beschäftigungsverhältnisses geben kann, so dass die Verpflichtung zur Festlegung des konkreten

Zwecks mit anschließender Zweckbindung weiterhin bestehen bleibt. Bei den über das reine Beschäftigungsverhältnis hinausgehenden Aspekten ("für andere Zwecke", zu den insbesondere die mittelbaren Datenverwendungen im Rahmen beispielsweise der Betriebsdatenerfassung, der Abrechnung von Telefon- bzw. Kantinenkosten oder der Ausgabe und Kontrolle von Werksausweisen) sind gemäß der Gesetzesbegründung vor allem § 28 Abs. 1 Nr. 2 BDSG sowie § 28 Abs. 3 Nr. 1 BDSG anzuwenden.

5.1.2 Personaleinstellung

Dreh- und Angelpunkt der Personaleinstellung ist das Bewerbungsverfahren. Der Umgang mit Bewerbungen basiert datenschutzrechtlich auf einem **rechtsgeschäftsähnlichen Schuldverhältnis** (vertragsähnliches Vertrauensverhältnis) mit dem Betroffenen und berechtigt nach § 32 Abs. 1 Satz 1 BDSG zur automatisierten Verarbeitung der Bewerberdaten. Dabei ist zu berücksichtigen, dass nur die personenbezogenen Daten erhoben werden, die für die in Aussicht genommene Stelle wirklich erforderlich sind und in einem engen sachlichen Zusammenhang mit dem einzugehenden Arbeitsverhältnis stehen (nach einem Urteil des Bundesarbeitsgerichts von 1984).

Die Vertraulichkeit der Personalakte ist bereits für die Bewerbungsdaten maßgeblich, da durch die Aufnahme der Verhandlungen über den eventuell erreichten Arbeitsvertrag ein Schuldverhältnis gemäß § 311 Abs. 2 BGB eingegangen wurde ("culpa in contrahendo"). Deshalb sind auch die Bewerbungsdaten und –unterlagen mit einem wirksamen **Zugriffsschutz** zu versehen. Dies gilt selbst für "aufgedrängte" Bewerbungsunterlagen im Rahmen einer Initiativbewerbung.

Nach § 35 Abs. 2 Nr. 3 BDSG sind personenbezogene Daten unverzüglich zu löschen, wenn ihre Kenntnis für die **Zweckerfüllung** nicht mehr erforderlich ist. Insofern sind die Bewerbungsunterlagen unverzüglich (d.h. ohne schuldhaftes Verzögern) bei Ablehnung eines Bewerbers zurück zu senden, gespeicherte Daten auf das für die Bearbeitung einer nochmaligen Bewerbung notwendige Maß (Name, Anschrift und Geburtsdatum) zu beschränken und etwaige Personalfragebögen zu vernichten (nach einem weiteren Urteil des Bundesarbeitsgerichts von 1984).

Im Rahmen des Bewerbungsverfahrens ist außerdem das Allgemeine Gleichbehandlungsgesetz zu beachten. Nach § 15 Abs. 4 AGG ist nunmehr der Grund für die Absage eines Bewerbers geeignet zu dokumentieren und diese **Dokumentation** für den

Zeitraum etwaiger Einspruchsfristen aufzubewahren, da der abgewiesene Bewerber zwei Monate nach Zugang der Ablehnung eine Klage auf Entschädigung einreichen kann. Insofern können Kopien der Bewerbungsunterlagen sogar bis zu sechs Monate lang aufbewahrt werden, um im Rahmen üblicher Verfahrensfristen entsprechende Klagen fundiert abweisen zu können. Der verantwortlichen Stelle liegt hierzu ein berechtigtes Interesse nach § 28 Abs. 1 Nr. 2 BDSG i.V.m. § 22 AGG vor.

Diese Unterlagen sind allerdings für den Aufbewahrungszeitraum zu **sperren**. Denn entsprechende Daten werden nicht gelöscht, sondern gesperrt, wenn gesetzliche Aufbewahrungsfristen (auf Grund von § 35 Abs. 3 Nr. 1 BDSG) diesem entgegenstehen. Dies ist z.B. beim Anschreiben des Bewerbers und dem entsprechenden Antwortschreiben der verantwortlichen Stelle der Fall. Dies gilt auch, wenn (im Sinne von § 35 Abs. 3 Nr. 2 BDSG) Grund zur Annahme besteht, dass die Löschung schutzwürdige Interessen des Betroffenen beeinträchtigen würde. Letzteres berechtigt beispielsweise dazu, ggf. die Bewerbungsunterlagen bis zum Antrittstermin des bevorzugten Bewerbers aufzubewahren, damit bei dessen Nichtantritt der nächstplatzierte Bewerber doch angestellt werden kann. Für einen längeren Zeitraum ist aber die Einwilligung des Betroffenen erforderlich.

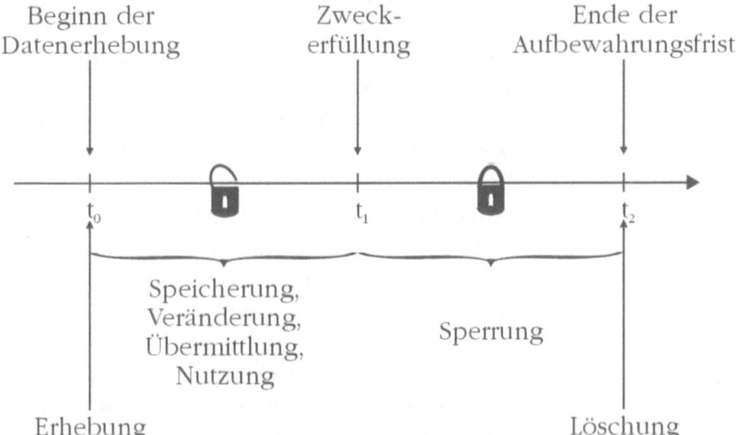

Abbildung 53: zeitliche Abfolge der Verarbeitungsphasen

Zunehmend gehen bei der verantwortlichen Stelle Bewerbungen per **E-Mail** ein. Solche Bewerbungen sind auf dem Netzwerklaufwerk in ein separates Verzeichnis unter Beachtung von Zugriffsschutzregelungen abzulegen und in das automatisierte Archivierungssystem zu integrieren. Eine vollständige und separate Löschung einzelner Anhänge von Bewerbungs-E-Mails ist i.A. nur mit einem unverhältnismäßig hohen Aufwand möglich, weshalb die kompletten E-Mails für die Dauer der Aufbewahrungsfrist nach § 35 Abs. 3 Nr. 3 BDSG zu sperren sind. Eine ausschließliche und unmittelbare Entscheidung über die Bewerbung durch automatisierte Verarbeitung personenbezogener Daten (etwa auf Grund eines Web-Formulars) ist nach § 6a BDSG nicht zulässig.

Sollen Bewerbungen vorzugsweise auf elektronischem Wege eingereicht werden (im Rahmen des E-Recruitings), so hat die verantwortliche Stelle mindestens die Möglichkeit zur geschützten Einreichung einzuräumen, etwa durch Bereitstellung eines entsprechenden **Web-Formulars**, das mittels SSL 3.0 aufgerufen werden kann. Der hierzu genutzte Web-Server ist gegen potentielle Angriffe und Datenverluste abzusichern. Dafür ist ein Schutzzonenkonzept zu erstellen. Innerhalb der verantwortlichen Stelle muss gewährleistet sein, dass nur befugtes Personal auf die via Web-Formular eingetragenen Bewerbungsdaten zugreifen kann. Damit der Betroffene absehen kann, auf was er sich einlässt, wenn er eine elektronische Bewerbung abschickt, ist eine entsprechende Datenschutzerklärung auf der Web-Seite zum Web-Formular abzugeben (siehe auch 3.3.2 Datenschutz im Internet).

Einige verantwortliche Stellen wickeln das Bewerbungsverfahren nicht mehr selbst ab, sondern haben hierzu vertragliche Vereinbarungen mit **Personalberatern** getroffen. Dies geschieht entweder im Zuge einer Funktionsübertragung, in der der Personalberater anhand der Vorgaben der einstellungswilligen Stelle ein vollständiges Bewerbungsverfahren durchführt, wobei der eigentliche Arbeitsvertrag dann mit der ausschreibenden Stelle zustande kommt, oder im Zuge einer Auftragsdatenverarbeitung, bei der der Personalberater lediglich nach vereinbarten Kriterien vorsortiert. Sofern die Bewerbung von den interessierten Personen an den Personalberater zu richten sind, etwa weil die die freie Stelle ausschreibende Stelle anonym bleiben möchte, findet eine Datenweitergabe nur in einer Richtung statt. Leitet hingegen die die freie Stelle ausschreibende Stelle die bei ihr eingegangenen Bewerbungsunterlagen an einen externen Personalberater weiter, sind die Betroffenen zumindest über die Weiterleitung an sich (ggf. ohne Nennung der Firmenbezeichnung des Personalberaters) zu benachrichtigen.

Im Zuge der **Befragung** von Bewerbern werden zum Teil Fragen gestellt, die unzulässig oder nicht erforderlich sind. In diesen Fällen besitzt der Bewerber ein Recht auf Unwahrheit (nach ständiger Rechtsprechung des Bundesarbeitsgerichts). Stellt sich später heraus, dass entsprechende Aussagen unwahr sind, so gilt dies nicht als arglistige Täuschung (im Sinne von § 123 BGB). Seit 2009 ist der Befragende nach § 32 Abs. 1 Satz 1 BDSG dazu angehalten, ausschließlich erforderliche Daten abzufragen. Der verantwortlichen Stelle ist es zwar an sich gestattet, öffentlich zugängliche Daten, wie z.B. die auf Web-Seiten des Bewerbers gespeicherten Daten, auszuwerten (nach § 28 Abs. 1 Nr. 3 BDSG), doch ist deren Einbeziehung ins Bewerbungsverfahren seit 2009 strittig. Dies kann lediglich im Einzelfall noch für die Begründung über die Entscheidung eines Beschäftigungsverhältnisses (z.B. bei leitenden Angestellten mit Repräsentationsfunktion) zulässig sein. Es zählt zur Natur der Sache, dass im Rahmen eines Vorstellungsgesprächs auch ein Persönlichkeitsbild gezeichnet wird, selbst wenn dieses nur selten anschließend auch nachvollziehbar dokumentiert wird.

Vor Abschluss des Bewerbungsverfahrens ist i.d.R. auch eine eventuell vorhandene **Mitarbeitervertretung** zu informieren (nach § 99 Abs. 1 BetrVG bzw. §§ 75 Abs. 1 Nr. 1 und 76 Abs. 1 Nr. 1 BPersVG). Dabei erhält diese auch Einblick in personenbezogene Daten des Bewerbers, um ggf. Einsprüche geltend machen zu können. Vergleichbares gilt für Versetzungen aufgrund von innerbehördlichen bzw. innerbetrieblichen Bewerbungen.

Nach Abschluss des Bewerbungsverfahrens sind die Bewerbungsunterlagen der beschäftigten Mitarbeiter zur Personalakte zu nehmen. Zu **Beginn** eines entsprechenden Beschäftigungsverhältnisses sind von dem neuen Mitarbeiter meist noch erforderliche Angaben zur Lohn- und Gehaltsabrechnung wie auch eines ggf. ergänzend auszufüllenden Personalfragebogens zu tätigen. Zu den hierbei vorgelegten Fragen muss jeweils, wie schon bei der Befragung im Rahmen der Bewerbungsphase, ein nachvollziehbares und nachweisbares betriebliches Interesse bestehen. Dabei sind Mitbestimmungsregelungen zu beachten, sofern eine entsprechende Mitarbeitervertretung besteht.

In einigen behördlichen bzw. betrieblichen Tätigkeitsfeldern müssen sich Arbeitnehmer zu Beginn ihrer Tätigkeit einer arbeitsmedizinischen **Eintrittsuntersuchung** unterziehen, deren Ergebnis (im Sinne von "geeignet", "unter bestimmten Voraussetzungen geeignet" oder "ungeeignet") der verantwortlichen Stelle vom Betriebsarzt mitgeteilt wird. Der Betriebsarzt ist unabhängig von seiner behördlichen bzw. betrieblichen Zugehörigkeit aufgrund seiner Aufgaben nach § 3 ASiG als Teil der verantwortlichen Stelle anzusehen. Die Mitteilung wird in der Personalakte abgelegt, die Befunddaten selbst verbleiben dagegen beim Betriebsarzt und unterliegen dort der nach § 8 Abs. 1 Satz 3 ASiG bzw. § 203 Abs. 1 Nr. 1 StGB geschützten ärztlichen Schweigepflicht.

Außerdem gibt es behördliche bzw. betriebliche Tätigkeitsfelder, die **besondere Anforderungen** an einen Stelleninhaber stellen und insofern besondere Nachweise etwa eines polizeilichen Führungszeugnisses, einer umfangreicheren Sicherheitsüberprüfung oder eines Gesundheitszeugnisses erfordern. Die entsprechenden Bescheinigungen sind ebenfalls Teil der Personalakte. In diesen Tätigkeitsfeldern sind jedoch alle Beschäftigten gleich zu behandeln, so dass nicht bei etwaigen Umgruppierungen eines Beschäftigten die erforderliche Bescheinigung vorliegt und von einem anderen dagegen nicht (Grundsatz der Gleichbehandlung).

5.1.3 Personalverwaltung

Im Zuge der Personalverwaltung sind folgende Bereiche datenschutzrelevant und im Rahmen des Beschäftigungsverhältnisses i.d.R. als eigene Verfahren anzusehen:

- Personalaktenführung,
- Lohn- und Gehaltsabrechnung,
- Verwaltung des Personaleinsatzes (etwa im Rahmen eines Enterprise-Resource-Planning-Systems) und
- Personalentwicklungsplanung.

Die **Personalakten** der Mitarbeiter sind sorgfältig und nicht allgemein zugänglich aufzubewahren (nach einem Urteil des Bundesarbeitsgerichts von 1987). Die Vertraulichkeit der Personalakte ist oberstes Gebot. Die Führung von Personalakten fällt seit 2009 in jedem Fall (also unabhängig von der konkreten Form) unter die datenschutzrechtlichen Bestimmungen des BDSG (aufgrund der ausdrücklichen Klarstellung in § 32 Abs. 2 BDSG, dass auch nicht automatisierte Dateien gemäß § 3 Abs. 2 Satz 2 BDSG einzubeziehen sind, zu denen Personalakten aufgrund ihres gleichen Aufbaus zweifelsfrei zählen).

In der Personalakte sind insbesondere die **wesentlichen Vertragsbedingungen** nach § 2 Abs. 1 NachwG schriftlich in Papierform nachzuweisen, damit die Anforderungen an einen Urkundsbeweis (nach § 420 ZPO) erfüllt sind. Insofern ist unabhängig davon, ob ggf. die Personalakte selbst digital oder auf Papier archiviert wird, ein Aktenordnungssystem erforderlich und mit entsprechenden Schutzvorkehrungen gegen unbefugte Zugriffe abzusichern.

Ein Mitarbeiter hat auf Grund von § 83 Abs. 1 BetrVG sowie von § 68 Abs. 2 BPersVG (und entsprechender Regelungen im Beamtenrecht in § 90c BBG bzw. § 56c BRRG) das Recht, seine Personalakte vollständig **einsehen** zu dürfen. Insofern müssen aus der Personalakte alle Unterlagen und Vorgänge, die in einem unmittelbaren inneren Zusammenhang mit dem Beschäftigungsverhältnis stehen, unmittelbar hervor gehen. Dazu gehören auch etwaige Sonder- bzw. Nebenakten, weshalb zumindest ein entsprechender Vermerk in der Personalakte anzubringen ist.

Abmahnungen werden (je nach Schwere des geahndeten Vergehens) nach einer gewissen Dauer unwirksam (nach einem weiteren Urteil des Bundesarbeitsgerichts von 1987), wenn sich der Mitarbeiter in dieser Zeitspanne kein weiteres Fehlverhalten hat zu Schulden kommen lassen, so dass ein Arbeitgeber bzw. Dienstherr sich bei der Kündigung nicht mehr darauf berufen kann. Bei leichteren Vergehen ist dies nach zwei Jahren (nach einem Urteil des Landesarbeitsgerichts Hamm von 1986), bei schwereren Vergehen nach drei Jahren der Fall. Diese Abmahnungen sind nach Ablauf dieser Frist aus der Personalakte zu entfernen.

Sind in einer Personalakte **besonders sensible Daten** (z.B. Gesundheitsdaten oder Nachweise einer Schwerbehinderung) über einen Mitarbeiter abzulegen, dann müssen diese in einem verschlossenen Umschlag in der Personalakte archiviert werden, der nur im Rahmen berechtigter Vorgänge geöffnet werden darf (nach einem Urteil des Bundesarbeitsgerichts von 2006).

Die Vertraulichkeit der Personalakten bleibt auch nach Beendigung des Beschäftigungsverhältnisses bestehen. Insofern ist bei der **Archivierung** der Personalunterlagen ausgeschiedener Mitarbeiter sicherzustellen, dass diese nicht von Unbefugten eingesehen werden können. Auch nach Beendigung des Beschäftigungsverhältnisses hat der Betroffene bei berechtigtem Interesse (etwa zur Vorbereitung seiner Altersversorgung) ein Einsichtsrecht in seine (ehemalige) Personalakte (nach einem Urteil des Bundesarbeitsgerichts von 1994).

Erfolgt ein Wechsel in der Archivierungsform, indem die **Personalakte digitalisiert** wird, so liegt ein Medienwechsel vor, der allerdings besondere Risiken für die Rechte und Freiheiten der Betroffenen aufweisen kann, zumal in der Personalakte besonders schutzwürdige Unterlagen abgelegt werden, die ein umfassendes Persönlichkeitsbild zeichnen: Zeugnisse, Lebensläufe, Arbeitserlaubnisse, Arbeitszeit- und Gehaltsnachweise, Sozialversicherungsnachweise, Leistungsbeurteilungen, Abmahnungen, Pfändungsbescheinigungen, Anträge auf Mutterschutz- und Erziehungsurlaub u.v.a.m..

Daher ist bei der Einführung eines Dokumentenmanagementsystems, in dem auch digitale Personalakten verwaltet werden, eine **Vorabkontrolle** durchzuführen. Dabei wird sichergestellt, dass lediglich akzeptable und beherrschbare Risiken durch das Dokumentenmanagementsystem der Personalabteilung bestehen.

Bei der Digitalisierung der Personalakte sind **besondere** technische und organisatorische **Schutzvorkehrungen** zu ergreifen. So ist ein sicheres Dokumentenscannen, ein Test auf jederzeitige Lesbarkeit der gespeicherten Datensätze, ein besonderer Zugriffsschutz (einerseits hinsichtlich der Nutzung und andererseits hinsichtlich der Administration), die Verwendung einer Transportverschlüsselung zwischen Client und Server bei Datenaufruf bzw. Datenübertragung und eine Protokollierung aller Zugriffe zu gewährleisten. Ferner sind vorgeschriebene Löschungspflichten geeignet umzusetzen.

Nicht-öffentliche Stellen sind nach § 5 BDSG dazu angehalten, die zur Datenverarbeitung beschäftigten Personen auf das **Datengeheimnis** zu verpflichten. Dieses besteht auch nach Beendigung ihrer Tätigkeit fort. Eine Verletzung der Pflicht zur Wahrung des Datengeheimnisses kann Anlass für eine außerordentliche Kündigung sein sowie mit einer Geld- oder Haftstrafe geahndet werden. Bei öffentlichen Stellen wird die Verpflichtung auf das Datengeheimnis durch eine entsprechende Erklärung nach § 1 VerpflG ersetzt.

Nur wenn die mit der Datenverarbeitung beschäftigten Personen auf das Datengeheimnis verpflichtet wurden, können die Mitarbeiter bei der Verletzung von Datenschutzvorschriften haftungsrechtlich voll zur Verantwortung gezogen werden und können sich nicht auf einen sog. "Verbotsirrtum" berufen. Üblicherweise erfolgt daher eine Verpflichtung auf das Datengeheimnis durch eine **ausdrückliche Erklärung** des Beschäftigten, aus der der Umfang des Datengeheimnisses, mögliche Folgen einer Nichtbeachtung und die positive Kenntnisnahme der hierfür zugrunde liegenden Belehrung hervorgehen. Dies kann im Zuge der Unterzeichnung des Anstellungsvertrags (z.B. als gesonderter Teil dieses Vertrags) oder getrennt (also mit separater Erklärung) erfolgen.

Die Schriftform ist anzuraten, aber nicht zwingend, da die Beschäftigten unabhängig von ihrer Unterzeichnung dem Datengeheimnis verpflichtet sind. Die Unterzeichnung dient daher lediglich der **Beweissicherung** zur Abwehr eines "Verbotsirrtums". Eine z.B. per E-Mail mitgeteilte Weigerung der Unterzeichnung eines Mitarbeiters kann bereits als positive Kenntnisnahme ausgelegt werden. Alternativ kann daher auch eine mündliche Verpflichtung auf das Datengeheimnis unter Anwesenheit eines Zeugen vorgenommen werden.

Spezifische Aufbewahrungsfristen gilt es außerdem im Rahmen der **Lohn- und Gehaltsabrechnung** zu beachten. Deren Buchungsbelege sind nach § 147 Abs. 3 AO zehn Jahre lang aufzubewahren und danach datenschutzgerecht zu vernichten. Lohnlisten können dagegen schon nach sechs Jahren vernichtet werden.

Der für den Mitarbeiter vorgesehene Durchschlag der Verdienstabrechnung und der Meldungen zur Sozialversicherung sind stets verdeckt an den betreffenden Mitarbeiter zu übergeben. Die digitalen **Abrechnungsdaten** sind durch geeignete Schutzvorkehrungen gegen unbefugte Zugriffe abzusichern, zumal sich darunter auch besondere Arten personenbezogener Daten (Zugehörigkeit zu einer öffentlich rechtlichen Religionsgesellschaft, Staatsangehörigkeit, Krankenkassenmitgliedschaft, krankheitsbedingte Gehaltskürzungen, Beihilfezahlungen etc.) befinden.

Die eingesetzten Programme zur Lohn- und Gehaltsabrechnung weisen **Schnittstellen** zu öffentlichen Stellen auf: zur Meldung der elektronischen Steuererklärung (ELSTER) und zur Meldung der Sozialversicherungsdaten nach § 25 DEÜV an die Annahmestellen der Krankenkassen (DAKOTA). Zum Zeitpunkt der Manuskripterstellung weist die vorgesehene Datenübertragung im Rahmen des elektronischen Entgeltnachweises (ELENA) dagegen noch eine Vielzahl nicht erforderlicher sowie aufgrund von Freitextfeldern für hoheitliche Aufgaben zu unbestimmte Datensätze auf, so dass dort noch mit erheblichen Nachbesserungen zu rechnen ist. Vonseiten der Finanzbuchhaltung sind gegenüber den beauftragten Zahlungsinstituten geeignete Übertragungswege zu vereinbaren, z.B. durch Einsatz des Home Banking Computer

Interface (HBCI). Die Datenbestände der Abrechnungsdaten selbst sind in geeigneter Weise abzuschotten.

Statistische bzw. betriebswirtschaftliche aufbereitete **Auswertungen** über Gehaltszahlungen haben aggregiert zu erfolgen, so dass nicht auf den einzelnen Mitarbeiter zurückgeschlossen werden kann. Im Rahmen der Kostenstellenrechnung ergeben sich dabei teilweise datenschutzbezogene Konflikte, da eine Kostenstelle behördliche bzw. betriebliche Verantwortungsbereiche möglichst differenziert abbilden soll. Sobald einer Kostenstelle jedoch weniger als drei Mitarbeiter zugeordnet werden, sind die Angaben als personenbezogen anzusehen, für die ein berechtigtes Interesse der verantwortlichen Stelle vorliegt. Daher sind auch in diesem Bereich ggf. datenschutzrechtliche Bestimmungen zu beachten.

Weitere finanzbuchungstechnische personenbezogene Daten fallen zudem im Rahmen des **Reisemanagements** der Beschäftigten an, die ebenfalls einer entsprechenden Absicherung bedürfen. Dies betrifft die Genehmigung von Dienstreiseanträgen, die Einreichung von Reisekostenbelegen und die Zusammenstellung der entsprechenden Reisekosten. Die Unterlagen selbst sind abrechnungsrelevant und müssen daher zehn Jahre aufbewahrt werden. Nach erfolgter Abrechnung sind diese daher zu sperren.

Die von den Mitarbeitern (nach § 5 Abs. 1 EntgFG bzw. § 9 Abs. 2 EntgFG) einzureichenden Krankmeldungen, die i.d.R. an die Lohnbuchung weitergeleitet werden, liefern Aussagen über den allgemeinen Gesundheitszustand. Die eingereichten **Arbeitsunfähigkeitsbescheinigungen** sind nach zwölf Monaten aufgrund von § 35 Abs. 2 Nr. 3 BDSG i.V.m. § 3 Abs. 1 Nr. 2 EntgFG zu vernichten. Eine buchhalterische Aufbewahrungspflicht für sechs oder gar zehn Jahre ist darin nicht zu sehen, sofern sich keine Gehaltskürzungen aus diesen Unterlagen aufgrund einer Erkrankung von mehr als sechs Wochen (nach § 3 Abs. 1 EntgFG) ergeben. Diese resultiert vielmehr aus der gesonderten Mitteilung der kassenärztlichen Vereinigung hinsichtlich des Vorliegens des gleichen Krankheitsbefundes, sofern dies bei der entsprechenden Krankenkasse angefordert wurde. Führte die dauerhafte Erkrankung zu einer Entlassung, sind die entsprechenden Einspruchsfristen abzuwarten. Vor Ablauf der sechs Wochen kann bei den AU-Bescheinigungen allenfalls ein buchhalterische Rechtfertigung gesehen werden, wenn es um die Kürzung von Sondervergütungen (nach § 4a EntgFG) geht.

Wenn ein Mitarbeiter insgesamt über sechs Wochen lang innerhalb eines Jahres krankgeschrieben war und seinen Arbeitsplatz danach wieder antritt, ist schließlich ein **Wiedereingliederungsmanagement** (nach § 84 Abs. 2 SGB IX) unter Zustimmung und Beteiligung des betroffenen Mitarbeiters vorgesehen, das sich nicht nur auf Schwerbehinderte bezieht. Die Rechtsgrundlage für die damit verbundene Datenverarbeitung bildet die entsprechende Einwilligungserklärung des betreffenden Mitarbeiters. Das Wiedereingliederungsmanagement unterliegt zudem zumindest im Rahmen allgemein anzuwendender Vorgehensweisen der Mitwirkung der zuständigen Mitarbeitervertretung (Personalrat bzw. Betriebsrat sowie ergänzend der Schwerbehindertenvertretung bei schwerbehinderten Mitarbeitern). Zielsetzung des Wiedereingliederungsmanagements ist es, die Arbeitsunfähigkeit des betroffenen Mitarbeiters dauerhaft zu überwinden. Anfallende Daten unterliegen aufgrund ihrer Zuordnung zu den Gesundheitsdaten umfangreicher Datenschutzmaßnahmen und einer strengen Zweckbindung.

Nach den für den jeweiligen Bereich einschlägigen berufsgenossenschaftlichen Vorschriften in Verbindung mit § 15 Abs. 1 SGB VII sind vorgefallene **Arbeitsunfälle** zu dokumentieren. Dabei werden auch personenbezogene Gesundheitsdaten erhoben, verarbeitet und genutzt. Dies ist nach § 28 Abs. 7 BDSG nur dann zulässig, wenn die Eintragungen durch Personen vorgenommen werden, die einer entsprechenden Geheimhaltungspflicht nach § 203 StGB unterliegen (ärztliche Schweigepflicht). Hierzu zählen neben dem Betriebsarzt auch Betriebssanitäter (als Angehörige eines Heilberufs, der eine staatliche Ausbildung erfordert) und Ersthelfer (als berufsmäßig tätige Gehilfen der Betriebsärzte und Betriebssanitäter).

Die Verhinderung einer unbefugten Offenbarung von personenbezogenen **Gesundheitsdaten**, die im Rahmen der Unfallvorsorge festgehalten werden, erfordert besondere technische und organisatorische Maßnahmen. Dies setzt insbesondere einen funktionstüchtigen Zugriffsschutz auf die entsprechenden Aufzeichnungen voraus. Gleichzeitig muss aber auch eine unverzügliche Hilfeleistung im Rahmen des Arbeitsunfalls unter Einsichtnahme in bestehende Aufzeichnungen und eine zeitnahe Dokumentation der vollzogenen Ersthilfe gewährleistet sein.

Weitere besondere Umstände einer innerbehördlichen bzw. innerbetrieblichen Erhebung, Verarbeitung oder Nutzung sensibler Mitarbeiterdaten liegen z.B. hinsichtlich eines angezeigten **Mob-**

bings vor. Auch hier sind frühzeitig datenschutzrechtliche Schutzvorkehrungen vor allem zugunsten des Opfers zu beachten, die den mobbenden Mitarbeiter nicht vor arbeitsrechtlichen Konsequenzen schützen.

In Enterprise-Resource-Planning-Systemen (**ERP-Systeme**) werden zu den einzelnen Mitarbeitern umfangreiche Datensätze im sog. HR-Modul (HR = Human Resources) abgespeichert und ausgewertet. Neben den Stammdaten zu den Mitarbeitern finden sich darin auch Lohn- und Gehaltsabrechnungsdaten, Arbeitszeitdaten und ggf. Erfolgszahlen (aus Produktion oder Vertrieb), so dass ERP-Systeme als Personalinformationssysteme anzusehen sind. Auch werden darin oftmals Daten über offizielle Schriftsätze im Sinne eines Dokumentenmanagementsystems und die Personalentwicklungsplanung abgelegt.

Zur **Personalentwicklungsplanung** zählen z.B. Informationen über die Teilnahme an Schulungen, eine Leistungsbewertung hinsichtlich des Vorliegens von Fähigkeiten und Fertigkeiten (im Rahmen des Skill-Managements), der Erfüllungsgrad vereinbarter Zielvorgaben und ggf. innerbehördlich bzw. innerbetrieblich für den Mitarbeiter anzustrebende Weiterentwicklungsstufen. Entsprechende Systeme erfordern daher i.d.R. eine Vorabkontrolle, so dass sichergestellt werden kann, dass keine besonderen Risiken im Rahmen der Personalentwicklung entstehen. Im Rahmen der betrieblichen Berufsbildung verfügt überdies der Betriebsrat über ein Mitwirkungsrecht (nach § 97 Abs. 2 BetrVG).

Ein derart angereichertes ERP-System ist dazu geeignet, ein umfassendes **Persönlichkeitsbild** über die einzelnen Beschäftigten zu zeichnen. Daher sind auch unabhängig von einer durchzuführenden Vorabkontrolle umfassende Datenschutzkontrollen nötig. Im Rahmen eines geeigneten Berechtigungskonzepts sind entsprechende Zugriffsbeschränkungen einzurichten. Hier muss regelmäßig kontrolliert werden, ob das Berechtigungsschema noch aktuell ist und nicht durch den Wechsel oder das Ausscheiden von Mitarbeitern einer Überarbeitung bedarf. Sinnvollerweise sind hier entsprechend automatisch ablaufende Prozesse zwischen der Personalabteilung und der IT-Abteilung zu etablieren.

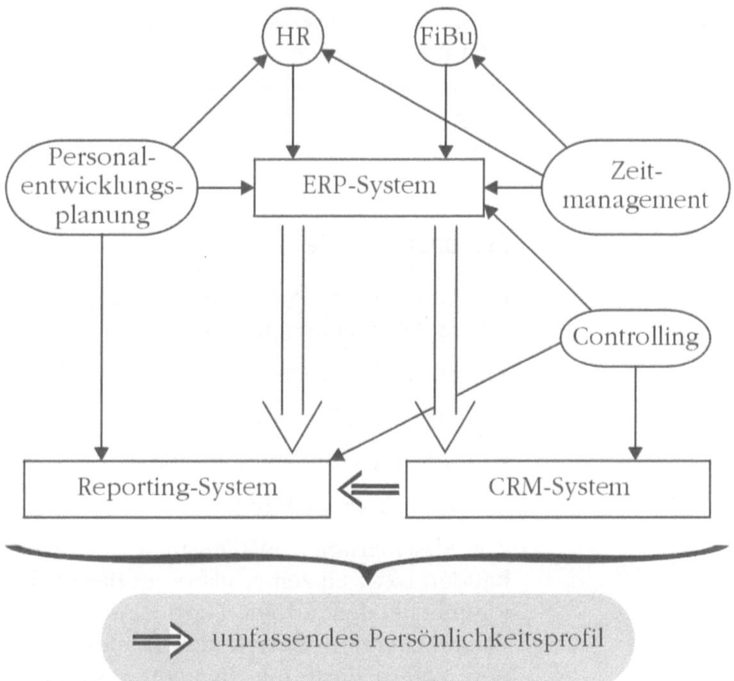

Abbildung 54: Von der Personalverwaltung zum Persönlichkeitsprofil

Oft weisen ERP-Systeme **Export-Funktionen** für Customer-Relationship-Management-Systeme (CRM-Systeme) auf, vor allem, wenn die Mitarbeiter zumindest teilweise auch als Kunden in dem Unternehmen geführt werden (siehe auch 5.2.3Kundenbetreuung und Kundenbindung). Vergleichbares gilt auch z.B. bei einer Krankenkasse, wenn deren Beschäftigte zugleich dort versichert sind, bei den entsprechenden Sozialdatenverarbeitungssystemen (siehe auch 5.3.2 Sozialdatenverwaltung). Die Erfordernisse der zweckgebundenen Datentrennung, die sich zumindest im logischen Datenbankkonzept niederschlägt, sind in beiden Fällen unbedingt zu gewährleisten.

Entweder werden Datensätze aus dem eingesetzten ERP-System direkt für ein behördeninternes bzw. betriebsinternes **Reporting** verwendet oder in entsprechende Systeme des Business Intelligence (BI-Systeme) eingebunden. Dabei ist oft die sog. "Drill-Down"-Funktionalität nutzbar, aufgrund derer aggregierte Datensätze auf die zugrunde liegenden Basiseinträge rückführbar sind. Insofern sind hier besondere technische und organisatorische

Maßnahmen zur Beschränkung dieser Auswahl erforderlich. Verschärft werden die Anforderungen bei international tätigen Konzernen, da die dem Reporting zugrunde liegenden Datenübertragungen durch zusätzliche Vereinbarungen rechtlich abzusichern sind (siehe auch 3.2.4 Regelungen für Outsourcing und Konzerne).

5.1.4 Personalkontrolle

Im Rahmen der Personalkontrolle sind schließlich folgende Bereiche datenschutzrelevant:

- Zutrittskontrolle,
- Arbeitszeitüberwachung,
- Leistungsbewertungen und
- Videoüberwachung.

Zur Absicherung von dienstlich bzw. geschäftlich genutzten Gebäuden bzw. einzelner als besondere Schutzzone ausgezeichnete Räumlichkeiten erfolgt i.d.R. eine Zutrittskontrolle, bei der die entsprechenden **Zutrittsdaten** elektronisch aufgezeichnet werden, sofern diese mit digitalen Systemen (z.B. via Nutzung von Transpondern bzw. Chipkarten) verbunden sind. Diese IT-Systeme dienen offensichtlich der Verhaltenskontrolle, so dass bei der Einrichtung von Zutrittskontrollsystemen eine Vorabkontrolle und die Zustimmung der entsprechenden Mitarbeitervertretung erforderlich sind.

Die **Überwachung** der Zutrittsdaten dient in erster Linie der Missbrauchskontrolle und erfordert einen entsprechenden Zugriffsschutz, so dass die hierzu durchzuführenden Auswertungen nur unter Beteiligung der vorgesehenen Kontrollinstanzen (also Datenschutzbeauftragter und Mitarbeitervertretung) erfolgen (Vier-Augen-Prinzip).

Erfolgt die Zutrittskontrolle mittels ausgegebener Schlüssel, so sind die befugten Nutzer in ein entsprechendes **Schlüsselbuch** einzutragen. In dem Fall ist das Schlüsselbuch entsprechend zu kontrollieren.

Teilweise sind die eingesetzten Zutrittskontrollsysteme mit der Erhebung und Speicherung von **Arbeitszeiten** gekoppelt. Ein Arbeitgeber bzw. Dienstherr ist nach § 16 Abs. 2 ArbZG verpflichtet, Überstunden der Mitarbeiter für zwei Jahre aufzuzeichnen. Dabei ist es zweckmäßig, die gesamte Arbeitszeit eines Mitarbeiters auf der Grundlage von § 32 Abs. 1 Satz 1 BDSG zu erfassen, zumal auf diese Weise auch die Dokumentationspflichten im Rahmen der Lohn- und Gehaltsabrechnung mit einer Aufbewahrungsfrist von zehn Jahren erfüllbar sind. Selbstverständlich dienen auch die eingesetzten Systeme der Personalzeitwirtschaft der Verhaltens- und Leistungskontrolle und erfordern damit entsprechende technische und organisatorische Maßnahmen zu deren Absicherung.

Die Arbeitszeiten sind so zu erheben, verarbeiten oder nutzen, dass nur Befugte Einblick in die entsprechenden Datensätze erhalten können. Insofern muss hier ein wirksamer Zugriffsschutz gewährleistet sein. Entsprechende **Arbeitszeitübersichten** dürfen nur den betroffenen Mitarbeitern in einem verschlossenen Umschlag übergeben werden; der betroffene Mitarbeiter darf nur seine eigenen Arbeitszeiten in einem elektronischen Arbeitszeitkonto einsehen. Ansonsten dürfen nur unmittelbare Dienstvorgesetzte, die Personalabteilung und die vorhandenen Kontrollinstanzen (interne Revision, Datenschutzbeauftragter, Mitarbeitervertretung) zweckgebunden Einsicht in entsprechende Auswertungen nehmen.

Im Rahmen der **Zeiterfassung** dürfen die Gründe für Abwesenheitszeiten (Urlaub, Krankheit, Überstundenausgleich, Fehlzeit) festgehalten werden. Jedoch dürfen diese Angaben nur einem eng begrenzten Personenkreis zugänglich sein, da sich daraus auch Angaben zum allgemeinen Gesundheitszustand der Betroffenen ergeben. Kein Problem stellen dagegen Angaben zu besonderen behördlichen bzw. betrieblichen Tätigkeiten wie Dienstreisen, Außendiensttätigkeiten, Messestandbetreuungen oder Teilnahmen an Schulungen in den entsprechenden Zeiterfassungssystemen dar. Entsprechende Einträge unterliegen der Zweckbindung und dürfen nicht für Leistungsbewertungen herangezogen werden. Dies beschränkt folglich die Auswertungsbefugnis der eingesetzten ERP-Systeme bzw. des entsprechenden Reportings.

Gerade im produzierenden Bereich bestehen z.B. Akkordlöhne, bei denen die Höhe der Vergütung entscheidend abhängt von den in der Arbeitszeit erstellten Stückzahlen. Vergleichbare Regelungen existieren z.B. auch hinsichtlich getätigter Abschlüsse von Außendienstmitarbeitern. Dabei werden Aspekte der Arbeitszeitüberwachung mit Aspekten der Leistungsbewertung **gekoppelt**. Daher erfordern diese Tätigkeiten wahlweise besondere Vereinbarungen mit den Mitarbeitern (individualrechtliche Lösung) oder mit den Mitarbeitervertretungen (kollektivrechtliche Lösung).

Teilweise unterliegen die Beschäftigten während ihrem Beschäftigungsverhältnis regelmäßig wiederkehrenden **Leistungsbewertungen**. Diese sind Teil der Personalentwicklungsplanung und stehen in einem engen inneren Zusammenhang mit dem Beschäftigungsverhältnis, weshalb entsprechende Dokumentationen von Mitarbeitergesprächen, Festlegungen und Überprüfungen von Zielvereinbarungen, Zwischenzeugnissen etc. der Personalakte zuzuordnen sind. Eine Nichteinhaltung der daraus resultierenden Vertraulichkeitsverpflichtung ist als grob fahrlässig und damit als Verstoß gegen die Sorgfaltspflicht einzuordnen (§ 277 BGB i.V.m. § 276 Abs. 2 BGB).

Eine **vollständige Überwachung** der Mitarbeiter während der kompletten Arbeitszeit ist jedoch **nicht zulässig**. Insofern darf nicht jede einzelne Tätigkeit, jede Bewegung oder jedes geführte Gespräch ausdrücklich aufgezeichnet werden. Die durchzuführenden Kontrollen müssen verhältnismäßig sein. Wurden die Mitarbeiter mit kontaktlosen Chipkarten oder RFID-Transpondern ausgestattet, erfolgen daraus entsprechende Auswertungsbeschränkungen der aufgezeichneten Bewegungsdaten.

Insbesondere stellt eine **Videoüberwachung** auf Grund der kontinuierlichen Überwachung einen besonders gravierenden Eingriff in das informationelle Selbstbestimmungsrecht der Betroffenen dar, da ihr nicht ausgewichen werden kann. Daher ist (nach § 4d Abs. 5 BDSG) eine Vorabkontrolle durch den Datenschutzbeauftragten erforderlich, wenn eine Videoüberwachung eingeführt werden soll. Dabei stimmen die zu beachtenden Datenschutzvorschriften letztlich inhaltlich überein, egal ob es um öffentlich zugängliche Räumlichkeiten oder um öffentlich nicht zugängliche Räumlichkeiten geht (siehe die näheren Ausführung unter 1.5.2 Recht am eigenen Bild).

Eine Videoüberwachung ist als technische Einrichtung grundsätzlich dazu geeignet, das Verhalten oder die Leistung der Arbeitnehmer zu überwachen und unterliegt daher der Mitbestimmungspflicht. Eine disziplinäre **Verhaltens- oder Leistungskontrolle** einzelner Beschäftigter ist nur bei besonders begründetem Anlass und konkretem Tatverdacht mit enger zeitlicher Limitierung zulässig.

Daher ist eine Videoüberwachung eines einzelnen **Arbeitsplatzes** nur dann gerechtfertigt, wenn der Arbeitgeber ein überwiegendes schutzwürdiges Interesse geltend machen kann und die

Videoüberwachung das einzige noch verbliebene Mittel zur Beweissicherung darstellt (nach einem Urteil des Bundesarbeitsgerichts von 2003). Eine dauerhafte Videoüberwachung am Arbeitsplatz ist jedoch unzulässig (nach einem Beschluss des Bundesarbeitsgerichts von 2004). Besonders sensible Betriebsbereiche (Einzelbüros, Umkleidekabinen, Sanitärbereich, Praxisräume, Kaffeeküchen) müssen generell von Überwachungsmaßnahmen ausgenommen bleiben (nach einem Urteil des Sozialgerichts München von 1990).

Unzulässig erhobene **Videodaten** sind gerichtlich nicht verwertbar (nach einem Urteil des Landesarbeitsgerichts Hamm von 2001), so dass bei der Festlegung des Zwecks im Sinne einer Beweissicherung unbedingt auf die rechtskonforme Erhebung der Videodaten geachtet werden muss. Im Regelfall ist davon auszugehen, dass die Videodaten innerhalb von 2 Arbeitstagen zu löschen sind, sofern einzelne Daten nicht zur Beweissicherung in einem konkreten Fall benötigt werden. Dann wäre es zulässig, die Videodaten auch bis zum Abschluss des in Gang gesetzten Rechtsverfahrens zu speichern. Eine nicht flüchtige Aufzeichnung der Videodaten muss während der Vorhaltungszeit unter Verschluss gehalten werden und darf nicht öffentlich zugänglich sein. Bei öffentlich nicht zugänglichen Räumen schränkt der neue § 32 BDSG die Zulässigkeit einer Videoüberwachung ein. Entsprechende Videoüberwachungen dürfen seit 2009 daher nur noch erfolgen, wenn ein begründeter Tatverdacht (etwa für eine Vermögensschädigung) gegenüber bestimmten Mitarbeitern vorliegt.

5.2 Kundendatenschutz

Neben dem Bereich der Personaldatenverwaltung fallen im Bereich der Kundendatenverwaltung die umfangreichsten Datenbestände personenbezogener Daten bei nicht-öffentlichen Stellen an. Zu einzelnen Branchen (z.B. Banken, Versicherungen, Energiewirtschaft, Providing, Hotelerie) existieren bereichsrechtliche Regelungen außerhalb des BDSG. Bei nicht-öffentlichen Stellen ist der Anteil der Unternehmen am größten, weshalb dieses Unterkapitel auf diesen Bereich fokussiert ist.

Zu den **Kunden** eines Unternehmens zählen:

- juristische Personen, wie Kapitalgesellschaften, Mehrpersonengesellschaften und Personenvereinigungen sowie

- natürliche Personen, wie Einpersonengesellschaften und Privatpersonen.

Da in Deutschland nur natürliche Personen unter die datenschutzrechtlichen Bestimmungen fallen, ergeben sich an dieser Stelle in der Praxis teilweise Abgrenzungsschwierigkeiten, die i.d.R. nach einem **Quantitätskriterium** gelöst werden können: Sind mehr als 5 % der Kunden zur Kategorie der natürlichen Personen zu zählen, wird der gesamte Bereich so behandelt, als ob es sich generell um natürliche Personen handeln würde. Sind hingegen weniger Kunden natürliche Personen, werden verschärfte Datenschutzmaßnahmen meist erst ergriffen, wenn ein Kunde dies explizit verlangt, was aber sein gutes Recht ist (siehe auch 1.2.2 Personenbezug beim Datenschutz) – dann wiederum für alle.

Da Einpersonengesellschaften nicht immer leicht zu erkennen sind, ist es ratsam, sich im Zweifel zugunsten eines höheren Schutzniveaus zu entscheiden. Sowohl im Bereich der Lieferanten (im sog. Einkauf) als auch der Kunden (im Vertrieb) hat man es immer mit realen Personen zu tun, mit denen geschäftliche Belange vereinbart werden. Diese genießen selbstverständlich gleichfalls Datenschutzrechte, doch überwiegt in vielen Bereichen hier der **Vertretungscharakter**: Die handelnden Personen können als Vertreter einer juristischen Person angesehen und i.d.R. als solche auch "gewertet" werden. Dies ist so lange zulässig, wie es nicht um den Gesprächs- bzw. Verhandlungspartner als Person geht. Gerade im Rahmen von CRM-Systemen verschwimmt jedoch oft die Grenze, weshalb hier strengere Anforderungen zu berücksichtigen sind.

5.2.1 Grundsätze des Kundendatenschutzes

Der Kundendatenschutz lässt sich in folgende **Bereiche** aufgliedern:

- Kundengewinnung, insbesondere mittels Werbung,
- Kundenbetreuung und Kundenbindung, bei der es um die Pflege von Kundenkontakten und die Abwicklung der entsprechenden Vertragsbeziehungen (inkl. der Finanzbuchhaltung) geht, und
- Kundendatenanalyse, um nähere Informationen zu erhalten, die vor allem für eine gezielte Bewerbung wiederum einsetzbar sind.

Ein durchgängig greifender Datenschutz im Bereich der Kundendatenverwaltung, der diese Grundsätze berücksichtigt, kann sogar einen **Werbeeffekt** entfalten.

Die Kundendatenverwaltung findet zunehmend in **komplexen Systemen** statt, die alle Bereiche umfassen und übergreifende Auswertungen zulassen: Neben traditionellen Enterprise-Resource-Planning-Systemen (ERP-Systemen) und Customer-Relationship-Management-Systemen (CRM-Systemen) kommen immer häufiger Data-Warehouse-Systeme zur Datenaufbereitung und Business-Intelligence-Systeme (BI-Systeme) für das Reporting zum Einsatz. Die verschiedenen Einsatzfelder werden u.U. auch von einem ganzheitlichen System abgedeckt, doch wird dies in diesem Lehrbuch zur Verdeutlichung funktionsbezogen abgehandelt.

Insofern bestehen im Bereich des Kundendatenschutzes besondere **Herausforderungen** für die Kontrollinstanz des Datenschutzes, um auf die Umsetzung der rechtlichen Vorgaben angemessen hinwirken zu können: Ein Datenschutzbeauftragter muss sich daher aktiv in den kompletten Geschäftsprozess einklinken.

In den **ERP-Systemen** sind neben dem entsprechenden Input aus der Finanzbuchhaltung (FiBu) und dem Einkauf auch die Lagerverwaltung (beide oft als Teil des Supply Chain Managements) und die digitale Mitarbeiterdatenverwaltung (HR) integriert. In manchen Branchen kommt es vor, dass Mitarbeiter ebenfalls als Kunden auftreten und hierzu i.d.R. Sonderkonditionen erhalten. In diesen Fällen treten teilweise Abgrenzungsschwierigkeiten auf, wenn alle Datensätze betrachtungsübergreifend miteinander vernetzt sind (siehe auch 5.1.3 Personalverwaltung).

Zu den besonderen **Grundsätzen** des Kundendatenschutzes gehören:

- Grundsatz der Berücksichtigung der **Herkunft** von Kundendaten
- Grundsatz der **Transparenz** gegenüber dem Kunden
- Grundsatz des **Widerspruchsrechts** bei der Bewerbung von Kunden

Eine weitere Besonderheit aus Datenschutzsicht kann im Zuge des Einsatzes kontaktloser **RFID-Transponder** auftreten, die zur Warenkennzeichnung eingesetzt werden. Werden diese nicht an der Kasse deaktiviert, entstehen u. U. ungewollte Persönlichkeits- und Bewegungsprofile der Kunden.

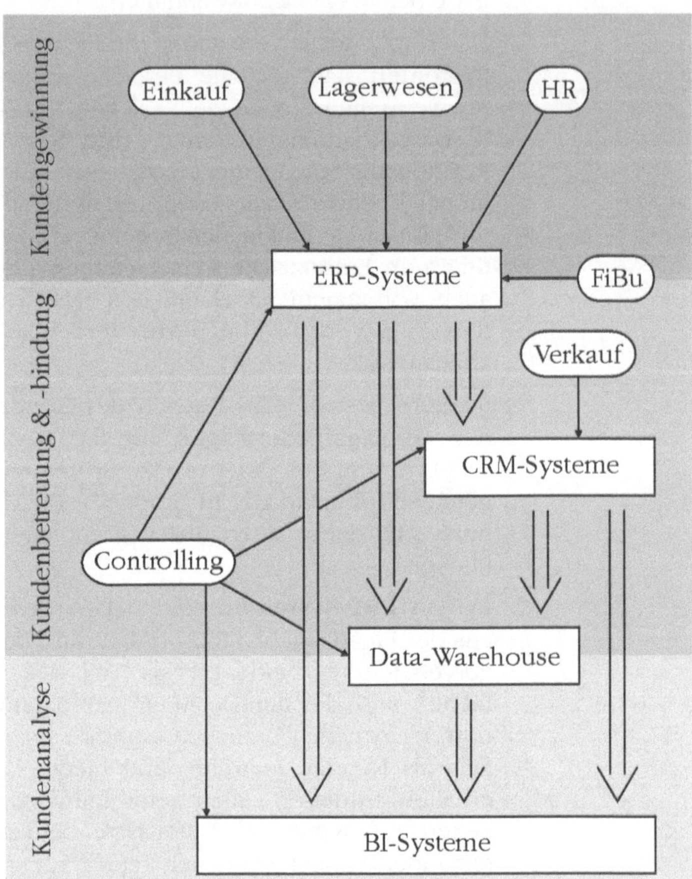

Abbildung 55: Systeme der Kundendatenverwaltung

5.2.2 Kundengewinnung

Zu Beginn der **Kundengewinnung** steht stets eine Erhebung von Interessentendaten (entweder durch einen Outsourcingnehmer oder durch die verantwortliche Stelle selbst), der Einkauf von Adressen mittels einer geschäftsmäßigen Datenübermittlung oder die Nutzung eines Lettershops zur Versendung von Marketingunterlagen, aufgrund derer sich Interessierte melden sollen. Diese Vielzahl verschiedener Datenquellen erfordert, dass im Sinne des Grundsatzes der Berücksichtigung der Herkunft von

Kundendaten die Quelle bei der Speicherung dieser Daten mit abgelegt wird. Zum Zweck der Werbung, für die übermittelte personenbezogene Daten anderer Stellen herangezogen werden sollen, muss seit 2009 nach § 28 Abs. 4 Satz 2 BDSG die Herkunft der Daten dem Betroffenen mitgeteilt werden. Auch ergeben sich je nach Quelle u.U. spezifische Rechte der Betroffenen.

Häufig werden bei verschiedenen Anlässen zwischen einzelnen Vertretern verschiedener Unternehmen **Visitenkarten** ausgetauscht. Der Empfang einer Visitenkarte begründet zwar ein rechtsgeschäftsähnliches Schuldverhältnis (vertragsähnliches Vertrauensverhältnis), bewirkt aber keinen Freibrief zur Bewerbung der abgebenden Person oder zur Wertung als Kunde. Hier ist der Kontext maßgeblich, ob die entsprechende Person damit in den Kreis der Interessenten aufgenommen werden darf.

Eine unbestimmte Anpreisung von Produkten oder Dienstleistungen (z.B. durch Aushang im Internet) ist als "**invitatio ad offerendum**" anzusehen und stellt folglich selbst, entgegen landläufiger Überzeugungen, noch kein Angebot dar. Der entsprechende Vertrag kommt erst nach der Übereinstimmung zweier Willenserklärungen zustande, wobei die entsprechende Nachfrage durch einen Interessenten nach einem angepriesenen Produkt bzw. einer angepriesenen Dienstleistung das eigentliche Angebot darstellt und der Anpreisende dieses Angebot annehmen kann und meistens auch wird.

Die anpreisende Stelle eröffnet aber bereits durch die "invitatio ad offerendum" ein vorvertragliches Schuldverhältnis (nach § 311 Abs. 3 BGB) und begründet insofern datenschutzrechtlich ein **rechtsgeschäftsähnliches Schuldverhältnis** (vertragsähnliches Vertrauensverhältnis). Damit der zu gewinnende Kunde bereits hierbei absehen kann, wie mit seinen personenbezogenen Daten umgegangen werden wird, stehen diesem einerseits die Einsichtnahme in das öffentliche Verfahrensverzeichnis zur Verfügung und ist andererseits die verantwortliche Stelle dazu aufgerufen, von sich aus entsprechende Informationen bereitzustellen.

Daher erfordert beispielsweise die Bereitstellung eines Web-Formulars, mit dem sich potentielle Interessenten gegenüber der verantwortlichen Stelle auf elektronischem Wege zu erkennen geben können, die Angabe einer **Datenschutzerklärung**, aus der die Unterrichtung nach § 13 Abs. 1 TMG in allgemein verständlicher Form erfolgt (siehe auch 3.3.2 Datenschutz im Internet). Dabei ist anzugeben, welche personenbezogenen oder personenbeziehbaren Daten im Rahmen des Aufrufs der betreffenden Web-Seite und beim Ausfüllen und Abschicken des Web-Formulars anfallen und wie damit bei der verantwortlichen Stelle (bzw. einem etwaigen Auftragnehmer, bei dem die Web-Seiten gehostet sind) umgegangen wird. Zudem sind die geltenden Impressumpflichten (nach § 5 TMG) zu beachten. Die Anzahl der auszufüllenden Pflichtfelder des Web-Formulars sollte aufgrund des Datensparsamkeitsprinzips auf das absolut notwendige Minimum beschränkt sein.

Eine **elektronische Einwilligung** zur automatisierten Verarbeitung personenbezogener Daten setzt die eindeutige und bewusste Handlung des Telemediennutzers voraus, was üblicherweise durch die gesonderte Bestätigung der Eingabe durch den Nutzer erfolgt (opt-in-Prinzip). Zur Nachprüfbarkeit ist dies zu protokollieren. Die Eingaben müssen vom Nutzer jederzeit abrufbar sein, damit dieser auch jederzeit seine Einwilligung widerrufen kann. Die Einwilligung darf nicht an ein anderes Rechtsgeschäft gekoppelt werden (Kopplungsverbot). Bevorzugt sollte das sog. double-opt-in-Prinzip zur Anwendung kommen, womit sichergestellt wird, dass die eingetragene E-Mail-Adresse auch tatsächlich vom Nutzer angegeben wurde, da diese Einwilligung erst wirksam wird, wenn eine entsprechende Antwort-E-Mail zurückgesendet wurde.

Sofern zur Kundenansprache ein **Web-Portal** eingesetzt werden soll, ist ein besonderes Augenmerk auf Verwendung eines zuverlässigen Authentisierungsverfahrens zu legen und Sorge dafür zu tragen, dass gemachte Eintragungen mittels Datenvalidierung und der Vergabe restriktiver Schreibrechte manipulationsfest erfolgen. Um Malware-Einspeisungen verhindern zu können, ist es hilfreich, Upload-Funktionen zu vermeiden, wo dies nicht unbedingt erforderlich ist (präventiver Virenschutz). Etwaige Datenübertragungen sind zu protokollieren und die besonderen Anforderungen aus dem Telemedienrecht einzuhalten.

Die Bewerbung potentieller Interessenten unterliegt neben datenschutzrechtlichen Bestimmungen auch wettbewerbsrechtlichen Einschränkungen. So liegt beispielsweise eine **unlautere Werbung** vor, wenn eine sog. Kaltakquise am Telefon erfolgt oder eine unverlangte Werbung per E-Mail oder Telefax eintrifft (§ 7 Abs. 2 UWG). Das kommerzielle Interesse muss sich unmittelbar aus der Werbung erkennen lassen (aufgrund von § 4 Nr. 3 UWG) und der Absender darf nicht verschleiert werden (nach § 7 Abs. 2 Nr. 4 UWG). Vergleichbare Bestimmungen wurden (in Umsetzung der zugrunde liegenden EU-Richtlinie) auch in das

Telemedienrecht übernommen, um SPAM wirksam abwehren zu können (§ 6 TMG). Hier kann ein weitgehendes Konvergieren von Datenschutz und Verbraucherschutz attestiert werden.

Grundlegend im Kontext der Bewerbung ist das **Widerspruchsrecht** des Betroffenen, der auf diese Weise weitere Werbemitteilungen verhindern kann (nach § 28 Abs. 4 BDSG und § 7 Abs. 3 Nr. 3 UWG). Insofern ist der Betroffene im Zuge der Kontaktaufnahme bereits auf sein Widerspruchsrecht hinzuweisen. Beim Direktmarketing bestehen hierzu besondere Listen, in die sich ein Betroffener eintragen kann.

In manchen Branchen ist es durchaus üblich, dass **Veröffentlichungen** gezielt ausgewertet werden, um potentielle Interessenten zu ermitteln. Diese Auswertung sind zulässig, da bei allgemein zugänglichen Quellen keine Zweckbindung zu beachten ist (§ 28 Abs. 1 Nr. 3 BDSG, ggf. i.V.m. § 28 Abs. 2 BDSG, wenn die ermittelten Informationen auch für andere Zwecke zur Verfügung stehen sollen). Unzulässig ist es dennoch, etwa Todesanzeigen mit einem entsprechenden Interesse auszuwerten, was sogar als sittenwidrig angesehen werden kann, hier überwiegt in jedem Fall das Interesse der Betroffenen und führt zu einem Ausschluss entsprechender Auswertungen.

Wurden personenbezogene Daten von einem Dritten erworben und erstmalig durch die neue verantwortliche Stelle gespeichert, so ist der Betroffene darüber zu benachrichtigen (nach § 33 Abs. 1 BDSG). Eine Benachrichtigung kann jedoch insbesondere unterbleiben, wenn der Betroffene von der Übermittlung bereits Kenntnis hatte oder die Daten aus allgemein zugänglichen Quellen entnommen wurden. Gleiches gilt für den Fall, dass eine zu große Zahl von Betroffenen vorliegt (siehe auch 3.1.4 Prinzip der Transparenz), was jedoch der Regelfall ist, da entsprechende **Marketingkampagnen** immer im größeren Ausmaß geplant werden.

Seit 2009 ist der Erwerb personenbezogener Daten von einem Adresshändler stark reglementiert und bei strenger Auslegung der neuen Vorschriften nur noch bei einer vorliegenden Einwilligung der Betroffenen zulässig. Dies wird in der Praxis entweder dazu führen, dass dem Adresshandel keine herausragende Bedeutung mehr zuzumessen ist oder verstärkt mit entsprechenden Einwilligungserklärungen etwa bei Gewinnspielen gearbeitet werden wird.

Die **Aufbewahrungsfrist** für die aus der Bewerbung resultierenden Geschäftsbriefe beträgt i.d.R. sechs Jahre, sofern es nicht zu entsprechenden Abschlüssen über den Erwerb von Produkten bzw. Dienstleistungen gekommen ist.

5.2.3 Kundenbetreuung und Kundenbindung

Sofern die Kundengewinnung erfolgreich verlief, kommt es i.d.R. zu einem **rechtsgeschäftlichen Schuldverhältnis** (Vertragsverhältnis) zwischen Kunde und verantwortlicher Stelle. Im Rahmen des zugehörigen Vertrags werden entsprechende Produkte oder Dienstleistungen bezogen und der finanzielle Ausgleich vereinbart, weshalb diese Unterlagen aufgrund ihrer Bilanzrelevanz zehn Jahre lang aufzubewahren sind. Folglich besteht die erste Aufgabe in diesem Bereich darin, die Vertragsbedingungen geeignet innerhalb der verantwortlichen Stelle umzusetzen.

Verbunden mit dem Vertrag erfolgt zugleich eine **zweckgebundene** Erhebung, Verarbeitung bzw. Nutzung der zur Abwicklung erforderlichen personenbezogenen Daten. Wenn das Kundenverhältnis eine einmalige Angelegenheit wäre, dann hätte lediglich die Finanzbuchhaltung noch den entsprechenden Zahlungseingang zu verbuchen und danach wäre der komplette Vorgang für den Rest der Aufbewahrungsfrist gesperrt.

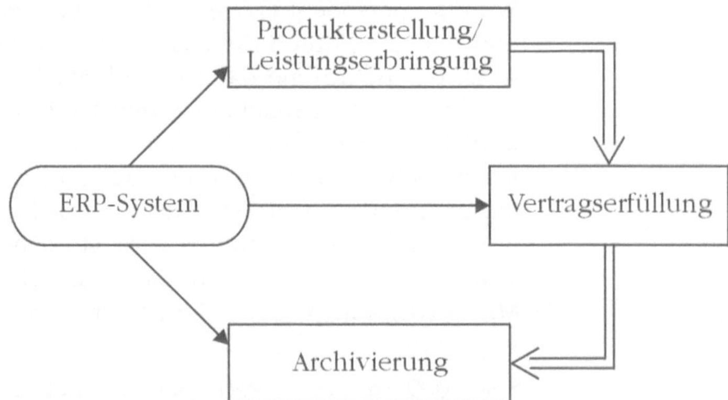

Abbildung 56: Kreislauf der Kundendatenverwaltung im ERP-System

Üblicherweise werden sämtliche wichtige Vorgänge in einem **ERP-System** abgewickelt. Darin ist sowohl die Finanzbuchhaltung integriert, als auch eine Steuerung der Warenströme (vom Einkauf über die Lagerung, von der Steuerung logistischer Prozesse über die Fertigung bis zum Verkauf) bzw. angebotener und gewährter Dienstleistungen. Alle Geschäftsprozesse, die zu diesem Zweck ineinandergreifen, werden daher informationstechnisch in einem ERP-System abgebildet. Dabei wird im zugrunde liegenden Datenmodell die Vernetzung der Geschäftsprozesse dargestellt. Dies erfordert die besondere Aufmerksamkeit des Datenschutzbeauftragten.

Da viele Datenbanksysteme aus Gründen der Absicherung hoher Datenqualität keine echte **Löschfunktion** kennen, sind hier zur Administration fundierte Programmierkenntnisse und Kenntnisse über das zugrunde liegende relationale Datenbankmodell nötig. Unter Verwendung dieser Kenntnisse können in den derzeit überwiegend genutzten Systemen die entsprechenden Löschungsvorschriften eingehalten werden. Kleine und mittelständische Unternehmen bzw. kleine Behörden greifen dagegen auf das Mittel der Sperrung zurück.

Ein Unternehmen hat ein **berechtigtes Interesse** daran, seinen bestehenden Kunden weitere Produkte bzw. Dienstleistungen zu verkaufen und Rückmeldungen über die Zufriedenheit der Kunden zu erhalten. Folglich zielen Marketingaktionen auch auf Bestandskunden ab. Zugleich ist nicht jedes Kundenverhältnis unproblematisch.

Der zur Kundenansprache in der Praxis gerne genutzte **Newsletter** stellt ein Telemediendienst dar, der technisch inzwischen bei entsprechendem Anklicken durch den Nutzer i.d.R. dem Anbieter Rückmeldungen über Klickverhalten automatisch zusendet. Insofern ermöglicht ein derartiger Newsletter (sofern entsprechende Daten zusammengeführt werden) eine spätere Identifikation eines Nutzers. Der Nutzer ist in jedem Fall (also selbst wenn der Newsletter ohne diese Funktionalität angeboten wird) zu Beginn einer Abonnierung in allgemein verständlicher Form über Art, Umfang und Zweck der Erhebung und Verwendung personenbezogener Daten nach § 13 Abs. 1 TMG hinzuweisen (im Rahmen der Datenschutzerklärung). Die Nutzung eines Newsletters erfolgt dabei üblicherweise auf der Grundlage einer elektronischen Einwilligungserklärung nach § 13 Abs. 2 TMG (siehe hierzu auch die entsprechenden Ausführungen unter 5.2.2 Kundengewinnung). Die Erstellung von Nutzungsprofilen darf jedoch nur ohne Zusammenführung mit den personenbezogenen Nutzerdaten erfolgen, also in Form von statistischen Auswertungen hinreichend grober Aggregationen bzw. unter Verwendung von Pseudonymen (nach § 15 Abs. 3 TMG), wobei der Nutzer einer entsprechenden Verwendung widersprechen kann.

Die Beziehung zu einem Kunden wird i.d.R. im Rahmen des **CRM-Systems** festgehalten. Dies importiert hierzu die entsprechenden Datensätze aus dem ERP-System und bietet eine Plattform zur Anreicherung der Daten aufgrund der nachsorgenden Vertriebstätigkeiten (seit 2009 ausdrücklich in § 28 Abs. 3 Satz 3 BDSG geregelt). Insofern finden sich darin nicht nur die gesamte Kontakthistorie, sondern auch entsprechende Gesprächsnotizen zwischen Vertrieb und Kunde. Dabei werden auch sog. weiche Themen (wie z.B. Hobbies, bevorzugte Urlaubsorte, private Kontaktadressen oder Charakterisierung der Kontaktperson hinsichtlich ihres Einflusses auf etwaige Entscheidungen des Kunden) im CRM-System gespeichert.

Sobald ein dienstlicher Bezug nicht mehr unmittelbar erkennbar ist und z.B. Daten zum familiären Hintergrund des Gesprächspartners festgehalten werden, wechselt jedoch die **Perspektive** des CRM-Systems und der Gesprächspartner selbst tritt in den Vordergrund. So werden z.B. auch Eigenschaften zur Gesprächsführung selbst abgespeichert, die im Sinne eines Verhaltensprofils ausgelegt werden können. Insofern sind beispielsweise die Möglichkeit entsprechender Auswertungen über persönliche Eigenschaften (etwa: Ausgabe aller Kontaktpartner, die Kinder haben) vorzugsweise technisch zu unterbinden. Ein CRM-System unterliegt daher stets der Vorabkontrolle, damit bedenkliche Nutzungsweisen von vornherein unterbunden werden.

Die Ablage und Verknüpfung von **Mitarbeiterdaten** im CRM-System ist nur zulässig, wenn die Mitarbeiter zugleich als Kunden des Unternehmens auftreten, dafür z.B. entsprechende Mitarbeiterrabatte gewährt werden und der Mitarbeiter ausdrücklich der Einbeziehung seiner Daten in das CRM-System zugestimmt hat. Dies erfolgt üblicherweise im Rahmen entsprechender Einwilligungsklauseln.

Viele Unternehmen bieten neben der klassischen Barbezahlung vor allem die Zahlung via Lastschriftverfahren, mittels EC- oder Kreditkarte, durch Einräumung eines Kundenkredits, der in Raten zurückgezahlt wird, oder gar Zahlungen mittels eCash an. Auf diese Weise sind eine Vielzahl verschiedener Vorgänge zur Überwachung des **Finanzstroms** durch entsprechende Vertragsklauseln abzusichern und vereinbarungsgemäß durchzuführen sowie datenschutzrechtlich zu kontrollieren.

Entsprechende Datensätze sind gemäß den Grundsätzen ordnungsgemäßer DV-gestützter Buchführungssysteme (GoBS) und den Grundsätzen zum Datenzugriff und zur Prüfbarkeit digitaler

Unterlagen (GDPdU) zu **archivieren**. Dies hat unmittelbare Konsequenzen für die Datenhaltung als solche.

Nach den **GoBS** bedeutet dies, dass die Geschäftsvorfälle vollständig (also vom Beleg zur Kontierung bis zur Ablage) nachvollziehbar und korrekt wiedergegeben werden müssen. Die Ordnungsmäßigkeit ist durch ein internes Kontrollsystem zu überprüfen, was i.d.R. durch die interne Revision im Sinne des Controllings erfolgt. Die Datensicherung selbst hat dauerhaft und revisionssicher zu erfolgen. Die Revisionssicherheit wird erreicht, indem die Datensätze auf nur einmal beschreibbaren Datenträgern gespeichert werden oder zumindest der Nachweis durch entsprechende Protokollierungen erbracht werden kann, dass die gespeicherten Daten sowie die Protokolldaten nicht manipuliert wurden. Die gespeicherten Daten müssen jederzeit lesbar dargestellt werden können. Eingesetzte DV-Buchführungssysteme sind umfassend zu dokumentieren.

Nach den **GDPdU** müssen darüber hinaus der Eingang, die Archivierung, die Konvertierung und die Verarbeitung aufbewahrungspflichtiger Datensätze protokolliert werden. Das Finanzamt erhält dabei nur-lesenden Zugriff auf steuerlich relevante Daten. Wurden Abrechnung elektronisch erstellt, bedürfen diese einer qualifizierten elektronischen Signatur. Wurden im Rahmen der Abwicklung steuerlich relevanter Vorgänge eine Verschlüsselung eingesetzt, so sind die Schlüssel für den entsprechenden Zugriff des Finanzamts zu hinterlegen.

Da einzelne Kunden auch zahlungsunfähig oder zahlungsunwillig sein können, sammeln sich innerhalb der Finanzbuchhaltung auch verschieden sensible Informationen über Kunden an. Oft werden entsprechende Vertragsdaten an **Inkassounternehmen** gesandt, die den Forderungseinzug säumiger Zahler gegen entsprechendes Entgelt übernehmen. Über diese Übermittlung der Adressdaten ist der Kunde vorzugsweise vorab zu informieren, also bereits vor Abschluss des entsprechenden Vertrags. Diese Information sollte dabei nicht im Kleingedruckten von AGBs untergehen.

Die Übermittlung von Angaben zur Zahlungsunfähigkeit bzw. Zahlungsunwilligkeit an entsprechende **Auskunfteien** ergibt sich i.d.R. aus der Wahrung berechtigter Interessen Dritter (nach § 28 Abs. 3 Nr. 1 BDSG). Allerdings haben die entsprechenden Meldungen der Tatsache zu entsprechen. Seit 2009 muss den Kunden eine bevorstehende Übermittlung von Daten an Auskunfteien mitgeteilt werden (nach § 28a Abs. 1 BDSG). Die Unterrichtung erfolgt insofern in der Praxis wahlweise bereits via Allgemeine Geschäftsbedingungen, spätestens jedoch im Rahmen der letzten, selbst versandten Mahnung.

Eine umfassende **Kundenbindung** erfolgt nicht nur durch den Abschluss produkt- bzw. dienstleistungsbezogener Folgeaufträge oder als Ergebnis gezielter Kundenansprachen, sondern auch unter Einsatz differenzierter Kundenanreizsystemen sowie auf der Grundlage detaillierter Kundendatenanalysen.

Im Rahmen der Kundenansprache werden zunehmend **Call Center** eingesetzt. Dabei handelt es sich bei der sog. Inbound-Telefonie um eingehende Anrufe von Kunden oder Interessenten, während es sich bei der sog. Outbound-Telefonie um ausgehende Anrufe handelt, die entweder zu Zufriedenheitsanalysen durchgeführt werden oder um weitere Aufträge zu erhalten.

Zum Zweck der Nachweisbarkeit und zur Leistungskontrolle der Call-Center-Mitarbeiter wird oft eine Aufzeichnung der geführten Gespräche in Erwägung gezogen. Während sich die datenschutzrechtliche Gestattung gegenüber den Mitarbeitern meist aus einer entsprechenden Betriebsvereinbarung ergibt, bedarf eine Aufzeichnung des Gesprächs mit dem Kunden zwingend dessen Einwilligung. Andernfalls wird gegen das **Recht am gesprochenen Wort** aus § 201 StGB verstoßen. Auch für die Mitarbeiter selbst gilt dieses Persönlichkeitsrecht, weshalb eine Aufzeichnung aller Telefonate einen unverhältnismäßigen Eingriff in das informationelle Selbstbestimmungsrecht der Mitarbeiter darstellt (siehe auch 5.1.4 Personalkontrolle).

Call Center erhalten zur Aufgabenbewältigung i.d.R. Zugriff auf eingesetzte **CRM-Systeme** des Auftraggebers. Sofern ein Call Center nicht ausschließlich für einen Auftraggeber tätig ist, resultieren daraus verstärkte Anforderungen an eine durchgreifende Datentrennung mit funktionstüchtigem Zugriffsschutz, zumal in den betreffenden CRM-Systemen meist wesentlich umfangreichere Datensätze abgelegt werden, als für die Tätigkeit der Call Center wirklich benötigt werden. Zugleich erfordert dies eine entsprechende Vertragsgestaltung vonseiten des Auftraggebers, bei der es von entscheidender Bedeutung ist, ob von einer Auftragsdatenverarbeitung oder von einer Funktionsübertragung auszugehen ist (siehe auch 3.2.4 Regelungen für Outsourcing und Konzerne).

Im Rahmen der Kundenanreizsystemen finden sich vorzugsweise **Rabatt-Systeme** wieder, die einem Kunden die Ansammlung von Gutschriften in Abhängigkeit von seinem Kaufverhalten ermöglichen. In der Regel wird hierzu in den entsprechenden Auswertungssystemen ausdrücklich festgehalten, was wann mit einer entsprechenden Kundenkarte bezahlt wurde. Insofern dienen diese Karten eindeutig der Feststellung von Kundenprofilen. Besonders problematisch wird es, wenn entsprechende Karten von verschiedenen Unternehmen gemeinsam genutzt werden, da hier übergreifende Kundenprofile möglich und i.d.R. ausdrücklich gewollt sind. Bei derartigen Systemen sind daher verschärfte Anforderungen an den Datenschutz zu stellen. Die rechtliche Grundlage bildet hier üblicherweise die Einwilligungserklärung des Betroffenen.

5.2.4 Kundendatenanalyse

Zur Kundenanalyse werden entsprechende Reporting-Funktionen von ERP-Systemen bzw. CRM-Systemen verwandt. Diese lassen sich auch bündeln im Rahmen von sog. Systemen des Business Intelligence (**BI-Systeme**). Entsprechende BI-Systeme erlauben dabei oft einen detaillierten Blick bis auf die einzelnen Datensätze über die sog. Drill-Down-Funktion. Daher unterliegen solche Systeme der Vorabkontrolle.

Zudem werden zur Kundendatenanalyse **Data Warehouses** eingesetzt, bei denen die Datensätze auch derart aggregiert und vom Personenbezug befreit sein können, dass keine Repersonalisierung der Datensätze mehr möglich ist. In diesen Fällen bestehen keine datenschutzrechtlichen Beschränkungen. Gleichwohl werden dennoch grundlegende Sicherheitsmaßnahmen aufgrund der damit verbundenen Betriebs- und Geschäftsgeheimnisse ergriffen.

I.d.R. möchte die verantwortliche Stelle jedoch mehr über den Kunden und seine Interessen und Kaufgewohnheiten erfahren. Auch hierzu werden Data Warehouses eingesetzt. Dies weist dann ein erhöhtes **Risikopotential** für die Rechte und Freiheiten der Betroffenen auf, weshalb entsprechende Systeme einer Vorabkontrolle zu unterziehen sind.

Bei einem Data Warehouse werden in regelmäßigen Abständen Datensätze in einem Infocube gespeichert, so dass der Verlauf nachvollziehbar wird und **zeitliche Abfolgen** wie etwa der Eingang von Reklamationen ab Verkaufsdatum, der Erfolg von Marketingkampagnen oder die regionale Verteilung vertriebener Artikel ermittelt werden kann. Hierzu werden die kompletten Datensätze üblicherweise in entsprechend kleinere Partitionen geteilt, den sog. Data Marts. Bei den darauf durchgeführten Analysen (etwa mittels Online Analytical Processing, dem sog. OLAP) ist i.d.R. kein Personenbezug erforderlich, da andere Fragestellungen im Vordergrund stehen.

Mittels statistischer Verfahren werden Querbezüge, Wechselwirkungen und messbare Abhängigkeiten analysiert. Dies erfolgt im Rahmen eines **Data-Minings**, bei dem Datensätze auf Korrelationen und Regressionen hin untersucht werden. Entsprechende Analysen werden teilweise auch zur Feststellung über Kaufverhalten oder zur Bildung von Persönlichkeitskategorisierungen von Kunden verwendet, aufgrund derer einem Kunden bei Zugehörigkeit zu einer bestimmten Kundengruppe gewisse Eigenschaften hinsichtlich seines künftigen Kundenverhaltens unterstellt werden. Diese Form des Data-Minings bedarf folglich der Vorabkontrolle und der besonderen Betreuung durch den Datenschutzbeauftragten, da die Risiken für die Rechte und Freiheiten der Betroffenen erheblich sein können. Kundendaten unterscheiden sich hierbei entscheidend von z.B. personenungebundenen Produktionsdaten. Allerdings bedeutet die Durchführung eines Data-Minings keineswegs automatisch, dass diese Form vorliegt.

Ebenso mit potentiellen Risiken für die Rechte und Freiheiten der Betroffenen verbunden ist die Anreicherung bestehender Datensätze mittels der Einbeziehung von bewerteten soziodemographischen Daten (etwa anhand wohnortbezogener Auswertungen von Kaufkraftanalysen) oder von Bonitätsbewertungen im Sinne eines **Scorings**. Ein eventuell vorhandenes berechtigtes Interesse der verantwortlichen Stelle an solchen Anreicherungen ist zwar teilweise gegeben, bedarf aber in jedem Fall einer Dokumentation. Eine Entscheidung alleine auf der Grundlage solcher Scoring-Werte ist mit dem Ausschluss automatisierter Einzelentscheidungen (nach § 6a BDSG) nicht zu vereinbaren. Seit 2009 ist der Betroffene i.d.R. darüber zu unterrichten, wenn ein Scoring-Verfahren zum Einsatz kommen soll (nach § 28b Nr. 4 BDSG).

Zunehmend setzen Unternehmen sog. **Web-Tracking-Tools** ein, deren Aufgabe es ist, das Verhalten der Web-Seiten-Nutzer hinsichtlich deren Klicks und Eingaben auf den bereitgestellten Web-Seiten zu analysieren und daraus Rückschlüsse zur Verbesserung des eigenen Web-Auftritts bzw. der dort angebotenen Produkte oder Dienstleistungen ziehen zu können. Nach § 15 Abs. 3 TMG darf ein Diensteanbieter zum Zweck einer bedarfsgerechten Gestaltung der angebotenen Telemedien Nutzungsprofile unter Verwendung von Pseudonymen erstellen, sofern der

Nutzer diesem nicht widerspricht. Insofern ist der Nutzer auf den Einsatz eines entsprechenden Tools und auf sein Widerspruchsrecht in der Datenschutzerklärung nach § 13 Abs. 1 TMG hinzuweisen. Die Nutzungsprofile dürfen nicht mit den Daten über den Träger des jeweiligen Pseudonyms zusammengeführt werden. Diese Anforderung wird faktisch von vielen tatsächlich im Einsatz befindlichen Web-Tracking-Tools nicht in ausreichendem Maße erfüllt. In jedem Falle setzt dies geeignete technische und organisatorische Maßnahmen nach § 13 Abs. 4 TMG voraus, die vor allem sicherstellen, dass es keinen unbefugten Zugriff auf protokollierte Nutzungsdaten geben kann.

5.3 Sozialdatenschutz

Die Bereiche, in denen Sozialdaten erhoben, verarbeitet oder genutzt werden, sind vielfältig. Zu jedem einzelnen Bereich existiert eine Vielzahl an bereichsrechtlichen Vorgaben, deren Darstellung der Kompaktheit eines Lehrbuches entgegenstehen. Daher werden hier generell geltende Aussagen dargestellt und im Besonderen die Regelungen für die gesetzlichen Krankenkassen ausgeführt, da diese ein Herzstück im Sozialdatenschutz darstellen.

5.3.1 Grundsätze des Sozialdatenschutzes

Die im Rahmen der Sozialdatenverarbeitung erhobenen Daten sind besonders sensibel. Sie sind zum Einen besonders durch ein Amtsgeheimnis, nämlich dem Sozialgeheimnis nach § 35 Abs. 1 SGB I, geschützt und zahlen zum Anderen aufgrund ihres Inhalts zu den besonderen Arten personenbezogener Daten, da hierbei insbesondere Gesundheitsdaten vorliegen. Daher sind die mit der Erhebung, Verarbeitung oder Nutzung beschäftigten Personen nicht nur auf das Datengeheimnis verpflichtet, sondern auch auf das Sozialgeheimnis. Beide **Verpflichtungen** ergänzen sich. Ein Verstoß gegen die entsprechenden Datenschutzvorschriften wirkt daher doppelt und stellt zumindest eine Ordnungswidrigkeit nach § 43 Abs. 2 BDSG und nach § 85 Abs. 2 SGB X dar.

Für einzelne Bereiche wurden im Sozialdatenschutz zudem verschärfte Anforderungen erlassen. So ist vor allem die Erfordernis der zu ergreifenden technischen und organisatorischen Maßnahmen mit einer **Beweislastumkehr** versehen worden: Während nach § 9 BDSG Maßnahmen nur erforderlich sind, wenn ihr Aufwand in einem angemessenen Verhältnis zum angestrebten Schutzzweck steht, sind nach § 78a SGB X Maßnahmen nur dann nicht erforderlich, wenn ihr Aufwand in keinem angemessenen Verhältnis zu dem angestrebten Schutzzweck steht.

Aufgrund des Begründungszwanges für die Nichteinführung von möglichen technischen und organisatorischen Maßnahmen ist die verantwortliche Stelle dazu verpflichtet, in einem **Sicherheitskonzept** zu beschreiben, wie die besonderen sozialdatenschutzrechtlichen und sicherheitstechnischen Anforderungen erfüllt werden (siehe auch 4.1.5 Datenschutzkonzept und Sicherheitskonzept). Die darin dargestellten technischen und organisatorischen Maßnahmen müssen für den Schutzzweck geeignet und präzise bestimmt sein und dem Stand der Technik entsprechen, also dem Entwicklungsstand technischer Systeme entsprechen, der zur vorsorgenden Abwehr bestehender Gefahren geeignet und von der verantwortlichen Stelle nicht nachweislich zurecht als unzumutbar angesehen werden kann (siehe auch 1.3.1 Entwicklung der Informations- und Kommunikationstechnik).

In einem allgemeinen Sicherheitskonzept ist verfahrensübergreifend darzulegen, hinter welchem Standard auf keinen Fall zurückgefallen werden darf. Für besonders riskante Verfahren wie z.B. Telearbeit, drahtlose Kommunikation, digitale Archivierung, Telematik, Datenaustausch mit anderen Stellen und Betrieb eines Web-Portals sind **spezifische Sicherheitskonzepte** erforderlich. In den spezifischen Sicherheitskonzepten ist jeweils darzulegen, wie die jeweiligen besonderen Risiken vermieden werden können. Die besonderen Anforderungen des Sozialdatenschutzes übersteigen deutlich den Grundschutz und in spezifischen Bereichen auch den üblichen Stand des Informationssicherheitsmanagements. Die Sorgfaltspflicht einer verantwortlichen Stelle, die mit Sozialdaten umgeht, verlangt daher mindestens ein ausgereiftes allgemeines Sicherheitskonzept auf allen Ebenen, also auch gegenüber etwaigen Outsourcing-Partnern.

Teil des allgemeinen Sicherheitskonzepts ist ein **Notfallvorsorgekonzept**, das ausdrücklich einen Katastrophenplan (mit dem Ziel eines möglichst raschen Wiederanlaufs und eines erprobten disaster recoverys) und eine Schwachstellenanalyse (etwa auf der Grundlage des Plan-Do-Check-Act-Vorgehensmodells nach ISO/IEC 27001) beinhaltet. Die Kontrollbereiche der technischen und organisatorischen Maßnahmen dienen dabei als Zielvorgaben für das entsprechende Prüfkonzept.

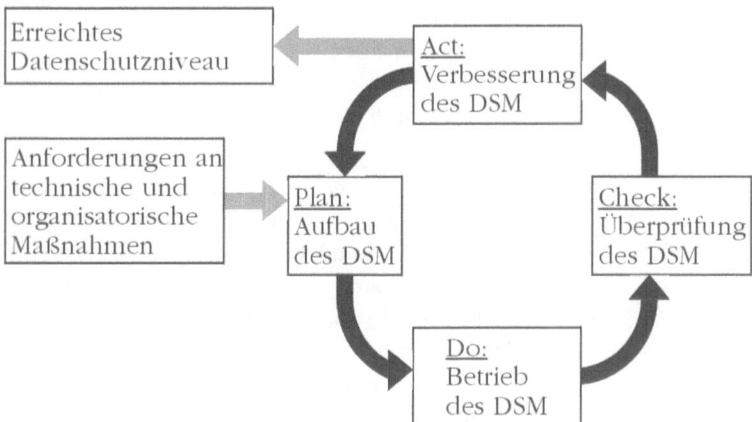

Abbildung 57: PDCA-Modell des Datenschutzmanagements

Hierzu sind die Inventarisierung eingesetzter IT-Systeme und die Darstellung ihrer Vernetzung mittels eines Netzwerkplans erforderlich. Die eingesetzten IT-Systeme sind hinsichtlich ihrer Bedeutung für die verantwortliche Stelle im Sinne einer Prioritätenliste zu bewerten, wobei sich auf der Grundlage eines **Risikomanagements** die Schutzbedürftigkeit anhand Schutzgrad und Eintrittsstufe einer den Sozialdatenschutz bedrohenden Gefahr bestimmt (siehe auch 3.2.3 Datensicherheit). Im allgemeinen Sicherheitskonzept sind zudem geeignete Schutzzonen in Abhängigkeit der Kritikalität der IT-Systeme bzw. Aktenordnungssysteme und Sensibilität der spezifischen Sozialdatenverfahren festzulegen. Die Ausführung für Letzteres erfolgt in den spezifischen Sicherheitskonzepten.

Jede Sozialdatenverarbeitung erfordert die Durchführung einer **Vorabkontrolle**, damit besondere Risiken für die Rechte und Freiheiten der Betroffenen ausgeschlossen werden können. Selbst wenn das jeweilige Verfahren ausdrücklich auf der Grundlage eines Vertrags (z.B. Mitgliedschaftsvertrag mit dem Sozialversicherungsträger) durchgeführt werden sollte, verlangt die Sorgfaltspflicht einen hinreichenden Schutz der Versicherten. Die hinreichende Bedingung ist ausdrücklich festzustellen, was üblicherweise im Rahmen einer Vorabkontrolle erfolgt.

Als weiteres Grundprinzip durchzieht die Tätigkeit mit Sozialdaten das sog. **Vier-Augen-Prinzip**. Darunter ist zunächst zu verstehen, dass eine eine Leistung bewilligende Stelle nicht zugleich die die Leistung anweisende Stelle sein darf. Als generelles Prüfprinzip bedeutet dies aber auch, dass jede Aktivität in sensiblen

Bereichen durch eine andere Stelle nochmal überprüft wird. Übertragen auf die IT bedeutet dies, dass die administrative Stelle, die Zugriffsrechte vergibt, nicht auch die ist, die kontrolliert, ob festgestellte Zugriffe korrekt erfolgten.

Da zu den Sozialdaten auch ärztliche Verordnungen mit Diagnoseangaben (in Form des sog. ICD10-Schlüssels gemäß § 295 Abs. 1 SGB V) zählen, unterliegen Sozialdaten einem besonderen **Beschlagnahmeschutz** (nach § 76 SGB X), so dass Empfänger der ärztlichen Daten ein gleich hohes Schutzniveau erreichen können, wie die die Verordnung ausstellenden Ärzte selbst. Dieser ist allerdings nicht so ganz weitreichend wie der zur ärztlichen Schweigepflicht, da die Daten insbesondere im Rahmen gerichtlicher Auseinandersetzungen (vor allem über Abrechnungsbetrug) und im Rahmen der Überprüfung einer wiederholten Erkrankung eines Mitarbeiters aus gleichem Grund innerhalb einer eine Gehaltskürzung rechtfertigenden Frist durch den Dienstherrn bzw. Arbeitgeber, allerdings ohne Offenbarung der Gesundheitsdaten, übermittelt werden dürfen.

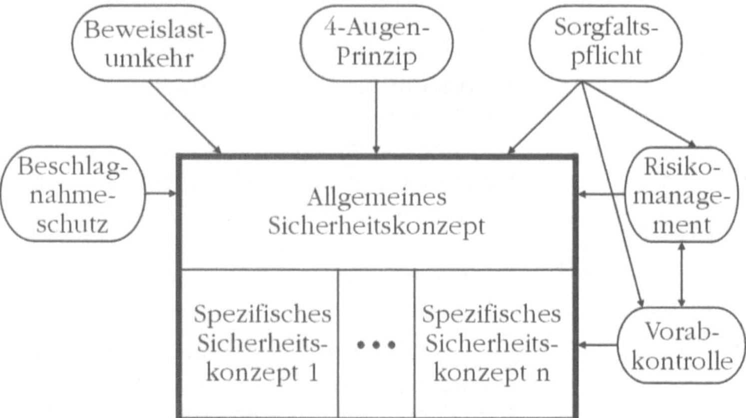

Abbildung 58: Schema zu den Grundsätzen des Sozialdatenschutzes

5.3.2 Sozialdatenverwaltung

Im Rahmen der Sozialdatenverwaltung einer gesetzlichen Krankenkasse fallen typischerweise folgende Verfahren an:

- Mitgliedergewinnung,
- Leistungsabrechnung, Zuzahlungsverwaltung und Betreuung der Versicherten, sowie

- Datenaustausch mit anderen Stellen.

Besondere Verfahren in diesem Zusammenhang stellen die elektronische Gesundheitskarte (im Rahmen der Telematik) und die digitale Archivierung dar, die somit ausführlicher betrachtet werden können. Da die **elektronische Gesundheitskarte** derzeit erst einem Testbetrieb unterzogen wird und sich bereits einige Probleme gezeigt haben, die die eigentliche Einführung weiter verzögern, wird dieser Bereich weitgehend in diesem Lehrbuch ausgeklammert.

Die elektronische Gesundheitskarte soll zu Vereinfachungen bei der Verwaltung von Gesundheitsdaten führen. Da im Zuge der geplanten **Einsatzfelder** (insbesondere als elektronischer Arztbrief, elektronische Patientenakte sowie zur Speicherung von Notfalldaten) viele verschiedene Stellen Zugriff auf bestimmte Datenfelder der Karte erhalten sollen, bestehen hier besondere Risiken für die Rechte und Freiheiten der Betroffenen. Für die elektronische Gesundheitskarte findet nach § 291a Abs. 2 SGB V neben dem Sozialdatenschutz zudem die Regelung zu Chipkarten aus § 6c BDSG ausdrücklich Anwendung.

Der **Mitgliedergewinnung** einer gesetzlichen Krankenkasse wurden gesetzliche Beschränkungen in § 284 Abs. 4 SGB V auferlegt. Die Anbahnung eines Versicherungsverhältnisses, die im Rahmen einer Mitgliedschaft erfolgt, basiert auf der rechtlichen Grundlage eines rechtsgeschäftsähnlichen Schuldverhältnisses (vertragsähnlichen Vertrauensverhältnisses), das dem potentiellen Versicherten bereits einen angemessenen Sozialdatenschutz gewährt. Die hierbei zu erhebenden, zu verarbeitenden oder zu nutzenden Daten dürfen lediglich aus allgemein zugänglichen Quellen stammen. Desweiteren ist es natürlich möglich, personenbezogene Daten von Interessenten aufzunehmen, die sich an die Kasse selbst gewandt haben oder von bereits bestehenden Mitgliedern geworben wurden, so dass jeweils deren (konkludente) Einwilligungserklärung ausdrücklich vorliegt. Ein Abgleich mit bestehenden Versichertendaten ist nur hinsichtlich der Identifikationsdaten zulässig.

Ein besonders sensibles Mitgliedschaftsverhältnis liegt allerdings vor, wenn ein **Mitarbeiter** einer Krankenkasse bei dieser selbst versichert ist. Üblicherweise werden daher in der Krankenkasse diese Versicherungsverhältnisse unter einen besonderen Schutz gestellt, da neben dem Sozialdatenschutz auch der Mitarbeiterdatenschutz voll zur Geltung kommt (siehe auch 5.1.3 Personalverwaltung), indem eigene Geschäftsstellen mit besonderen

Schweigepflichten eingerichtet werden. Dies hat zugleich eine entsprechende Datentrennung mit strikten Zugriffsregelungen zur Folge. Dieser Bereich bedarf aufgrund seiner Doppelfunktion einer besonderen Aufmerksamkeit hinsichtlich der Einhaltung datenschutzrechtlicher Vorschriften.

Versicherte einer gesetzlichen Krankenkasse verfügen nicht nur über das Betroffenenrecht auf **Auskunft** (nach § 83 SGB X und § 25 SGB X), sondern können zudem noch nähere und verständlich zu haltende Angaben über bezogene Gesundheitsleistungen verlangen, die sie einerseits bei den Leistungserbringern (Ärzte, Krankenhäuser, Apotheken etc.) in Form von Quittungen und andererseits in summarischer Übersicht von den kassenärztlichen und kassenzahnärztlichen Vereinigungen über ihre Krankenkasse erhalten können (nach § 305 SGB V).

Der Schwerpunkt der **Betreuung** der Versicherten liegt in der Verwaltung der Krankenkassenbeiträge, der Bewilligung und Abrechnung bezogener Leistungen, der Verwaltung von Zuzahlungsanforderungen und der Kostenkontrolle. Hierbei werden auch bestehende Modellvorhaben und strukturierte Behandlungsprogramme chronisch Kranker im Rahmen der Disease Management Programme (nach den §§ 137f und 137g SGB V) verwaltet. Zunehmend informieren Krankenkassen ihre Mitglieder sowie andere Interessierte auch elektronisch via Newsletter über neue, besondere Leistungen, sofern die Betreffenden vorher entsprechend eingewilligt haben (siehe auch die entsprechenden Ausführungen unter 5.2.3 Kundenbetreuung und Kundenbindung).

Für einzelne Leistungen sind von den Versicherten **Zuzahlungen** zu tätigen oder Eigenanteile zu tragen. Die Zuzahlungen sind gegenüber der Krankenkasse abzuführen, weshalb diese ein finanzielles Versichertenmonitoring zu betreiben haben. Da sich insbesondere chronisch Kranke nach dem Überschreiten einkommensabhängiger Grenzen von Zuzahlungen vor Jahresablauf befreien lassen können, werden von der Krankenkasse umfangreiche Zahlungsströme verwaltet.

Aufgrund der Wahlfreiheit der Mitgliedschaft rücken weitere Aspekte der **Versichertenbindung** in den Fokus einer gesetzlichen Krankenkasse, was zur Adaption entsprechender CRM-Systeme führt (sog. "Health Care Relationship Management"-Systeme, abgekürzt HCRM-Systeme). Zunehmend werden auf dieser Grundlage die Versicherten nach entsprechenden Analysen zielgerichtet hinsichtlich angebotener Leistungen und besonderer Tarife beworben. Aufgrund des geltenden Risikostrukturausgleichs für durchgeführte Disease Management Programme bilden chronisch Kranke eine wichtige Zielgruppe. Daher werden Auswertungen über die Zugehörigkeit der Versicherten zu entsprechenden Risikogruppen durchgeführt und die so ermittelten Versicherten zur Teilnahme an den Programmen motiviert.

In den eingesetzten **HCRM-Systemen** wird zudem i.d.R. die gesamte Kontakthistorie und damit auch sämtliche erlassene Verwaltungsakte abgelegt, so dass sich beispielsweise auch entsprechende Familienversicherungen und das bisher gewährte Leistungsspektrum aus solchen Systemen ablesen lässt. Daher unterliegen diese Systeme ggf. einem besonderen Risiko für die Rechte und Freiheiten der Betroffenen und müssen durch eine Vorabkontrolle und den daraus resultierenden Schutzvorkehrungen angemessen insbesondere mit strikten Zugriffsbeschränkungen abgesichert werden.

Die Wirtschaftlichkeit und Einhaltung sozialdatenschutzrechtlicher Vorgaben im gesamten Geschäftsbetrieb kontrolliert (im Sinne von § 274 SGB V) eine spezifische **Aufsichtsbehörde** (außerhalb der sonst vorgesehenen): für Krankenkassen, die auf Bundesebene tätig sind, das Bundesversicherungsamt. Deren Tätigkeit wiederum unterliegt der Kontrolle durch den Bundesdatenschutzbeauftragten. Hier ist also das bestehende Verhältnis von Checks and Balances um eine weitere Stufe erweitert (siehe auch Abbildung 32: Checks & Balances der Datenschutzkontrolle).

Im Bereich der Krankenversicherung findet unabhängig von eventuellen Auftragnehmern (siehe hierzu 5.3.3 Outsourcing von Sozialdatenverarbeitung) im Rahmen vereinbarter Auftragsdatenverarbeitung üblicherweise (unbeachtlich der besonderen Übermittlungsbefugnisse aus den §§ 68 bis 77 SGB X) ein **Austausch von Sozialdaten** zu folgenden Stellen statt:

- Medizinischer Dienst der Krankenkassen (auf der Grundlage von § 276 Abs. 2 SGB V),
- kassenärztliche Vereinigungen (auf der Grundlage von § 295 Abs. 2 SGB V),
- Apotheken (auf der Grundlage von § 300 SGB V),
- Krankenhäuser (auf der Grundlage von § 301 SGB V),
- Hebammen und Entbindungspfleger (auf der Grundlage von § 301a SGB V) und

- sonstige Leistungserbringer (auf der Grundlage von § 302 SGB V).

Zum Datenaustausch mit den gesetzlichen Krankenkassen ist in den geltenden Richtlinien der Informationstechnischen Servicestelle der Gesetzlichen Krankenversicherungen GmbH (ITSG) hinsichtlich Übermittlungen bestimmt, dass die für eine **Datenfernübertragung** zum Einsatz kommenden Medien zwischen Absender und Empfänger zu vereinbaren sind und dabei der Schutz der Vertraulichkeit, Integrität und Verbindlichkeit gewährleistet sein muss (zur Definition der Ziele siehe auch 4.1.2 Kontrollbereiche versus Schutzziele). Daher wird für den elektronischen Datenaustausch personenbezogener Sozialdaten eine Verschlüsselung und/oder die Verwendung einer digitalen Signatur vorgeschrieben. Die entsprechende Absicherung des Transportwegs obliegt dem Absender. Diese Anforderungen können auch für eine Datenübertragung herangezogen werden, die nicht als Übermittlung einzustufen ist, wie z.B. die Auftragsdatenverarbeitung.

Für die Durchführung einer physischen Lagerplatz einsparenden, **digitalen Archivierung** ist aufgrund der automatisierten Verarbeitung von Gesundheits- und Sozialdaten und dem Medienwechsel eine Vorabkontrolle erforderlich. Dabei ist sicherzustellen, dass durch den Einsatz des speziellen Verfahrens keine besonderen Risiken für die Rechte und Freiheiten der Betroffenen bestehen.

Die zu archivierenden Aufzeichnungen müssen durch geeignete Maßnahmen gegen Verlust, Wegnahme und Veränderung während der Aufbewahrungsfrist geschützt werden (nach § 14 SVRV). Bei der **Aufbewahrung** auf maschinell verwertbaren Datenträgern muss zudem sichergestellt sein, dass die Daten während der Aufbewahrungsfrist verfügbar sind und jederzeit innerhalb einer angemessen Freist lesbar gemacht und ausgedruckt werden können. Dies entspricht damit den Grundsätzen ordnungsgemäßer DV-gestützter Buchführungssysteme (GoBS). Die Aufzeichnungen selbst müssen den Grundsätzen ordnungsgemäßer Buchführung entsprechen und daher vollständig, richtig, zeitgerecht, geordnet und nachprüfbar sein.

Für die **elektronische Aufbewahrung** schriftlicher Unterlagen ist schließlich vorgeschrieben (in § 36 SRVwV):

- Eingescannte Unterlagen sind in bildlicher Form wiederzugeben,

- die Übereinstimmung zwischen bildlicher Wiedergabe und Original ist festzustellen,
- diese Übereinstimmung ist durch digitale Signierung zu bestätigen,
- während der Aufbewahrungsdauer sind die Daten verfügbar zu halten,
- die bildliche Darstellung muss jederzeit innerhalb angemessener Frist wieder herstellbar sein und
- bei der Aufzeichnung, der Datenträgeraufbewahrung und der bildlichen Wiedergabe ist ein Verfahren anzuwenden, das besondere technische und organisatorische Maßnahmen zum Schutz vor unbemerkter bzw. unberechtigter Veränderung der gespeicherten Daten vorsieht.

Diese Verfahren münden zusätzlich in einer entsprechenden **Dienstanweisung** (nach § 40 SRVwV), in der die Verantwortungsbereiche klar abgegrenzt sind, die Vorkehrungen für die Sicherheit bei der Datenfernübertragung und digitaler Aufzeichnungen näher beschrieben werden, Einzelheiten zu Datenträgern und Datenformate aufgeführt werden, Regelungen zu maximalen Zugriffszeiten auf Dateien und zum Wiederauffrischen der Daten bzw. zur Berücksichtigung technischer Veränderungen getroffen werden.

Art und Umfang der Archivierung sind zu dokumentieren, sowie die Angaben zum Namen des Archivierenden und zum Zeitpunkt der Archivierung. Durch die **Dokumentation** muss belegbar sein, dass das eingesetzte Verfahren tatsächlich entsprechend seiner Beschreibung durchgeführt worden ist, selbst bei fremderworbener Software die Vollständigkeit und ein ausreichender Informationsgehalt gilt, die Vorkehrungen zur Wahrung der Datenintegrität (insbesondere hinsichtlich der Vergabe von Zugriffsberechtigung) beschrieben sind und für die Anwender präzise Arbeitsanweisungen schriftlich fixiert wurden.

Die zur Verwendung kommende **digitale Signatur** wiederum muss (nach § 2 Abs. 1 SigG):

- eindeutig einem Schlüssel-Inhaber zugeordnet sein und dessen zweifelsfreie Identifikation ermöglichen,
- mit Mitteln erzeugt worden sein, die der Schlüssel-Inhaber unter alleiniger Kontrolle hat,

- mit den zu signierenden Daten derart verknüpft sein, dass eine nachträgliche Veränderung der Daten erkannt werden kann (Gewährleistung der Integrität),
- zum Zeitpunkt ihrer Erzeugung auf einem gültigen qualifizierten Zertifikat beruhen und
- mit einer sicheren Signatureinheit erzeugt worden sein.

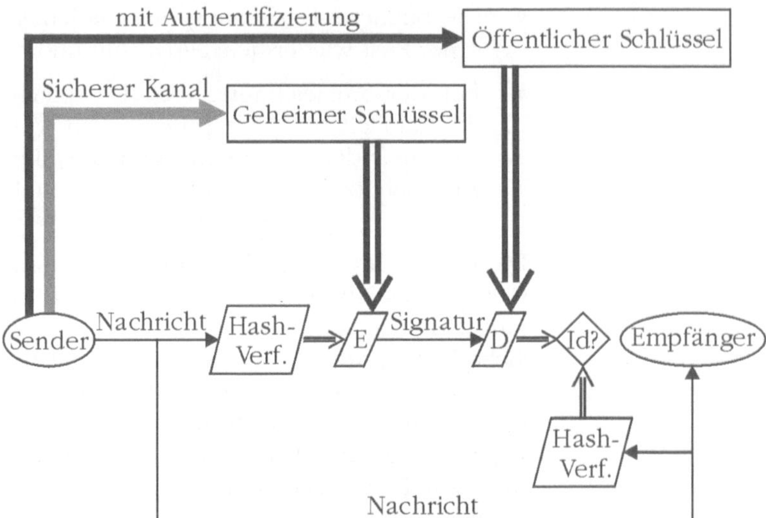

Abbildung 59: Funktionsweise einer digitalen Signatur

Die zur digitalen Signatur verwendeten Komponenten müssen gegenüber einem hohen Angriffspotenzial und einer vollständigen Missbrauchsanalyse getestet werden. Die entsprechenden Nachweise erfolgen i.d.R. nach den Common Criteria. Für **sichere Signaturerstellungseinheiten** gilt im Inland (nach § 17 SigG):

- Fälschungen der Signaturkarten bzw. Verfälschungen signierten Daten müssen zuverlässig erkannt werden,
- unberechtigtes Nutzen der Signaturschlüssel ist zu verhindern,
- es muss eindeutig feststellbar sein, welche Daten signiert werden sollen bzw. signiert wurden und welchem Schlüssel-Inhaber die Signatur zugeordnet ist,
- die zugehörigen Zertifikate müssen überprüft worden sein und

- es ist zu gewährleisten, dass jeder Signaturschlüssel einmalig ist, geheim gehalten und nicht außerhalb der sicheren Einheit gespeichert wird.

Der **Signaturschlüssel** darf erst nach der Identifikation des Inhabers anhand der Übereinstimmung zweier Merkmale (wahlweise Wissen und Besitz oder Besitz und biometrisches Merkmal) angewendet werden. Die verwendeten technischen Komponenten müssen sicherstellen, dass aus einem Signaturprüfschlüssel oder einer Signatur nicht der Signaturschlüssel berechnet werden kann. Dies hat jeweils die sichere Signaturerstellungseinheit zu gewährleisten (nach § 15 SigV).

Daten, die über einen längeren Zeitraum archiviert werden, als die verwendete Signatur aufgrund deren Algorithmen und Parameter zur Gewährleistung geeignet ist, sind neu zu signieren (nach § 17 SigV), so dass die Datenintegrität im Rahmen der **Langzeitsicherung** gewahrt bleibt. Darüber hinaus ist auch sicherzustellen, dass die signierten Daten während der Aufbewahrungsfrist unabhängig von etwaigen technischen Fortentwicklungen lesbar bleiben.

Nur wenn alle beschriebenen Anforderungen erfüllt sind, werden die digitalisierten Aufzeichnungen zu neuen Originalen, die eine Vernichtung der Papier-Unterlagen ermöglichen.

Aber auch für Unterlagen aus Papier ist ein angemessener Schutz zu gewährleisten, so dass für die **Lagerstätten** eine entsprechende Schutzzone zu definieren ist, durch die sowohl eine wirksame Zutrittskontrolle als auch eine ausreichende Verfügbarkeitskontrolle gewährleistet werden kann. Dabei wäre es als bedenklich einzustufen, wenn wasserführende Leitungen durch entsprechende Lagerräume verliefen, sofern diese nicht besonders abgesichert sind. In den Räumen sind Rauchmelder anzubringen. Sämtliche Türen, mit denen die Schutzzone außerhalb etwaiger Belieferungen oder Entnahmen verschlossen zu halten ist, müssen wenigstens die Anforderung einer T30-Stahltüre nach DIN 4102-5 erfüllen. Vorhandene Fenster sind entweder zu vergittern oder mindestens mit einbruchhemmenden Folien auszustatten. Der Lagerraum selbst muss selbstverständlich mit massiven Wänden versehen sein. Umlagerungen dürfen nur durch wenigstens zwei Mitarbeiter durchgeführt werden.

Für **Serverräume**, die von außen mit vertretbarem Aufwand erreichbar sind, ist dagegen neben der T30-Stahltüre bei vorhandenen Fenstern ein Glas mit zumindest einer mittleren Einbruchhemmung geboten (siehe ergänzend die aufgelisteten Anforderungen unter 3.2.3 Datensicherheit). Die Nutzung der Serverräume hat stets im closed-shop-Betrieb zu erfolgen. Verteilerkästen für die Patches sind der gleichen Schutzzone wie die Serverräume selbst zuzuordnen, da ein Zugang zum geschützten LAN auch darüber erfolgen kann.

5.3.3 Outsourcing von Sozialdatenverarbeitung

Krankenkassen sind durch die Kostendämpfungspolitik und der daraus resultierenden Novellierung auch sozialrechtlicher Bestimmungen zunehmend dazu angehalten, ihre **Wirtschaftlichkeit** zu erhöhen und potentielle Kosten möglichst einzusparen. Dabei wird verstärkt auf das Mittel des Outsourcings zurückgegriffen, soweit dies zulässig ist. Ziel des Outsourcings ist es, einen Outsourcingnehmer zu finden, der die Aufgaben oder einzelne Teiltätigkeiten etwa auf der Grundlage einer bestehenden Spezialisierung kostengünstiger erledigen kann (siehe auch 3.2.4 Regelungen für Outsourcing und Konzerne).

Beim Outsourcing ist eine wesentliche Beschränkung, dass ein hoheitlicher **Verwaltungsakt** nur von einer Behörde selbst oder von einer gesetzlich beliehenen Stelle durchgeführt werden darf. Zu den Verwaltungsakten im Sinne von § 31 SGB X zählen die Verfügung, Entscheidung oder eine andere hoheitliche Maßnahme, die eine Behörde zur Regelung eines Einzelfalles auf dem Gebiet des öffentlichen Rechts trifft und die auf eine unmittelbare Rechtswirkung nach außen gerichtet ist. Insofern herrscht hier eine striktere Trennung zwischen einer noch zulässigen Auftragsdatenverarbeitung (nach § 80 SGB X) und einer nur im Besonderen zulässigen und im Gesetz ausdrücklich vorgesehenen Funktionsübertragung (nach § 88 SGB X).

Bei einer **Funktionsübertragung** nach § 88 SGB X bleibt eine Behörde Träger des Auftrags, die ebenfalls Leistungsträger ist, bzw. ein gesetzlich ausdrücklich vorgesehener Zusammenschluss von Leistungsträgern in Form eines Verbandes, zu dem der auftraggebende Leistungsträger allerdings gehören muss. Somit greifen die vollen sozialdatenschutzrechtlichen Bestimmungen auf den Auftragnehmer ("Beauftragter") durch, der ausdrücklich zum Erlass eines Verwaltungsaktes berechtigt ist.

Im Rahmen des Outsourcings darf **keine Verschlechterung** des Sozialdatenschutzniveaus eintreten. Insofern genügt es nicht, wenn sich ein Auftraggeber allein auf die Aussagen oder Zusicherungen eines Auftragnehmers verlässt, soweit es sich nicht um Verfahren handelt, die der Vorabkontrolle bedürfen. Im vereinbarten Vertrag zur Auftragsdatenverarbeitung sind die Datensicherungsmaßnahmen im Sinne konkreter technischer und organisatorischer Maßnahmen nach § 78a SGB X zu beschreiben. Vorzugsweise erfolgt dies im Rahmen eines Sicherheitskonzepts.

Ein Auftragnehmer ist unter besonderer Berücksichtigung der Eignung der von ihm getroffenen technischen und organisatorischen Maßnahmen sorgfältig auszuwählen. Der Auftraggeber hat sich von der Einhaltung dieser dort getroffenen Maßnahmen zu überzeugen. Insofern ist es nicht ausreichend, die **Eignung und Vollständigkeit** des Maßnahmenkatalogs dem Auftragnehmer zu überantworten, da diese Prüfung gerade maßgeblich für die zu erteilende Auftragsdatenverarbeitung ist. Die Feststellung eines ausreichenden Sozialdatenschutzniveaus hat folglich der Auftraggeber vor der eigentlichen Beauftragung zu treffen. Nach Auftragserteilung ist die produktive Tätigkeit im Rahmen einer Auftragskontrolle zu überprüfen, ob diese vereinbarungsgemäß erfolgt.

Führt ein Auftragnehmer Tätigkeiten für mehrere Auftraggeber durch, so hat der Auftragnehmer besondere Maßnahmen zur Gewährleistung der **Datentrennung** und des Zugriffsschutzes unter Härtung der Systeme, d.h. unter Abschalten unnötiger Dienste, zu ergreifen, so dass zu jedem Arbeitsschritt nur die personenbezogenen Sozialdaten ersichtlich sind, die in diesem Arbeitsschritt konkret zu erheben, verarbeiten oder nutzen sind. Das gewählte Rollenkonzept und die geltende Passwortgüte müssen einen wirksamen Zugriffsschutz gewährleisten und es dürfen keine auftragsübergreifenden Auswertungen personenbezogener Sozialdaten durchgeführt werden. Die Auftragstätigkeiten müssen so organisiert sein, dass das Vier-Augen-Prinzip angemessen umgesetzt wird. Sämtliche Arbeitsschritte mit und Transportwege von personenbezogenen Sozialdaten müssen für den Auftraggeber nachweisbar dokumentiert werden und damit überprüfbar sein.

Der Auftraggeber hat daher im Rahmen der Auftragskontrolle jederzeit die Berechtigung, die ordnungs- und weisungsgemäße Erledigung der vom Auftragnehmer durchzuführenden Tätigkeiten zu überprüfen. Diese **Kontrollrechte** dürfen vertraglich nicht ausgeschlossen werden. Das betrifft auch die entsprechenden Kontrollen durch die zuständigen Aufsichtsbehörden. Der Auftragnehmer hat sich strikt an den vorgegebenen Vertrag zu halten, aus dem sich die Rechte und Pflichten von Auftraggeber und Auftragnehmer eindeutig zu ergeben haben. Insofern darf der Auftragnehmer ermittelnden Behörden auch nur Akten oder Datensätze herausgeben, wenn er vom Auftraggeber ausdrücklich dazu ermächtigt wurde.

Die Regelungen zur Auftragsdatenverarbeitung greifen auch bei durchgeführten Prüfungen oder **Wartungen** automatisierter Verfahren bzw. von DV-Anlagen. Vorzugsweise ist dabei darauf zu achten, dass kein ungewollter Zugriff auf Sozialdaten erfolgt.

5.4 Zusammenfassung

Die konkreten Anforderungen hinsichtlich des Datenschutzes an Abläufe und IT-Systeme innerhalb einer verantwortlichen Stelle lassen sich am besten nachvollziehen, wenn diese anhand möglichst aussagekräftiger Beispiele dargestellt werden. In jeder verantwortlichen Stelle werden Mitarbeiterdaten verwaltet. Bei nichtöffentlichen Stellen stellt die Kundendatenverwaltung darüber hinaus die wichtigste Form des Umgangs mit personenbezogenen Daten dar. Für eine öffentliche Stelle wurde exemplarisch der Sozialdatenschutz einer gesetzlichen Krankenkasse näher betrachtet, da dort zugleich besonders schützenswerte Daten verwendet werden.

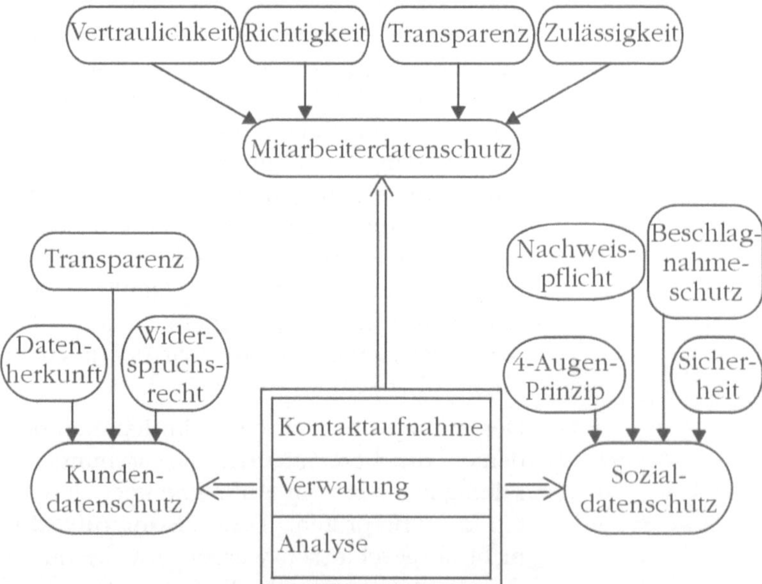

Abbildung 60: Struktur und Grundsätze zentraler Anwendungsfelder

5.4.1 Zusammenfassung: Mitarbeiterdatenschutz

Beim Mitarbeiterdatenschutz können vier Grundsätze verallgemeinerbar als Anforderungen bestimmt werden:

- durch die Vertraulichkeit wird gewährleistet, dass kein unbefugter Einblick in Mitarbeiterdaten erfolgt,
- durch die Richtigkeit wird gewährleistet, dass aktuelle Mitarbeiterdaten vorliegen und nicht länger als nötig gespeichert werden,
- durch die Transparenz wird gewährleistet, dass der Mitarbeiter jederzeit erfahren kann, was mit seinen personenbezogenen Daten geschieht,
- durch die Zulässigkeit wird gewährleistet, dass stets geprüft wird, ob für das geplante Verfahren eine Rechtsgrundlage besteht und dass bei der Durchführung die Zweckbindung eingehalten wird.

Beim Bewerbungsverfahren im Rahmen der Personaleinstellung liegt datenschutzrechtlich ein sog. rechtsgeschäftsähnliches Schuldverhältnis (vertragsähnliches Vertrauensverhältnis) vor. Die dabei getroffenen Entscheidungen sind geeignet zu dokumentieren, da eine Diskriminierung einzelner Bewerber nachweisbar auszuschließen ist. Sofern ein E-Recruiting stattfindet, sind geeignete Vorkehrungen zu treffen, die dem Bewerber ermöglichen, sich im Rahmen der geltenden Grundsätze bewerben zu können.

Für den Antritt der Stelle sind teilweise besondere Untersuchungen vorgeschrieben, bei denen Befunddaten eines Betriebsarztes nicht in die Personalakte abgelegt werden, besondere Nachweise zur Sicherheitsüberprüfung hingegen schon. Im Zuge der Einstellung liegt nunmehr aufgrund des vereinbarten Anstellungsvertrags ein rechtsgeschäftliches Schuldverhältnis (Vertragsverhältnis) vor.

Da sich in den Personalakten zumindest alle wesentlichen Unterlagen eines Mitarbeiters befinden, die in einem unmittelbaren inneren Zusammenhang zur Beschäftigung stehen, sind diese mit einem besonderen Zugriffsschutz zu versehen, was im Rahmen eines entsprechenden Schutzzonenkonzepts erfolgt. Liegen auch Vorgänge mit besonders sensiblen Daten vor, wie z.B. ein Nachweis einer Schwerbehinderung, so sind diese Teile der Personalakte mit einem verschärften Zugriffsschutz zu versehen.

Alle Mitarbeiter der Personalabteilung sind auf das Datengeheimnis zu verpflichten. Das Schutzzonenkonzept darf nicht im

Rahmen des Reportings oder der Vernetzung mit anderen Bereichen etwa bei der Lohn- und Gehaltsabrechnung im Zuge eines Enterprise-Resource-Planning-Systems (ERP-Systems) unterlaufen werden. ERP-Systeme sind daher einer besonderen Datenschutzkontrolle zu unterziehen, zumal anhand der dort abgelegten Daten ein umfassendes Persönlichkeitsbild der Mitarbeiter gezeichnet werden kann. Vor allem im Bezug zur Finanzbuchhaltung sind allerdings entsprechende Aufbewahrungsfristen gesetzlich vorgeschrieben, die regelmäßig eine Sperrung von Mitarbeiterdaten zur Folge hat.

Findet ein grundsätzlicher Medienwechsel statt, indem eine papierne Personalakte digitalisiert wird, ist aufgrund der Fülle und der Sensibilität der darin abgelegten Mitarbeiterdaten eine Vorabkontrolle erforderlich. Im Rahmen der Dokumentation von Arbeitsunfällen sind ebenfalls vor allem entsprechende Maßnahmen eines funktionstüchtigen Zugriffsschutzes zwingend, da Gesundheitsdaten dabei anfallen.

Zur Personalkontrolle werden in einer Behörde bzw. einem Unternehmen eine Vielzahl an Verfahren eingesetzt, die z.B. im Rahmen der Zutrittskontrolle auch unmittelbar datenschutzrechtlichen Anforderungen geschuldet sind. Häufig wird die Zutrittskontrolle mit der Arbeitszeitüberwachung gekoppelt, so dass die jeweiligen Zwecke in der Auswertung deutlich zu unterscheiden sind. Dies führt zur Beschränkung von Auswertungsbefugnissen.

Eine vollständige Überwachung von Mitarbeitern ist nicht zulässig. Insofern unterliegen insbesondere Videoüberwachungen einer deutlichen Beschränkung. Insbesondere dürfen entsprechende Videodaten nur für kurze Zeit gespeichert werden.

5.4.2 Zusammenfassung: Kundendatenschutz

Beim Umgang mit Kundendaten ist zunächst zu unterscheiden, ob es sich um Daten juristischer Personen handelt, die keiner natürlichen Person eindeutig zugeordnet werden kann, oder um personenbezogene bzw. personenbeziehbare Daten geht. Im Zweifel ist aber das höhere Schutzniveau zu gewährleisten, selbst wenn es sich zu erheblichem Anteil nachweislich um juristische Personen handeln sollte.

Zur Kundendatenverwaltung wird eine Vielzahl komplexer und miteinander verwobener Systeme eingesetzt. Neben einem ERP-System findet sich i.d.R. zumindest funktionell gleichfalls ein Customer-Relationship-Management-System (CRM-System) wieder. Entsprechende Ergebnisse werden wiederum in Data Warehouses bzw. Systemen des Business Intelligence (BI-Systeme) aufbereitet. Insofern bestehen hier besondere Prüfungserfordernisse aus Datenschutzsicht.

In allen Phasen der Kundendatenverwaltung ist stets auf die Herkunft der Kundendaten zu achten, die gebotene Transparenz gegenüber dem Kunden zu gewährleisten und dessen Widerspruchsrecht vor allem bei Marketingaktionen zu berücksichtigen.

Im Rahmen der Kundengewinnung handelt es sich um ein rechtsgeschäftsähnliches Schuldverhältnis (vertragsähnliches Vertrauensverhältnis). Bei einer elektronischen Kontaktaufnahme sind neben datenschutzrechtlichen Vorgaben auch medienrechtliche Vorgaben zu beachten. Daher hat die verantwortliche Stelle eine Datenschutzerklärung abzugeben und eine elektronische Einwilligungserklärung vorzugsweise unter Ausnutzung des double-opt-in-Prinzips einzuholen.

Zudem gelten wettbewerbsrechtliche Vorschriften, nach denen es keine unlautere Werbung geben darf. Dies findet sich entsprechend auch im Datenschutzrecht wieder, so dass der Verbraucherschutz und der Datenschutz hier weitgehend konvergieren.

Obschon öffentlich zugängliche Quellen auch zu Werbezwecken ausgewertet werden dürfen, kann vereinzelt das Betroffeneninteresse an einem Ausschluss einer Bewerbung überwiegen. Wurden Adressen von einem Adresshändler erworben, kann unter Umständen eine Benachrichtigung des Betroffenen erforderlich sein.

Nach dem Abschluss der Phase der Kundengewinnung liegt ein rechtsgeschäftliches Schuldverhältnis (Vertragsverhältnis) zwischen verantwortlicher Stelle und Kunde vor. Dieses Vertragsverhältnis bestimmt die Zulässigkeit weiterer Verwendungen der erhobenen personenbezogenen Daten. Ein Unternehmen hat allerdings ein berechtigtes Interesse daran, weitere Produkte oder Dienstleistungen auch an Bestandskunden abzusetzen.

Bei dem eingesetzten CRM-System ist vor allem darauf zu achten, dass der durchaus gewollte Perspektivwechsel nicht zu besonderen Risiken für die Rechte und Freiheiten der Betroffenen führt. Eine Verknüpfung mit Mitarbeiterdaten ist nur unter engen Voraussetzungen und der Einwilligung der betroffenen Mitarbeiter möglich.

Im Rahmen der Finanzbuchhaltung sind insbesondere die Grundsätze ordnungsgemäßer DV-gestützter Buchführungssysteme (GoBS) und die Grundsätze zum Datenzugriff und zur Prüfbarkeit digitaler Unterlagen (GDPdU) zu beachten. Die geforderte Revisionssicherheit erfordert dabei den Einsatz nur einmal beschreibbarer Datenträger oder eine umfassende Protokollierung, mit der zweifelsfrei nachgewiesen werden kann, dass keine unbefugte Datenmanipulation vorlag.

Bei Zahlungsunfähigkeit oder Zahlungsunwilligkeit von Kunden wird oft durch die verantwortliche Stelle einerseits ein Inkassounternehmen eingeschaltet und andererseits die entsprechenden Daten eine Auskunftei übermittelt. Auf diese Vorgehensweise ist der Kunde vor Vertragsabschluss hinzuweisen.

Zur Kundenbetreuung wird zunehmend der Einsatz von Call Centern genutzt. Werden dabei etwaige Gespräche aufgezeichnet, muss neben dem Einverständnis der betroffenen Mitarbeiter, die meist kollektiv in Form einer Betriebsvereinbarung erfolgt, auch das des Kunden vorliegen, da auch dieser ein Recht am gesprochenen Wort besitzt. Zudem ist der Zugriff des Call Centers auf ein etwaig genutztes CRM-System besonders zu regeln.

Als Kundenanreizsystem wird zur Kundenbindung teilweise ein Rabatt-System eingesetzt. Die datenschutzrechtliche Grundlage bietet hier i.d.R. die Einwilligungserklärung des Kunden. Allerdings sind unabhängig von dieser Gestattungsbefugnis sinnvollerweise starke Datenschutzvorkehrungen einzufordern.

Ein Unternehmen möchte i.d.R. detaillierte Informationen darüber erhalten, warum bestimmte Marketingaktionen Erfolg hatten und warum andere nicht. Hierzu werden auch Kundendaten analysiert. Ein entsprechendes Reporting unter Ausnutzung der sog. Drill-Down-Funktion erfolgt z.B. im Rahmen von BI-Systemen.

In einem Data Warehouse werden Datensätze i.d.R. aggregiert, aber zugleich die zeitliche Abfolge mitgespeichert, um aussagekräftige Zeitreihenanalysen durchführen zu können. Ist eine Repersonalisierung der abgelegten Daten nicht möglich, gelten zwar keine datenschutzrechtlichen Beschränkungen, doch werden Data Warehouses eher zur differenzierten Kundendatenanalyse genutzt.

Querbezüge, Wechselwirkungen und messbare Abhängigkeiten werden mittels statistischer Verfahren, z.B. im Rahmen eines Data-Minings, ermittelt. Dabei können auch Kaufverhalten oder Persönlichkeitskategorisierungen vorgenommen werden, die datenschutzrechtlich bedenklich sind, sofern dabei der Kunde wie eine Sache behandelt wird.

Ebenfalls mit einem potentiellen Risiko für die Rechte und Freiheiten der Betroffenen verbunden ist ein Scoring-Verfahren, bei dem personenbezogene Kundendaten mit bewerteten soziodemographischen Daten oder Bonitätsbewertungen gekoppelt werden. Keinesfalls darf eine Entscheidung mit Rechtsfolgen alleine auf der Grundlage solcher Scoring-Werte getroffen werden.

5.4.3 Zusammenfassung: Sozialdatenschutz

Beim Sozialdatenschutz tritt neben das Datengeheimnis das Sozialgeheimnis. Da besonders sensible Daten (z.B. Gesundheitsdaten) als auch durch ein besonderes Amtsgeheimnis geschützte Daten (Sozialdaten) erhoben, verarbeitet oder genutzt werden, gelten verschärfte Anforderungen gerade gegenüber den zu ergreifenden technischen und organisatorischen Maßnahmen. So hat eine verantwortliche Stelle ausdrücklich zu begründen, warum bestimmte Maßnahmen aufgrund einer attestierten Unverhältnismäßigkeit nicht umgesetzt werden.

Die Sozialdaten automatisiert verarbeitende Stelle ist dazu verpflichtet, ein Sicherheitskonzept aufzustellen, das beschreibt, wie die besonderen sozialdatenschutzrechtlichen und sicherheitstechnischen Anforderungen erfüllt werden. Dieses Konzept ist um spezifische Sicherheitskonzepte für besonders riskante Verfahren wie z.B. Telearbeit, drahtlose Kommunikation, digitale Archivierung, Telematik, Datenaustausch mit anderen Stellen oder Betrieb eines Web-Portals zu ergänzen.

Im Notfallvorsorgekonzept ist sowohl ein Katastrophenplan als auch eine Schwachstellenanalyse zu integrieren. Durch den Einsatz von Schutzzonen ist auf der Grundlage eines Risikomanagements ein geeigneter Sozialdatenschutz zu gewährleisten. Insofern ist die Durchführung von Vorabkontrollen bei der Einführung neuer Verfahren unerlässlich.

Das Vier-Augen-Prinzip ist durchgängig im Bereich des Sozialdatenschutzes einzuhalten. Dies ist somit als Verschärfung des Zugriffsschutzes zu verstehen. Zugleich gilt generell beim Umgang mit spezifischen Gesundheitsdaten, die bei einer gesetzlichen Krankenkasse mehrfach anfallen, ein Beschlagnahmeschutz gegenüber Sicherheitsbehörden.

Auch eine gesetzliche Krankenkasse ist mit der Mitgliedergewinnung befasst, für die es allerdings ausdrückliche gesetzliche

Schranken gibt. Ein besonders sensibles Mitgliedschaftsverhältnis besteht, wenn ein Mitarbeiter bei der Krankenkasse beschäftigt ist. Dies erfordert daher besondere Schutzvorkehrungen für die Verwaltung dieser Sozialdaten.

Bei der Betreuung der Versicherten bestehen neben den üblichen Vorgängen, wie die Verwaltung der Krankenkassenbeiträge, die Bewilligung und Abrechnung bezogener Leistungen, die Verwaltung von Zuzahlungen und der Kostenkontrolle auch besondere Modellvorhaben oder strukturierte Behandlungsprogramme, bei denen besonders sensible Daten zu bearbeiten sind. Dies erfolgt teilweise im Rahmen von HealthCare-Relationship-Management-Systemen, die einen erhöhten Schutzbedarf aufweisen.

Zur Datenfernübertragung bestehen detaillierte Vorgaben, die vor allem auf den Schutz der Vertraulichkeit, Integrität und Verbindlichkeit ausgerichtet sind. Der jeweilige Datenversender hat dabei deren Einhaltung nachzuweisen. Der Datenaustausch erfordert i.d.R. den Einsatz einer qualifizierten digitalen Signatur.

Soll eine Digitalisierung des papiernen Sozialdatenbestandes erfolgen, sind im Einklang mit den GoBS verschärfte Vorgaben einzuhalten. Damit das digitale Abbild als neues Original angesehen werden kann, ist auch hier der Einsatz einer qualifizierten digitalen Signatur vorgeschrieben. Dies zieht Anforderungen an die Langzeitsicherung nach sich, bei der zu gewährleisten ist, dass die Datenintegrität nicht aufgrund technischer Fortentwicklungen verloren geht.

Aber auch für Lagerstätten von Aktenbeständen mit Sozialdaten bestehen Anforderungen aufgrund der Zutrittskontrolle und der Verfügbarkeitskontrolle. Lagerstätten bilden eine eigene Schutzzone.

Leistungsträger und damit insbesondere Krankenkassen haben auf die Wirtschaftlichkeit ihrer Vorgänge zu achten und potentielle Kosten möglichst einzusparen. Insofern wird zunehmend auf das Mittel des Outsourcings zurückgegriffen. Allerdings ist nur ein anderer Leistungsträger oder der jeweilige Verband der Krankenkasse dazu berechtigt, einen Verwaltungsakt im Zuge einer Funktionsübertragung zu erlassen.

Alle anderen Outsourcingnehmer sind dagegen an die engen Vorgaben der Auftragsdatenverarbeitung gebunden, denn im Rahmen von Auftragserteilungen darf es vor allem nicht zu einer Verschlechterung des Sozialdatenschutzniveaus kommen. Die vom Auftragnehmer ergriffenen technischen und organisatorischen Maßnahmen bilden eine wesentliche Grundlage dafür, ob ein entsprechender Auftrag erteilt werden darf. Ist ein Auftragnehmer, etwa aufgrund seiner Spezialisierung, auch für andere Auftraggeber tätig, sind vor allem die Datentrennung und der Zugriffsschutz adäquat zu gewährleisten.

6 Aktuelle Entwicklungen

Die Regelungen zum Datenschutz unterliegen starken Veränderungen. Viele Gesetzesänderungen, die das Erheben, Verarbeiten oder Nutzen von Daten betreffen, tragen aufgrund des Vorrangs von Bereichsrecht auch eine datenschutzrechtliche Komponente. Die Informations- und Kommunikationstechnik wiederum zeigt eine rasche Fortentwicklung. Hier sollen einige aktuelle Entwicklungen dargestellt werden. Bereiche, die bereits in vorangegangenen Kapiteln näher beleuchtet wurden, wurden dabei bewusst ausgeklammert.

6.1 Allgegenwärtige Datenverarbeitung

Eine Erhebung, Verarbeitung oder Nutzung personenbezogener Daten findet inzwischen praktisch überall statt. Insofern ist sie sowohl allgegenwärtig (ubiquitous) als auch alles durchdringend (pervasive). Dies führt zunehmend dazu, dass eine Bedrohung für das informationelle Selbstbestimmungsrecht nicht oder nur mit starker zeitlicher Verzögerung festgestellt wird. Andererseits ist zugleich eine neue Unbekümmertheit beim Umgang mit personenbezogenen Daten feststellbar.

6.1.1 Allgegenwärtige und durchdringende Informationstechnik

Allgegenwärtige und durchdringende Informationstechnik (ubiquitäre IT) gewinnt zunehmend an Bedeutung. Die entsprechenden Zielsetzungen werden beispielsweise unter dem Begriff des "Internets der Dinge" bzw. "Evernets" dargestellt. Ubiquitäre IT weist dabei folgende **Eigenschaften** (im Einklang mit der BSI-Studie zu Pervasive Computing) auf:

- **Miniaturisierung**: eingesetzte Komponenten der Informations- und Kommunikationstechnik (IuK-Komponenten) werden kleiner und mobiler
- **Einbettung**: IuK-Komponenten werden in Gegenstände des Alltaglebens integriert
- **Vernetzung**: IuK-Komponenten sind miteinander vernetzt und kommunizieren i.d.R. per Funk

- **Allgegenwart**: IuK-Komponenten werden zwar allgegenwärtiger, sind aber für den Menschen in zunehmenden Maße unauffällig
- **Kontextsensitivität**: IuK-Komponenten verschaffen sich durch Sensoren und ihre Kommunikation Informationen über ihren Nutzer und ihre Umgebung und richten ihr Verhalten danach aus

Bisher orientieren sich entsprechende Projekte zur ubiquitären IT eher daran, möglichst viele **Funktionalitäten** den Anbietern einzuräumen, um entsprechende Wirkungen (z.B. in Richtung einer Arbeitserleichterung) zu erzielen. Allerdings ist eine unterbewusste Steuerung von Betroffenen ebenfalls eine gewollte Wirkung, indem beispielsweise in einem Computerspiel nach entsprechend langer Nutzungsdauer eine Werbung für Pizza mit der Kontaktadresse eines entsprechenden Pizzaservices in der Nähe eingeblendet wird. Zugleich bietet die ubiquitäre IT teilweise Optionen zur Zusammenführung verschiedener Nutzungsinformationen zu Gunsten eines umfassenden Persönlichkeits- und Bewegungsprofils (z.B. aufgrund nicht deaktivierter RFID-Tags) an.

In diesem Bereich befindet sich noch sehr viel in Bewegung. Damit das Grundrecht auf informationelle Selbstbestimmung aufgrund der vielfältigen Anwendungsmöglichkeiten, die i.d.R. eine erhöhte Kenntnis und Aufmerksamkeit des Betroffenen erfordern, nicht zum Luxusgut verkommt, bestehen aus Datenschutzsicht folgende **Anforderungen** an die Gestaltung dieser ubiquitären IT:

- **Transparenz**: ubiquitäre IT darf nur nach einer aktiven Einforderung einer allerdings eher allgemeineren und funktionsbezogenen Einwilligung der Betroffenen die Kommunikation mit kontextsensitiven Komponenten beginnen und muss dem Betroffenen die Möglichkeit zum Abruf der gespeicherten Daten einräumen
- **Steuerbarkeit**: ubiquitäre IT darf nur die Funktionalitäten anbieten, die der Betroffene ausdrücklich wünscht, wobei der Betroffene die Möglichkeit haben muss, ausgewählte Funktionalitäten wieder zu deaktivieren
- **Datensparsamkeit**: ubiquitäre IT darf nur die Daten über den Betroffenen speichern und auswerten, die zur Erfüllung des vorgesehenen Zweckes im Rahmen der ausgewählten Funktionalitäten benötigt werden, und muss in regelmäßigen

Abständen eine Löschung vorgehaltener Daten zumindest ermöglichen

- **Zweckbindung**: ubiquitäre IT darf die gesammelten Informationen ausschließlich zu den Zwecken einsetzen, die ausdrücklich vorgesehen sind (strikte Zweckbindung) und sich im Einklang mit den ausgewählten Funktionalitäten befinden

Aufgrund der dezentral vorliegenden persönlichen Informationen ist im Fall der ubiquitären IT eine Vorabkontrolle, verbunden mit einem unabhängigen **Datenschutzaudit** vor Inbetriebnahme eines etwaigen Systems zwingend vorzuschreiben, da eine Datenschutzkontrolle erheblich erschwert ist.

Dem Betroffenen sollte es ermöglicht werden, ein **individuelles Datenschutzprofil** zu erstellen (Identitätsmanagement), das die Grundlage für die ubiquitäre Form der Einwilligung darstellt. Dabei sollten zugleich die Anforderungen mehrseitiger IT-Sicherheit zwischen ubiquitärer IT und Betroffenen ausgehandelt werden. Dies würde die Stellung der Betroffenen im Sinne des Systemdatenschutzes stärken.

6.1.2 Social Networking

Die weite Verbreitung der Informations- und Kommunikationstechnik ermöglicht eine zeitnahe Kommunikation über weite Entfernungen hinweg mit einem umfangreichen Adressatenkreis. Gleichzeitig verlieren unmittelbare **soziale Kontakte** zunehmend an Bedeutung. Dies wird durch die virtuelle Welt ausgeglichen, in der sich neue soziale Netzwerke knüpfen, die meist ihren Ursprung in der Vernetzung mit alten Bekannten haben. Die entsprechende Erweiterung der Angebote im Internet wird auch als Web 2.0 bezeichnet.

Im Internet werden fortlaufend Plattformen für Social Networking geschaffen. Deren **Funktionen** können durchgängig beschrieben werden mit:

- Aufbau und Pflege von (virtuellen) Beziehungen,
- Gestaltung eines persönlichen Adressbuchs,
- Modellierung einer persönlichen Wissensbasis,
- Darstellung der eigenen Person in der entsprechenden Community und
- Dokumentation einer entsprechenden Bedeutung, z.B. anhand der bestätigten Kontakte.

Anhand dieser Funktionen können zugleich einige **Gefahrenpotentiale** direkt abgelesen werden:

- Beziehungen werden auch Dritten gegenüber offenbart,
- die eigene Vita und beschriebene Kenntnisse werden einer Vielzahl von mehr oder minder gut bekannten Personen offengelegt,
- das Netzwerk verfügt über ein erhebliches virtuelles Langzeitgedächtnis, so dass einen Äußerungen u.U. sehr lange "verfolgen" können,
- das selbst entworfene Bild in der Community würde man vielleicht irgendwann gerne korrigieren, da vor allem in jüngeren Jahren gerne ein spontanes Bild gezeichnet wird und in späteren Jahren wird dagegen ein seriöses Bild bevorzugt, und
- der bestätigte Kreis von Personen, mit denen man entsprechende Kontakte ggf. auch nur scheinbar pflegt, kann andere Stellen zu entsprechenden Schlussfolgerungen verführen und z.B. auch zu entsprechenden Sicherheitsüberprüfungen führen.

Die Nutzer der angebotenen Plattformen für Social Networking erstellen freiwillig teilweise recht umfangreiche **Persönlichkeitsprofile** über sich, offenbaren dabei teilweise selbst besondere Arten personenbezogener Daten (z.B. durch die Äußerung politischer Meinungen oder philosophischer Überzeugungen) und hinterlassen in den bereitgestellten Foren dauerhafte Datenspuren. In manchen Plattformen werden darüber hinaus noch umfangreiche Bildmaterialien zur Verfügung gestellt.

Insofern lässt sich vielfach eine erstaunliche **Unbekümmertheit** mit persönlichen Informationen feststellen. Zugleich bieten entsprechende Einträge in den Plattformen für Social Networking zugleich Angriffsflächen für Social Engineering, also der systematischen Ausforschung sozialer Beziehungen, und dem Identitätsdiebstahl durch Ausnutzung entsprechender Informationen zur Vorspiegelung einer falschen Identität.

Gleichwohl bieten sich entsprechende Plattformen für Social Networking auch im Sinne eines **Identitätsmanagements** an, da die Nutzer sehr genau entscheiden können, was sie wie preisgeben. Erfüllt die Plattform die Datenschutzvorschriften, bietet sich insofern gerade die Möglichkeit, das eigene informationelle Selbstbestimmungsrecht bewusst wahrzunehmen. Leider weisen an dieser Stelle die meisten Plattformen bisher Defizite auf und bieten nur eine rudimentäre Auswahlmöglichkeit an differenzierten Einsichtsrechten.

6.2 Vernetzte Datenwelt

Bereits bei der Betrachtung allgegenwärtiger und durchdringender Informationstechnik ist der Trend zu dezentralen Datenbeständen erkennbar, die allerdings hochgradig vernetzt sind. Im Bereich der Arbeitsformen findet sich dies in der Zunahme von Telearbeit wieder, was teilweise zu Synchronisationsproblemen führen kann. Aber auch zugunsten der Terrorabwehr werden umfangreiche Datensätze vernetzt genutzt, dabei wird selbst vor einer Vorratsdatenspeicherung nicht zurück geschreckt.

6.2.1 Telearbeit

Während nach den <kes>-Sicherheitsstudien 2004 nur 0,01 IT-Systeme pro Mitarbeiter im **Home Office** eingesetzt wurden, ist dieser Anteil gemäß der Studie von 2006 auf 0,07 und 2008 sogar auf 0,25 angewachsen. In der Praxis ist dieses Ansteigen der Tätigkeit im Home Office (wird datenschutz- und arbeitsrechtlich üblicherweise als "Telearbeit" bezeichnet) i.d.R. vor allem im Dienstleistungssektor und IT-Bereich noch stärker feststellbar. Die sich daraus erwachsenden Datenschutz- und IT-Sicherheitsprobleme werden hingegen oft unterschätzt.

Teleworking-PCs und mobile Endgeräte (wie Notebooks und PDAs) weisen daher oft entsprechende Defizite aus, weshalb in den <kes>-Sicherheitsstudien die entsprechende **Sicherheit** z.B. im Vergleich zu zentralen DV-Anlagen zurückhaltend bewertet wurde (bei einer Skala von 1 für "sehr gut" bis 5 für "nicht ausreichend"):

Bewertung der IT-Sicherheit	2002	2004	2006	2008
mobile Clients	3,7	3,4	3,5	3,3
zentrale DV-Anlagen	2,3	2,3	2,1	2,3

Abbildung 61: Sicherheitsbewertung mobiler Endgeräte

Da zunehmend im Home Office auch personenbezogene Daten erhoben, verarbeitet oder genutzt werden, bestehen einige spezifische **Anforderungen** an einen datenschutzkonformen Einsatz entsprechend eingesetzter Laptops:

- die Festplatte mobiler Endgeräte ist gemäß dem Stand der Technik zu verschlüsseln,
- Nutzern sind lediglich normale Nutzerrechte und keine Administrationsrechte einzuräumen, wobei keine Veränderungen an Einstellungen des mobilen Endgerätes erlaubt werden,
- zur Identifikation und Authentisierung sollte vorzugsweise ein Smartcard- bzw. Fingerabdruckverfahren zum Einsatz kommen,
- mehrfach missglückte Neuanmeldeversuche sind z.B. durch Geringhalten zulässiger Fehlversuche und der sukzessiven Erhöhung der Zeitabstände für erneute Versuche zu erschweren,
- bei einer fehlenden Aktivität des Nutzers ist bereits ab zehn Minuten eine automatische Bildschirmsperre zu aktivieren, die nur mittels Authentisierung aufgehoben werden darf,
- die eingesetzten mobilen Endgeräte sind minimal entsprechend der zu erfüllenden Aufgaben zu konfigurieren,
- alle sicherheitsrelevanten Aktivitäten sind zu protokollieren und die Protokolle selbst vor einer Manipulation durch den Nutzer zu schützen,
- jedes mobile Endgerät benötigt eine strikt konfigurierte Personal Firewall und einen zumindest tagesaktuellen Virenscanner, der bei jeder Anmeldung an das LAN und in regelmäßigen Abständen auch während einer bestehenden Verbindung (via VPN) automatisch aktualisiert wird,
- eine Kommunikation zwischen mobilem Endgerät und LAN darf nur unter Ausnutzung einer dem Stand der Technik entsprechenden starken Transportverschlüsselung (derzeit üblicherweise Triple-DES) erfolgen, wobei der Verbindungsaufbau nur nach ausdrücklicher Bestätigung durch den Beschäftigten erfolgen darf, und
- sollen Datensätze vom mobilen Endgerät zum LAN übertragen werden, bedarf eine erfolgreiche Datenübertragung der Verwendung eines Quittierungsverfahrens.

Werden gar besonders sensible Daten mittels Telearbeit erhoben, verarbeitet oder genutzt, gelten weitere **spezifisch zugeschnittene Anforderungen**. Eine Telearbeit erfordert aufgrund der Unverletzlichkeit der Wohnung die Vereinbarung eines Zutrittsrechts des Arbeitgebers bzw. des Dienstherren zum Home Office im begründeten (und natürlich nur selten eintretenden) Einzelfall. Das entsprechend genutzte Arbeitszimmer sollte verschließbar sein. Eine unbefugte Einsichtnahme auf den Bildschirm etwa bei Betreten des entsprechenden Arbeitszimmers oder durch Beobachtung durch die Fenster des Arbeitszimmers ist zu verhindern. Sofern eine Verbindung des mobilen Endgeräts zum LAN vorgesehen ist, ist ggf. die Nutzung des Internets technisch zu unterbinden, da andernfalls ggf. Schadsoftware über diesen Weg ungehindert ins LAN gelangen kann.

Die Einrichtung von Telearbeitsplätzen kann teilweise zu Herausforderungen im Bereich der **Datensicherung** führen, da entsprechende Synchronisierungen erforderlich sind und die verwendeten Laptops in das Datensicherungskonzept ausdrücklich zu integrieren sind.

6.2.2 Terrorismusbekämpfung

Im Rahmen der Terrorismusbekämpfung bewertet der Staat sein berechtigtes **Sicherheitsinteresse** aufgrund des Staatsziels der Sicherheitsgewährleistung zunehmend höher als entsprechende Freiheitsrechte wie z.B. das informationelle Selbstbestimmungsrecht. Da die Datenschutzbestimmungen üblicherweise vorsehen, dass geltende gesetzliche Bestimmungen entsprechende Gestattungen einer Erhebung, Verarbeitung oder Nutzung personenbezogener Daten vorsehen, bedarf eine Entscheidung über die noch vorliegende Verhältnismäßigkeit eine entsprechende Verfassungsauslegung. Dies führte in der Vergangenheit schon mehrfach dazu, dass entsprechende Vorstöße vom Bundesverfassungsgericht untersagt wurden (siehe auch 2.2 Grenzen staatlicher Eingriffsbefugnisse).

Aus der Vielzahl bestehender Vorgaben und Planungen soll lediglich auf zwei Aspekte an dieser Stelle eingegangen werden, mit deren Umsetzung bereits begonnen wurde bzw. in absehbarer Zeit begonnen wird: Die Regelung zur Antiterrordatei und die Planungen zur Vorratsdatenspeicherung.

Zu den allgemein anerkannten Grundsätzen zählt im Nachkriegsdeutschland die **Trennung** von Nachrichtendiensten und Polizeibehörden, die letztlich auf den entsprechenden Polizeibrief der alliierten Militärgouverneure vom 14. April 1949 an den Parlamentarischen Rat fußt, der die Vorlage des Grundgesetzes zu beraten und verabschieden hatte. Zwar dürfen nur Daten in die Antiterrordatei eingespielt werden, zu deren Erhebung die betroffene Behörde berechtigt ist (nach § 2 ATDG). Auf die erweiterten Grunddaten erhält eine anfragende Behörde lediglich Zugriff, wenn eine Übermittlung zulässig wäre (nach § 5 Abs. 1 ATDG). Zur Abwehr einer gegenwärtigen Gefahr für Leib, Leben, Gesundheit oder Freiheit einer Person bzw. einer Sache von erheblichem Wert, deren Erhalt im öffentlichen Interesse geboten ist, kann im Eilfall aber auch auf die erweiterten Grunddaten zugegriffen werden (§ 5 Abs. 2 ATDG).

Werden nur die Grunddaten abgerufen, so muss die eingebende Behörde dem Datenabruf nicht zustimmen; beim Abruf der erweiterten Grunddaten hingegen schon. Zu den Grunddaten gehören bereits Angaben zu besonderen körperlichen Merkmalen (also Gesundheitsdaten) sowie Angaben über Sprachen und Dialekte sowie Lichtbilder (Hinweise auf rassische oder ethnische Herkunft). Für **besondere Arten personenbezogener Daten** sind besondere Schutzvorkehrungen zu treffen und ist eine Übermittlung nur zulässig, wenn dies zur Abwehr einer erheblichen Gefahr für die öffentliche Sicherheit erforderlich ist (§ 13 Abs. 2 Nr. 5 BDSG) oder zur Abwehr erheblicher Nachteile für das Gemeinwohl oder zur Wahrung erheblicher Belange des Gemeinwohls zwingend erforderlich ist (§ 13 Abs. 2 Nr. 6 BDSG).

Da auf diese Grunddaten auch Polizeibehörden zugreifen können, deren Aufgabe in der Strafprävention liegt, können besondere Arten personenbezogener Daten i.d.R. bereits zur Gefahrenabwehr und zur Verfolgung von Straftaten oder Ordnungswidrigkeiten erhoben, verarbeitet oder genutzt werden. Insbesondere für die Verfolgung von Ordnungswidrigkeiten sind damit die **Einschreitschwellen** nicht hoch genug angesetzt. Insofern ist es zumindest fragwürdig, ob die Verhältnismäßigkeit bzw. die Trennung zwischen Nachrichtendiensten und Polizeibehörden hier eingehalten wird.

Im Zuge der nationalen Umsetzung der EU-Vorratsdatenspeicherungsrichtlinie 2006/24/EG ist eine anlasslose Massenspeicherung von Verkehrs- und Standortdaten auf wenigstens sechs Monate zu Telefonnetz, Mobilfunk, Internet-Zugang, Internet-E-Mail und Internet-Telefonie vorgesehen. Zur entsprechenden Speicherung werden nach § 113a TKG "nur" Anbieter öffentlich zugänglicher elektronischer Kommunikationsdienste bzw. Betreiber eines öffentlichen Kommunikationsnetzes verpflichtet. Die **Vorratsdatenspeicherung** dient dabei der Ermittlung, Feststellung und Verfolgung schwerer Straftaten, die in den einzelnen EU-Staaten unterschiedlich definiert sind.

Sobald die Privatnutzung elektronischer Kommunikationsmedien in einer Behörde bzw. einem Unternehmen gestattet bzw. geduldet wird, wird diese verantwortliche Stelle zum **Telekommunikationsdiensteanbieter** und fällt damit unter die Verpflichtung auf das Fernmeldegeheimnis (siehe auch 1.5.1 Schutz des Fernmeldegeheimnisses und 3.3.2 Datenschutz im Internet). Gemäß der Gesetzesbegründung zu § 113a TKG sind "unternehmensinterne Netze, Nebenstellenanlagen oder E-Mail-Server von Universitäten ausschließlich für dort immatrikulierte Studierenden oder Bedienstete sowie die Telematikinfrastruktur im Gesundheitswesen" von der Vorratsdatenspeicherung ausgenommen.

Trotz dieser Ausnahmen ist der Kreis der von der Vorratsdatenspeicherung betroffenen Personen erheblich und der Umfang der zu speichernden Daten enorm sowie eine Kombination zu umfassenden Persönlichkeitsbildern gerade von Privatpersonen möglich. Mit dem **Verhältnismäßigkeitsgrundsatz** ist dies nur schwerlich in Einklang zu bringen, zumal der deutsche Gesetzgeber eine Ausweitung der Nutzungsbefugnis in § 113b TKG vorgesehen hat. Diese Ausweitung wurde daher vorsorglich vom Bundesverfassungsgericht bereits vor ihrer zum Zeitpunkt der Manuskripterstellung jedoch noch ausstehenden Entscheidung im Hauptsacheverfahren wieder eingeschränkt. Ein derart weitgehender Eingriff in das Fernmeldegeheimnis ist mit den bisher vorgesehenen Generalklauseln, deren Normenklarheit insofern bezweifelt werden kann, kaum zu rechtfertigen (siehe auch 2.2.3 Rasterfahndungsbeschluss).

6.3 Zusammenfassung

Aus der Vielzahl aktueller Entwicklungen können in einem Lehrbuch nur einige exemplarische Fälle herausgegriffen werden. Der Trend geht aus Datenschutzsicht dabei zu einer allgegenwärtigen und alles durchdringenden Datenverarbeitung, die sich sowohl technisch als auch im Rahmen sozialer Kontakte wiederspiegelt. Die Fortentwicklung der Informations- und Kommunikationstechnik führte zu einer hohen Vernetzung abgelegter Datensätze und einer stärkeren Ausprägung von Telearbeit im Home Office sowie der Zusammenführung und Vorratsspeicherung von Daten zugunsten der inneren Sicherheit im Zuge der Terrorismusbekämpfung.

6.3.1 Zusammenfassung: Allgegenwärtige Datenverarbeitung

Zugunsten einer allgegenwärtigen und alles durchdringenden Datenverarbeitung wird eine ubiquitäre IT eingesetzt, die miniaturisiert ist, in Gegenstände des Alltagslebens eingebettet wurde, i.d.R. per Funk kommuniziert, zwar nahezu überall vorhanden, aber dennoch für den Menschen unauffällig agiert und sich kontextsensitive Informationen über den Nutzer beschafft.

Bisherige Projekte orientieren sich deshalb an der Gewährleistung immer neuerer und wirkungsmächtigerer Funktionalitäten. Nicht immer steht die Arbeitserleichterung für den Nutzer im Vordergrund, teilweise ist auch eine unterbewusste Steuerung von Nutzern das Ziel entsprechender Systeme. Die Option zur Zusammenführung verschiedener Nutzungsinformationen können zudem zu umfassenden Persönlichkeits- und Bewegungsprofilen führen.

Zugunsten des informationellen Selbstbestimmungsrechts hat ubiquitäre IT die Anforderungen der Transparenz, Steuerbarkeit, Datensparsamkeit und Zweckbindung zu erfüllen. Datenschutzrechtlich führt der Einsatz ubiquitärer IT zu einer Variation bei der Einwilligungserklärung und einer funktionalitätsbezogenen Zweckbindung anstelle einer verfahrensabhängigen Zweckbindung.

Aufgrund der hohen Eingriffsintensität ubiquitärer IT in das informationelle Selbstbestimmungsrecht ist sowohl eine Vorabkontrolle als auch die Durchführung eines unabhängigen Datenschutzaudits geboten. Dem Betroffenen ist die Möglichkeit zur Erstellung eines individuellen Datenschutzprofils zu geben.

Die Erweiterung des Internet um spezifische Funktionalitäten, die als "Web 2.0" subsummiert werden, wird die virtuelle Welt zunehmend zum Netzwerk sozialer Kontakte. Im Rahmen immer größer werdender Plattformen für Social Networking werden nicht nur virtuelle Beziehungen gepflegt und eine personenbezogene Wissensbasis geschaffen, sondern auch Beziehungen Dritten gegenüber offenbart und einem virtuellen Langzeitgedächtnis ein recht umfangreiches Persönlichkeitsbild anvertraut.

Auf derartigen Plattformen ist daher eine erstaunliche Unbekümmertheit beim Umgang mit eigenen personenbezogenen Daten festzustellen. Dies bietet Angriffsflächen für Social Engineering und Identitätsdiebstahl. Andererseits bieten solche Plattformen auch die Möglichkeit zu einem persönlichen Identitätsmanagement, sofern diese genügend Auswahlmöglichkeiten an der Gewährung differenzierter Einsichtsrechte bieten.

6.3.2 Zusammenfassung: Vernetzte Datenwelt

Die Verlagerung betrieblicher oder behördlicher Tätigkeiten an den heimischen oder zumindest verteilten Arbeitsplatz ist zunehmend messbar. Die entsprechenden Sicherheitsvorkehrungen derart verteilter Systeme weisen hingegen deutliche Defizite auf. Für mobile Endgeräte sind daher umfassende Anforderungen zu stellen, die sich zugleich zugunsten des Datenschutzes auswirken.

Unter anderem ist die Festplatte mobiler Endgeräte zu verschlüsseln, eine strikt konfigurierte Personal Firewall und ein tagesaktueller Virenschutz zu installieren. Eine Kommunikation zwischen mobilem Endgerät und LAN darf nur unter Ausnutzung einer starken Transportverschlüsselung erfolgen.

Sobald personenbezogene Daten mit einem höheren Schutzgrad mittels Telearbeit erhoben, verarbeitet oder genutzt werden sollen, ist ein spezifisches Sicherheitskonzept zu erstellen. In jedem Fall sind aber auch Fragen hinsichtlich des genutzten Arbeitszimmers zu klären und nicht nur technische Fragen des mobilen Endgerätes zu beantworten. Beim Datensicherungskonzept sind Synchronisierungen geeignet einzuplanen.

Der Staat hat zwar ein berechtigtes Sicherheitsinteresse, doch fordert insbesondere der Grundsatz der Verhältnismäßigkeit eine Beschränkung auf das Erforderliche.

Die Einrichtung der Antiterrordatei weist jedoch nicht genügend hoch angesetzte Einschreitschwellen auf und gewährleistet nicht die gebotene Trennung von Nachrichtendiensten und Polizeibehörden, da bereits in den Grunddaten besondere Arten personenbezogener Daten automatisiert verarbeitet werden.

Im Rahmen der Umsetzung der EU-Vorratsdatenspeicherungs-Richtlinie ist eine anlasslose Speicherung von Verkehrs- und Standortdaten für sechs Monate durch viele Telekommunikationsdiensteanbieter vorgesehen. Dabei erfolgte auch eine Ausweitung der EU-seitig vorgesehenen Nutzungsbefugnis, die vom Bundesverfassungsgericht einstweilen außer Kraft gesetzt wurde. Die Entscheidung des Bundesverfassungsgerichts im Hauptsacheverfahren stand zum Zeitpunkt der Manuskripterstellung allerdings noch aus.

Literaturverzeichnis

[Abel2003] Ralf-Bernd Abel: Geschichte des Datenschutzrechts. In [Roßnagel2003], S. 194-217.

[Auernhammer1981] Herbert Auernhammer: Bundesdatenschutzgesetz. Köln, Carl Heymanns, 1981, 2. Auflage.

[Bäcker2009] Matthias Bäcker: Die Vertraulichkeit der Internetkommunikation. In [Rensen+2009], S. 99-136.

[Benda1984] Ernst Benda: Das Recht auf informationelle Selbstbestimmung und die Rechtsprechung des Bundesverfassungsgerichts zum Datenschutz. DuD 2/84, S. 86-90.

[Bergmann+2009] Lutz Bergmann, Roland Möhrle und Armin Herb: Datenschutzrecht. Stuttgart, Richard Boorberg, 2009, Loseblattsammlung, Stand August 2009.

[Bier2004] Sascha Bier: Internet und Email am Arbeitsplatz. DuD 5/2004, S. 277-281.

[BITKOM2005] Bundesverband Informationswirtschaft, Telekommunikation und neue Medien: Matrix der Haftungsrisiken. Berlin, BITKOM, 2005, Version 1.1.

[BITKOM2006a] Bundesverband Informationswirtschaft, Telekommunikation und neue Medien: Die Nutzung von Email und Internet im Unternehmen. Berlin, BITKOM, 2006, Version 1.3.

[Bizer2006] Johann Bizer: Das Recht der Protokollierung. DuD 5/2006, S. 270-273.

[Bizer2007] Johann Bizer: Vorratsdatenspeicherung – Ein fundamentaler Verfassungsverstoß. DuD 8/2007, S. 586-589.

[BSI2004b] Bundesamt für Sicherheit in der Informationstechnik: Risiken und Chancen des Einsatzes von RFID-Systemen. Bonn, BSI, 2004.

[BSI2006] Bundesamt für Sicherheit in der Informationstechnik: Pervasive Computing – Entwicklungen und Auswirkung. Ingelheim, SecuMedia, 2006.

[Brückner+1982] Klaus Brückner und Gerhard Dalichau (Hrsg): Beiträge zum Sozialrecht – Festgabe für Hans Grüner. Percha, R.S. Schulz, 1982.

[Däubler+2007] Wolfgang Däubler, Thomas Klebe, Peter Wedde und Thilo Weichert: Bundesdatenschutzgesetz Basiskommentar. Frankfurt/Main, Bund, 2007, 2. Auflage.

[Däubler2010] Wolfgang Däubler: Gläserne Belegschaften? Das Handbuch zum Arbeitnehmerdatenschutz. Frankfurt/Main, Bund, 2010, 5. Auflage.

[Di Fabio2001] Udo Di Fabio: Kommentar zum Grundgesetz Art. 2 Abs. 1. In [Maunz+2007].

[Dierks2006] Christian Dierks: Gesundheits-Telematik – Rechtliche Antworten. DuD 3/2006, S. 142-147.

[Dierstein+1976] R. Dierstein, H. Fiedler und A. Schulz: Datenschutz und Datensicherung. Köln, J. P. Bachem, 1976.

[Gallwas1992] Hans-Ullrich Gallwas: Der allgemeine Konflikt zwischen dem Recht auf informationelle Selbstbestimmung und der Informationsfreiheit. NJW 44/1992, S. 2785-2790.

[Geis+2003] Ivo Geis, Martin Grentzer und Ulrich Jänicke: Rechtliche Betrachtung eines digitalen Personalakten-Systems. Lohn+Gehalt 2/2003, S. 40-43.

[GDD2006a] Gesellschaft für Datenschutz und Datensicherung: Umfrage zur Datenschutzpraxis und zur Stellung des Datenschutzbeauftragten. Bonn, GDD, 2006.

[GDD2006b] Gesellschaft für Datenschutz und Datensicherung (GDD) und Zentralverband der deutschen Werbewirtschaft (ZAW): Kundendatenschutz – Leitfaden für die Praxis. Berlin, ZAW, 2006.

[Gola+2003] Peter Gola und Christoph Klug: Grundzüge des Datenschutzrechts. München, C.H. Beck, 2003.

[Gola+2005] Peter Gola und Rudolf Schomerus: BDSG – Bundesdatenschutzgesetz. München, C.H. Beck, 2005, 8. Auflage.

[Gola+2010] Peter Gola und Georg Wronka: Handbuch zum Arbeitnehmerdatenschutz. Frechen, Datakontext, 2010, 5. Auflage.

[Hansen2003] Marit Hansen: Privacy Enhancing Technologies. In [Roßnagel2003], S. 291-324.

[Hartmann2002] Thies Christian Hartmann: Outsourcing in der Sozialverwaltung und Sozialdatenschutz. Baden-Baden, Nomos, 2002, Frankfurter Studien zum Datenschutz Band 23.

[Hastedt1994] Heiner Hastedt: Aufklärung und Technik – Grundprobleme einer Ethik der Technik. Frankfurt/Main, Suhrkamp, 1994.

[Heibey2003] Hanns-Wilhelm Heibey: Datensicherung. In [Roßnagel2003], S. 570-599.

[Heidrich+2004] Jörg Heidrich und Sven Tschoepe: Rechtsprobleme der E-Mail-Filterung. MMR 2/2004, S. 75-80.

[Hoeren+2006] Thomas Hoeren und Ulrich Sieber: Handbuch Multimedia-Recht. München, C.H. Beck, 2006, Loseblattsammlung, Stand Dezember 2006.

[Jonas1984] Hans Jonas: Das Prinzip Verantwortung. Frankfurt/Main, Suhrkamp, 1984.

[Kamlah1969] Ruprecht Kamlah: Right of Privacy. Köln, Heymanns, 1969, Erlanger juristische Abhandlungen, Band 4.

[Kamlah1971] Ruprecht B. Kamlah: Datenschutz im Spiegel der anglo-amerikanischen Literatur – Ein Überblick über Vorschläge zur Datenschutzgesetzgebung, BT-Drs. VI/3826, 1971, S. 195-211.

[KES1996] Gerhard Hunnius: Sicherheits-Studie 1996. Ingelheim, Secu-Media, 1996, Sonderdruck aus KES 96/3 und 96/4.

[KES1998] Gerhard Hunnius: Sicherheits-Studie 1998. Ingelheim, Secu-Media, 1998, Sonderdruck aus KES 98/3 und 98/4.

[KES2000] Gerhard Hunnius: Sicherheits-Studie 2000. Ingelheim, Secu-Media, 2000, Sonderdruck aus KES 3+4/2000.

[KES2002] Reinhard Voßbein und Jörn Voßbein: Lagebericht zur IT-Sicherheit. Ingelheim, SecuMedia, 2002, Sonderdruck aus KES 2002/3+4.

[KES2004] <kes>: Lagebericht zur Informations-Sicherheit. Gau-Algesheim, SecuMedia, 2004, Sonderdruck aus <kes> 2004#4/5.

[KES2006] <kes>: Lagebericht zur Informations-Sicherheit. Gau-Algesheim, SecuMedia, 2006, Sonderdruck aus <kes> 2006#4/6.

[KES2008] <kes>: Lagebericht zur Informations-Sicherheit. <kes> 2008#4, S. 18-25; <kes> 2008#5, S. 55-65; <kes> 2008#6, S. 64-71.

[Kesdogan2000] Dogan Kesdogan: Privacy im Internet – Vertrauenswürdige Kommunikation in offenen Umgebungen. Braunschweig, Vieweg, 2000, DuD-Fachbeiträge.

[Kongehl2009a] Gerhard Kongehl (Hrsg.): Datenschutz-Management. Freiburg, Haufe, Loseblattsammlung, Stand Juni 2009.

[Kongehl2009b] Gerhard Kongehl: Warum Datenschutz, warum IT-Sicherheit?. In: [Kongehl2009a], Gruppe 1.1.

[Konomi+2006] Shin'ichi Konomi, Sozo Inoue, Takashi Kobayashi, Masashi Tsuchida und Masaru Kitsuregawa: Supporting Colocated Interactions Using RFID and Social Network Displays. pervasive computing, 3/2006, S. 48-56.

[Krahmer+2003] Utz Krahmer und Thomas P. Stähler: Sozialdatenschutz nach SGB I und X. Köln, Heymanns, 2003, 2. Auflage.

[Lewinski2003] Kai von Lewinski: Persönlichkeitsprofile und Datenschutz bei CRM. RDV 3/2003, S. 122-132.

[Libertus2005] Michael Libertus: Zivilrechtliche Haftung und strafrechtliche Verantwortlichkeit bei unbeabsichtigter Verbreitung von Computerviren. MMR 8/2005, S. 507-512.

[Lichtenberg+2006] Peter Lichtenberg und Sebastian Gilcher: Entscheidungssammlung zum Datenschutzrecht. Neuwied, Luchterhand, 2006, Loseblattsammlung, Stand Mai 2006.

[Luckhardt2004] Norbert Luckhardt: Aufsichtsbehörden bekennen Farbe. <kes> 2004#4, S. 67-69.

[Marburger1979] Peter Marburger: Die Regeln der Technik im Recht. Köln, Heymanns, 1979.

[Maunz+2007] Theodor Maunz und Günter Dürig (Hrsg): Grundgesetz – Kommentar. München, C.H. Beck, 2007, Loseblattsammlung, Stand März 2007.

[Meier+1998] Klaus Meier und Andreas Wehlau: Die zivilrechtliche Haftung für Datenlöschung, Datenverlust und Datenzerstörung. NJW 22/1998, S. 1585-1591.

[Moos2006] Flemming Moos: Datenschutzrecht schnell erfasst. Berlin, Springer, 2006.

[Mozek+2006] Martin Mozek und Marcus Zendt: Telefonieren über das Internet. In [Hoeren+2006], Teil 23.

[OGC2006] Office of Government Commerce (OGC): Service Delivery. London, TSO, 2006, ITIL series, 11. Auflage.

[Podlech1976] Adalbert Podlech: Gesellschaftstheoretische Grundlagen des Datenschutzes. In [Dierstein+1976], S. 311-329.

[Podlech1982] Adalbert Podlech: Individualdatenschutz – Systemdatenschutz. In [Brückner+1982], S. 451-462.

[Rensen+2009] Hartmut Rensen und Stefan Brink (Hrsg.): Linien der Rechtsprechung des Bundesverfassungsgerichts. Berlin, De Gruyter Recht, 2009.

[Rieß2003] Joachim Rieß: Datenschutz in der betrieblichen Telekommunikation. In [Roßnagel2003], S. 1019-1051.

[Ronellenfitsch2007] Michael Ronellenfitsch: Datenschutzrechtliche Schranken bei der Terrorismusbekämpfung. DuD 8/2007, S. 561-570.

[Roßnagel+1990] Alexander Roßnagel, Peter Wedde, Volker Hammer und Ulrich Pordesch: Die Verletzlichkeit der 'Informationsgesellschaft'. Opladen, Westdeutscher Verlag, 1990, 2. Auflage, Sozialverträgliche Technikgestaltung Band 5.

[Roßnagel+2001] Alexander Roßnagel, Andreas Pfitzmann und Hansjürgen Garstka: Modernisierung des Datenschutzrechts. Gutachten im Auftrag des Bundesministeriums des Inneren, 2001.

[Roßnagel2003] Alexander Roßnagel (Hrsg.): Handbuch Datenschutzrecht. München, C.H. Beck, 2003.

[Roßnagel+2004] Alexander Roßnagel und Jürgen Müller: Ubiquitous Computing – neue Herausforderungen für den Datenschutz. CR 8/2004, S. 625-632.

[Roßnagel2007] Alexander Roßnagel: Konflikte zwischen Informationsfreiheit und Datenschutz?. MMR 1/2007, S. 16-21.

[Schaar2002] Peter Schaar: Datenschutz im Internet – Die Grundlagen. München, C.H. Beck, 2002.

[Schild2001] Hans-Hermann Schild: Meldepflichten und Vorabkontrolle. In DuD 5/2001, S. 282-286.

[Schleipfer2004] Stefan Schleipfer: Das 3-Schichten-Modell des Multimediadatenschutzrechts. In DuD 12/2004, S. 727-733.

[Schmidl2005a] Michael Schmidl: Private E-Mail-Nutzung – Der Fluch der guten Tat. DuD 5/2005, S. 267-271.

[Schmidl2005b] Michael Schmidl: E-Mail-Filterung am Arbeitsplatz. MMR 6/2005, S. 343-348.

[Schoen2005] Thomas Schoen: Rechtliche Rahmenbedingungen zur Analyse von Log-Files. DuD 2/2005, S. 84-88.

[Seidel1970] Ulrich Seidel: Persönlichkeitsrechtliche Probleme der elektronischen Speicherung privater Daten. NJW 36/1970, S. 1581-1583.

[Sieber1989] Ulrich Sieber: Informationsrecht und Recht der Informationstechnik. NJW 41/1989, S. 2569-2580.

[Simitis1971] Spiros Simitis: Chancen und Gefahren der elektronischen Datenverarbeitung. NJW 16/1971, S. 673-682.

[Simitis1984] Spiros Simitis: Die informationelle Selbstbestimmung – Grundbedingung einer verfassungskonformen Informationsordnung. NJW 8/1984, S. 398-405.

[Simitis2006a] Spiros Simitis (Hrsg): Bundesdatenschutzgesetz. Baden-Baden, Nomos, 2006, 6. Auflage.

[Simitis+2006b] Spiros Simitis, Ulrich Dammann, Otto Mallmann und Hans-Joachim Reh: Dokumentation zum Bundesdatenschutzgesetz. Baden-Baden, Nomos, 2006, Loseblattsammlung, Stand Juli 2006.

[Spindler+2004] Gerald Spindler, Peter Schmitz und Ivo Geis: Teledienstegesetz, Teledienstedatenschutzgesetz, Signaturgesetz – Kommentar. München, C.H. Beck, 2004.

[Stähler+2003] Franz-Gerd Stähler und Vera Pohler: Datenschutzgesetz Nordrhein-Westfalen – Kommentar. Stuttgart, Kohlhammer, 2003, 3. Auflage.

[Steinmüller+1971] W. Steinmüller, B. Lutterbeck, C. Mallmann, U. Harbort, G. Kolb und J. Schneider: Grundfragen des Datenschutzes – Gutachten im Auftrag des Bundesministeriums des Innern, BT-Drs. VI/3826, 1971, S. 5-193.

[Steinmüller2007] Wilhelm Steinmüller: Das informationelle Selbstbestimmungsrecht – Wie es entstand und was man daraus lernen kann. RDV 4/2007, S. 158-161.

[Thomsen+2006] Sven Thomsen und Martin Rost: Zentraler Protokollservice. In DuD 5/2006, S. 292-294.

[Tinnefeld+2005] Marie-Theres Tinnefeld, Eugen Ehmann und Rainer W. Gerling: Einführung in das Datenschutzrecht. München, Oldenbourg, 2005, 4. Auflage.

[Trute2003] Hans-Heinrich Trute: Verfassungsrechtliche Grundlagen. In [Roßnagel2003], S. 156-187.

[ULD2006] Unabhängiges Landeszentrum für Datenschutz Schleswig-Holstein und Institut für Wirtschaftsinformatik der Humboldt-Universität zu Berlin: TAUCIS – Technikfolgenabschätzung Ubiquitäres Computing und Informationelle Selbstbestimmung. Studie im Auftrag des Bundesministeriums für Bildung und Forschung, Juli 2006.

[Wächter1994] Michael Wächter: Personalakte und Datenschutz in der Privatwirtschaft. DuD 12/94, S. 686-693.

[Wächter2003] Michael Wächter: Datenschutz im Unternehmen. München, C.H. Beck, 2003, 3. Auflage.

[Witt2004] Bernhard C. Witt: Datenschutz an Hochschulen. Ulm, LegArtis, 2004.

[Witt2006a] Bernhard C. Witt: Rechtssicherheit – Sicherheitsrecht. <kes> 2006#1, S. 92-96.

[Witt2006b] Bernhard C. Witt: Rückblick nach vorn – Trends aus den <kes>-Sicherheitsstudien von 1998 bis 2006. <kes> 2006#6, S. 55-60.

[Witt2006c] Bernhard C. Witt: IT-Sicherheit kompakt und verständlich. Wiesbaden, Vieweg, 2006.

[Witt2006d] Bernhard C. Witt: Zur Privatnutzung elektronischer Kommunikationsmedien. IT-SICHERHEIT praxis, redaktionelle Beilage zur IT-SICHERHEIT 6/2006, S. 28-29.

[Witt2007a] Bernhard C. Witt: Compliance-Anforderungen durch internationale Standards. IT-SICHERHEIT praxis, redaktionelle Beilage zur IT-SICHERHEIT 2/2007, S. 30-31.

[Witt2007b] Bernhard C. Witt: E-Mail-Compliance. IT-SICHERHEIT praxis, redaktionelle Beilage zur IT-SICHERHEIT 3/2007, S. 30-31.

[Witt2008a] Bernhard C. Witt: Umgang mit Mails ausgeschiedener Mitarbeiter. IT-SICHERHEIT praxis, redaktionelle Beilage zur IT-SICHERHEIT 4/2008, S. 29-30.

[Witt2008b] Bernhard C. Witt: Datensicherung und Wiederherstellung. IT-SICHERHEIT praxis, redaktionelle Beilage zur IT-SICHERHEIT 6/2008, S. 27-28.

[Witt2009a] Bernhard C. Witt: Vorabkontrolle als Instrument zur Compliance. IT-SICHERHEIT praxis, redaktionelle Beilage zur IT-SICHERHEIT 2/2009, S. 29-31.

[Witt2009b] Bernhard C. Witt: Compliance zum neuen BDSG. IT-SICHERHEIT praxis, redaktionelle Beilage zur IT-SICHERHEIT 4/2009, S. 33-35.

[Wulffen2005] Matthias von Wulffen (Hrsg.): SGB X - Sozialverwaltungsverfahren und Sozialdatenschutz. München, C.H. Beck, 2005, 5. Auflage.

Urteilsverzeichnis

[BAG1984a] Bundesarbeitsgericht: Urteil vom 6. Juni 1984 (Az.: 5 AZR 286/81).

[BAG1984b] Bundesarbeitsgericht: Urteil vom 7. Juni 1984 (Az.: 2 AZR 270/83).

[BAG1986] Bundesarbeitsgericht: Urteil vom 27. Mai 1986 (Az.: 1 ABR 48/84).

[BAG1987a] Bundesarbeitsgericht: Urteil vom 13. Januar 1987 (Az.: 1 AZR 267/85).

[BAG1987b] Bundesarbeitsgericht: Urteil vom 21. Mai 1987 (Az.: 2 AZR 313/86).

[BAG1987c] Bundesarbeitsgericht: Urteil vom 15. Juli 1987 (Az.: 5 AZR 215/86).

[BAG1994a] Bundesarbeitsgericht: Urteil vom 11. Mai 1994 (Az.: 5 AZR 660/93).

[BAG1994b] Bundesarbeitsgericht: Beschluss des großen Senats vom 27. September 1994 (Az.: GS 1/89 (A)).

[BAG1995] Bundesarbeitsgericht: Beschluss vom 20. Dezember 1995 (Az.: 7 ABR 8/95).

[BAG2003] Bundesarbeitsgericht: Urteil vom 27. März 2003 (Az.: 2 AZR 51/02).

[BAG2004] Bundesarbeitsgericht: Beschluss vom 29. Juni 2004 (Az.: 1 ABR 21/03).

[BAG2005] Bundesarbeitsgericht: Urteil vom 7. Juli 2005 (Az.: 2 AZR 581/04).

[BAG2006] Bundesarbeitsgericht: Urteil vom 12. September 2006 (Az.: 9 AZR 271/06).

[BGH1958] Bundesgerichtshof: Urteil vom 14. Februar 1958 (Az.: V ZB 49/57).

[BGH1985] Bundesgerichtshof: Urteil vom 17. Dezember 1985 (Az.: VI ZR 244/84).

[BGH1997] Bundesgerichtshof: Urteil vom 21. April 1997 (Az.: II ZR 175/95).

[BGH2002a] Bundesgerichtshof: Urteil vom 4. November 2002 (Az.: II ZR 224/00).

[BGH2002b]	Bundesgerichtshof: Urteil vom 15. November 2002 (Az.: LwZR 8/02).
[BGH2009]	Bundesgerichtshof: Urteil vom 17. Juli 2009 (Az.: 5 StR 394/08 LG Berlin).
[BVerfG1983]	Bundesverfassungsgericht: Urteil vom 15. Dezember 1983 (Az.: 1 BvR 209, 269, 362, 420, 440, 484/83).
[BVerfG1988]	Bundesverfassungsgericht: (Nichtannahme-)Beschluss vom 25. Juli 1988 (Az.: 1 BvR 109/85).
[BVerfG1991]	Bundesverfassungsgericht: Beschluss vom 19. Dezember 1991 (Az.: 1 BvR 382/85).
[BVerfG1999]	Bundesverfassungsgericht: Urteil vom 14. Juli 1999 (Az.: 1 BvR 2226/94, 2420, 2437/95).
[BVerfG2004]	Bundesverfassungsgericht: Urteil vom 3. März 2004 (Az.: 1 BvR 2378/98, 1 BvR 1084/99).
[BVerfG2006a]	Bundesverfassungsgericht: Urteil vom 2. März 2006 (Az.: 2 BvR 2099/04).
[BVerfG2006b]	Bundesverfassungsgericht: Beschluss vom 4. April 2006 (Az.: 1 BvR 518/02).
[LAG1998]	Landesarbeitsgericht Niedersachsen: Urteil vom 13. Januar 1998 (Az.: 13 Sa 1235/97).
[LAG2001]	Landesarbeitsgericht Hamm: Urteil vom 24. Juli 2001 (Az.: 11 Sa 1524/00).
[LG1990]	Landgericht Ulm: Urteil vom 31. Oktober 1990 (Az.: 5T 153/90-01).
[LG2001]	Landgericht Hamburg: Urteil vom 18. Juli 2001 (Az.: 40 O 63/00).
[LG2002]	Landgericht Stuttgart: Urteil vom 30. Januar 2002 (Az.: 38 O 149/00 KfH).
[LG2005]	Landgericht Berlin: Urteil vom 10. November 2005 (Az.: 27 O 616/05).
[OLG1995]	Oberlandesgericht Karlsruhe: Urteil vom 7. November 1995 (Az.: 3 U 15/95).
[OLG2003a]	Oberlandesgericht Oldenburg: Urteil vom 3. Juni 2003 (Az.: 9 U 10/03).
[OLG2003b]	Oberlandesgericht Hamm: Urteil vom 1. Dezember 2003 (Az.: 13 U 133/03).

[OLG2005] Oberlandesgericht Karlsruhe: Beschluss vom 10. Januar 2005 (Az.: 1 Ws 152/04).

[SG1990] Sozialgericht München: Urteil vom 15. Mai 1990 (Az.: S 40 AI 666/89).

[VG2004a] Verwaltungsgericht Gießen: Beschluss vom 16. Juli 2004 (Az.: 22 L 2286/04).

[VG2004b] Verwaltungsgericht Wiesbaden: Beschluss vom 4. Oktober 2004 (Az.: 22 L 2121/04).

[VG2005] Verwaltungsgericht Wiesbaden: Beschluss vom 23. Mai 2005 (Az.: 23 LG 511/05).

Abbildungsverzeichnis

Stichwortverzeichnis

A

B

C

D

E

I

J

K

L

M

N

O

P

Q

R

S

T

U

V

W

Z

IT-Management und -Anwendungen

Detlev Frick | Andreas Gadatsch | Ute G. Schäffer-Külz

Grundkurs SAP® ERP

Geschäftsprozessorientierte Einführung mit durchgehendem Fallbeispiel
2008. XXX, 352 S. mit 442 Abb. und Online-Service
Br. EUR 39,90 ISBN 978-3-8348-0361-0

Gunther Friedl | Christian Hilz | Burkhard Pedell

Controlling mit SAP®

Eine praxisorientierte Einführung - Umfassende Fallstudie - Beispielhafte Anwendungen
5., überarb. Aufl. 2007. XXII, 279 S. mit 91 Abb. und Online-Service
Br. EUR 41,90 ISBN 978-3-8348-0419-8

André Klahold

Empfehlungssysteme

Recommender Systems - Grundlagen, Konzepte und Lösungen
2009. XII, 174 S. mit 82 Abb. Br. EUR 24,90
ISBN 978-3-8348-0568-3

Stefan Strohmeier

Informationssysteme im Personalmanagement

Architektur - Funktionalität - Anwendung
2008. XX, 388 S. mit 96 Abb., und Online-Service
Br. EUR 36,90 ISBN 978-3-8348-0310-8

VIEWEG+
TEUBNER

Abraham-Lincoln-Straße 46
65189 Wiesbaden
Fax 0611.7878-400
www.viewegteubner.de

Stand Juli 2009.
Änderungen vorbehalten.
Erhältlich im Buchhandel oder im Verlag.